高校人文社科重点研究基地
西藏大学藏学所藏学文丛
教育部人文社会科学基金一般项目

时轮净土

——拉卜楞寺堆阔尔扎仓研究

拉毛吉 著

西藏人民出版社

图书在版编目(CIP)数据

时轮净土—拉卜楞寺堆阔尔扎仓研究/拉毛吉著. ——拉萨:西藏人民出版社,2018.6

ISBN 978—7—223—05790—5

Ⅰ.①时… Ⅱ.①拉… Ⅲ.①拉卜楞寺—宗教教育—研究 Ⅳ.①B947.242.1

中国版本图书馆 CIP 数据核字(2018)第 006073 号

时轮净土—拉卜楞寺堆阔尔扎仓研究

作　　者	拉毛吉
责任编辑	多杰卓玛
封面设计	罗桑扎西
出版发行	西藏人民出版社(拉萨市林廓北路 20 号)
印　　刷	拉萨市明鑫印刷有限公司
开　　本	787×960　1/16
印　　张	15.625
字　　数	140 千
版　　次	2018 年 6 月第 1 版
印　　次	2018 年 6 月第 1 次印刷
印　　数	01—1,500
书　　号	ISBN 978—7—223—05790—5
定　　价	40.00 元

总　序

藏学是一门综合性学科，自公元 7 世纪藏文创制，并以藏文追溯世代口传的历史、记录藏族社会生活、翻译佛教典籍以来，藏学研究便开始步入历史的视野，并为今天的藏学研究积累了浩如烟海的历史资料。

经过上千年的社会变迁，藏学逐步成为举世瞩目的国际性学科，研究领域涵盖了藏族的政治、经济、宗教、思维方式、语言和文字、文学和艺术、医学、天文学、修辞、喜剧、雕刻、美术、手艺、地域风俗等方方面面。如今，藏学研究的领域还在不断扩大。

作为藏学研究的故乡，我国的藏学研究历史悠久。以敦煌文献、藏文古籍文献为重要内容，我国留存的可供藏学研究的藏、汉、满、蒙等多语种文献可谓汗牛充栋。近代以来，涌现出更敦群培、东噶·洛桑赤列、恰白·次旦平措、于道泉、牙含章、王尧等一批藏学家，形成了许多重要的学术研究成果。

西藏和平解放以来，在党中央的正确领导下，西藏与四省藏区的社会经济发生了翻天覆地的变化，人民生活日新月异，在政治、经济、文化等方面取得了巨大成绩，为藏学研究者提供了更为广阔的舞台。

特别是改革开放以来，国内对藏学的研究热情日益高涨，专门研究藏学的队伍如雨后春笋般层出不穷，不少地区创立了藏学研究机构，有些高等学府将藏学定为学习科目且组织了较多相关的学术论坛，呈现出大量的学术研究成果，受到世界瞩目。

基于上述背景，结合西藏是藏学发源地的地理文化优势，西藏大学中国藏学研究所应运而生。1999 年，西藏大学与四川大学联合申请组建中国藏学研究所。2000 年，中国藏学研究所入选第二批教育部人文社会科学重点研究基地。

西藏大学中国藏学研究所建所以来，以马克思主义为指导，逐步形成了一支学术精良、精于专研的藏学研究团队，培养了一批又一批硕士研究生和博士研究生。他们秉持实事求是的科研态度，将藏学理论与实践相结合，确定了“藏区现状与社会发展”、“藏族历史与汉藏关系”、“西藏宗教与文化艺术”等三个主要研究方向，涌现出一批具有较高学术价值和社会影响的研究成果。

经过一代又一代藏学家的酝酿以及长时间的精心筹备，在不断调研和实践的基础上，西藏大学中国藏学研究所资助出版的藏学研究文丛将陆续与读者相见，且以此为序。

这些藏学研究文丛内容包罗万象，包括了藏族的历史、宗教、文学、民俗、格萨尔王传……本套丛书有不同于其他书籍的特点：一、有一定含金量，有较高的学术研究价值和参考价值；二、笔者和编者的态度不偏不倚、中立而公正，不带个人偏好和倾向，以事实的文献资料为基础；三、论断真实，论据翔实且具有说服力，逻辑严谨，条理清晰，能为藏学学术研究提供一定的范本。

在新的历史时期里，西藏大学中国藏学研究所将以习近平总书记在哲学社会科学工作座谈会上的讲话为引领，进一步查找不足，创新思路，突出问题导向，加强学术研究，为提高我国藏学界在国际藏学研究领域的影响力作出更大贡献。

总而言之，西藏大学中国藏学研究所资助出版的藏学研究文丛旨在现有成绩上有一定提高，对现有空白处进行一定填补，提升藏学研究的整体水平。当然，受限于一定的主客观因素，这些书籍尚有不足，还望各位专家同仁、热心读者予以矫正。

西藏大学中国藏学研究所 次旦扎西

2016 年 11 月于圣城拉萨

目 录

前　言

一、背景

公元9世纪，赤达玛邬东赞（ཁྲི་དར་མ་ཨུ་དུམ་བཙན།）的抑佛运动给予了佛教教团毁灭性的打击，藏地与印度在宗教思想上的交流也被中断了，但那种令人难以置信的宗教和哲学动荡并没有就此而寿终正寝。吐蕃帝国的崩溃迎来的是“后弘期”佛教在青藏高原复兴的新局面。实际上，确定西藏历史时代的一项重要事件也恰恰出现在这一时期，即阴火兔年（1027 年），被称为“堆阔尔”（དུས་འཁོར།时轮）的哲学体系传入藏地。

传说中认为“堆阔尔”起源于印度北部一个神秘的地方，即香巴拉（བྱང་ཕྱོགས་ཤམྦྷ་ལ།），藏文中有时也称作“德疆”（བདེ་འབྱུང་།），即极乐世界”。释迦牟尼在临近南方吉祥山的具吉祥哲蚌佛塔（དཔལ་ལྡན་འབྲས་སྤུངས་ཀྱི་མཆོད་རྟེན།）下，向以月贤为主的香巴拉九亿六千万个城镇的君主讲授了《时轮根本续· 第一万两千颂》（དུས་ཀྱི་འཁོར་ལོའི་རྩ་བའི་རྒྱུད་སྟོང་ཕྲག་བཅུ་གཉིས་པ།）。伴随备受藏人欢迎的密教的传入，“堆阔尔”于 1027 年传入藏地，逐渐被藏地各教派僧侣所接受，形成了藏传佛教“十明”[①]中的“小五明”之一“盖孜”（སྐར་རྩིས།即星算学）。“堆阔尔”的传入使饶迥纪年（རབ་བྱུང་།）在藏地得到了普遍地应用，这在晚期的诸多藏文史书中尤为明显。

“堆阔尔”为དུས་ཀྱི་འཁོར་ལོ།的藏文音译简称，源自梵文 **कालचक्र**（英文转写：kalachakra）的翻译，汉文一般对译为“时轮”。就其内容而言，可分为“其堆阔尔”（ཕྱི་དུས་འཁོར།外时轮）、“囊堆阔尔”（ནང་དུས་འཁོར།内时轮）和“贤堆阔尔”（གཞན་དུས་འཁོར།别时轮）。“其堆阔尔”主要研究的是宇宙空间中天体的运行，重点工作是描述和预报行星的运行；“囊堆阔尔”主要讲人体内的脉络循环；“贤堆阔尔”涉及到密宗修行（次第和圆满的修行）。东噶·洛桑赤列教授这样描述到：“ཕྱི་དུས་ཀྱི་འཁོར་ལོ་ནི་ཕྱི་རོལ་ཡུལ་གྱི་རང་བྱུང་ཁམས་ཀྱི་སའི་གོ་ལ་དང་ཉི་མ། ཟླ་བ། སྐར་མ་སོགས་ལ་ཆུ་ཚོད་ནང་བཞིན་འགྲུལ་བསྐྱོད་བྱེད་ཐབས་ངེས་གཏན་ཞིག་ཡོད་པ་དེ་ལ་ཟེར་བ་དང་། ནང་དུས་ཀྱི་འཁོར་ལོ་ནི་མིའི་གཟུགས་པོའི་སྟེང་གི་རྩ་དང་། ཁྲག རླུང་། ཁམས་བཅས་ལ་ཡང་འགྲུལ་བསྐྱོད་བྱེད་ཡས་ཀྱི་ཆོས་ཉིད་ངེས་གཏན་ཞིག་ཡོད་པ་

[①] 汉语的“明”，对应藏语的“རིག་པ། rig pa”，译自梵文的 veda，意为学问、学科，印藏传统知识体系中有十明之说，有大小五明之分。大五明为声明（སྒྲ་རིག་པ།）、因明（གཏན་ཚིགས་རིག་པ་དང་ཚད་མ་རིག་པ།）、医方明（གསོ་བ་རིག་པ།）、工巧明（བཟོ་བ་རིག་པ།）、内明（ནང་དོན་རིག་པ།）。前四明各学派共享之，后一明各学派各有自己的典籍、宗旨，内容亦不相同。如佛教以三藏十二部经典教义为内明，婆罗门教则以四吠陀为内明。大乘佛教主张积极利益众生，以五明为学人所必学的内容。声明，即研究声韵、语言、语法之学。因明系逻辑学、论辩之学。医方明，不仅包含现代的医药科学和医疗技术，还包括体育和养生学。工巧明，包括的范围很广，所有与物质生活有关的工、农、商、畜牧、算计、书画、音乐、法律、饮食、行政、占相、咒术等学问都包括在内。内明，就佛教而言专指佛教教义。小五明为修辞学（སྙན་ངག）、辞藻学（མངོན་བརྗོད།）、韵律学（སྡེབ་སྦྱོར།）、戏剧学（ཟློས་གར། ）和星算学（སྐར་རྩིས།）。

དེ་ཡིན་ནོ། ”[①]（译文：外时轮是外部自然界的地球、太阳、月亮、星辰等依时轮有规律运行的知识，内时轮是人体的脉、血、风等也在身体内有规律地运行的知识。）

藏传天文历算是藏人在漫长的岁月中逐渐总结的物候经验基础上，汲取各周边族群的“那孜”（ནག་རྩིས། 黑算）及“央恰尔”（དབྱངས་འཆར། 音韵占）等，继而采纳 11 世纪传入藏地的印度“堆阔尔”后逐渐发展成熟起来的一套知识体系。藏传天文历算在理论方面主要以“堆阔尔”之“其堆阔尔”为主要内容，在民间实践应用方面又以物候历和命理学为指导。换言之，藏传佛教的宗教仪轨离不开时轮历，农牧民生产离不开物候经验，藏人生活离不开命理学。

事实上，藏人普遍接受《时轮根本续》（དུས་འཁོར་རྩ་རྒྱུད།）观点是在第三世噶玛巴•让俊多吉（ཀརྨ་རང་བྱུང་རྡོ་རྗེ། 1318）完成历算专著《历算综述》（རྩིས་གཞུང་ཀུན་ལས་བཏུས་པ།）及布顿•仁青珠（……1326）完成专著《时轮历算要诀•智者生悦篇》（རྩིས་ཀྱི་བསྟན་བཅོས་མཁས་པ་དགའ་བྱེད།）之后。第一饶迥火兔年（1027）“喀其达瓦贡布”（ཁ་ཆེ་ཟླ་བ་མགོན་པོ།）翻译了诸多相关“堆阔尔”的典籍时，仅翻译了《时轮根本续》五个偈中的灌顶部分，直到《时轮摄略经》（དུས་འཁོར་བསྡུས་རྒྱུད།）和《时轮摄略无垢光释疏》（དུས་ཀྱི་འཁོར་ལོའི་བསྡུས་རྒྱུད་ཀྱི་འགྲེལ་པ་དྲི་མེད་འོད།）

---

① མཁས་དབང་དུང་དཀར་བློ་བཟང་འཕྲིན་ལས་ཀྱིས་མཛད་པའི་གྲུབ་མཐའི་སྐོར་གྱི་རྣམ་བཤད།། （东噶•洛桑赤列：《教派》），北京：民族出版社，2004 年：第 37 页。

翻译成藏文时，人们还对时轮经出自释迦牟尼的观点持怀疑态度，尚未普及。

堆阔尔的传承方式与其他藏传文明的传承方式一样，形式多样，先后出现过父子口耳相传、师徒口耳相传、文字相传、正式的系统教授及培训班式的阶段性教授等。其传承机构从时间顺序可分为寺院机构、扎仓机构、官方机构。首先，我们可以追溯到最早教授天文历算的机构为敏竹林寺。十二饶迥木马年（1714）“达摩师利”（དྷརྨ་ཤྲཱི།）完成《日光论》（རྩིས་གཞུང་ཉིན་བྱེད་སྣང་བ།）之后，在卫藏山南敏竹林寺招收天文历算学员，以《日光论》为基本教材，教授天文历算，出现了藏地第一所专门教授天文历算的机构。敏竹林寺就像一所专科学校一样专门教授小五明，而天文历算是其科目之一。卫藏三大寺的学僧学完显密宗后，如若还想学天文历算，就转至敏竹林寺学习。

藏历第十五饶迥火龙年九月（1916）建立了曼孜康（སྨན་རྩིས་ཁང་། 藏医及历算学院），这是藏地第一所官办藏医历算机构。曼孜康是在斋康基巧堪布强巴土旺（རྗེ་བཀྲས་ཁང་སྤྱི་ཁྱབ་མཁན་པོ་བྱམས་པ་ཐུབ་དབང་།）的倡导和十三世达赖喇嘛土登嘉措（རྒྱལ་བ་སྐུ་ཕྲེང་བཅུ་གསུམ་པ་ཐུབ་བསྟན་རྒྱ་མཚོ།）的支持下创办的，[①]它合并了敏竹林寺的历算教育和甲波日医学利众院（ལྕགས་པོ་རི་བཻཌཱུརྱ་འགྲོ་ཕན་ལྷ་ན་ཛེ་མཚར་རིག་བྱེད་གླིང་།）[②]的医学教育。

---

① 银巴：《钦热诺布与藏医天文历算》，拉萨：西藏人民出版社，2008年：第 93 页。

② 1969年第司・桑杰嘉措（སྡེ་སྲིད་སངས་རྒྱས་རྒྱ་མཚོ། 1653-1705）在拉萨创建甲波日医学利众院。

格鲁派兴盛以来，多思麦（མདོ་སྨད།）地区也逐渐出现了专门教授和传承天文历算的机构，即堆阔尔扎仓（དུས་འཁོར་གྲྭ་ཚང་།）。迄今为止，先后建立了三十多所堆阔尔扎仓，如1713年创建了隆务寺（རོང་བོ་དགོན་ཆེན།）堆阔尔扎仓，1752年建立了卓尼寺（ཅོ་ནེ་ཏིང་འཛིན་དར་རྒྱས་གླིང་།）堆阔尔扎仓，1763年建立了拉卜楞寺（བླ་བྲང་བཀྲ་ཤིས་འཁྱིལ།）堆阔尔扎仓，1802 年夏琼寺（བྱ་ཁྱུང་།）将原有曼巴扎仓改建为堆阔尔扎仓，1817年建立了贡本（སྐུ་འབུམ།）堆阔尔扎仓等。康区（ཁམས།）也建立了相当有影响力的强巴林堆阔尔扎仓（བྱམས་པ་གླིང་དུས་འཁོར་གྲྭ་ཚང་།）。

堆阔尔扎仓即时轮学院，是藏传佛教寺院教育中极其重要的机构之一，它承担着集宗教、天文、历算、舞蹈、绘画、音乐等多方面的教育内容。自萨迦派第四祖萨迦班智达贡嘎坚赞（ཀུན་དགའ་རྒྱལ་མཚན། 1182-1251）在教育内容上做了创新，除原先的显密宗教育外，还增设了《俱舍论》《量释论》等七因明论和声明学、工巧明、天文历算等大小五明的教育以来，藏地佛教寺院的教育内容就大改前貌，由单纯的佛学知识拓展到了包括声明、因明、医方明、工巧明、内明、修辞学、辞藻学、韵律学、戏剧学和星算学十个领域的教育内容，为后继寺院教育的发展奠定了坚实的基础。天文历算虽属小五明之一，但诸多规模较大的寺院都设有堆阔尔扎仓。

拉卜楞寺堆阔尔扎仓全称“堆阔尔扎仓艾奥曲阔林”（དུས་འཁོར་གྲྭ་ཚང་ཨེ་ཝཾ་ཆོས་འཁོར་གླིང་།）意为“时轮学院睿智法轮洲”，系拉卜楞寺六大扎仓之一，是多思麦诸多寺院中为数不多的仍然保持着传统教育特点而留存至今的扎仓之一。就甘青地区而言，仍有堆阔尔扎仓的寺院仅有20座，而其中最有影响力的就属拉卜楞寺堆阔尔扎仓。该扎仓于藏历第十三饶迥水羊年（公元 1763 年）由第二世嘉木样董•久美昂波（སྟོང་འཇིགས་མེད་དབང་པོ།）大师仿扎什伦布寺所建而成。拉卜楞寺作为一所综合性的僧院高等学府，制度健全、治学严谨，高僧学者辈出，在其三百多年的历史期间，培养了数以千计的包括历算学者在内的知识分子，在西藏传统知识方面现在还没有任何一所大学，包括东西方那些最有名的高等学府可望其项背。研究拉卜楞寺堆阔尔扎仓的历史、传承、教学方式、教学特点等将在理论上极大地充实天文科技方面的内容，为传统科技文化添砖加瓦，丰硕羽翼，为传统教育适应现代化教育进程提供理论依据，为寺院教育之精髓的传承和推广提供理论参考；实际应用方面，系统研究堆阔尔扎仓的教育及功能，通过本研究让更多的人了解堆阔尔扎仓的真正价值所在，也为藏地其他寺院的传承和发展提供实际样板，我寄予通过本书的研究，启发有识之士在藏地建立专业的藏传天文历算教学机构，以延续和补充传统的天文教育。

二、研究现状

研究藏传天文历算的传承机构堆阔尔扎仓的成果较少，藏文有论文《多思麦寺院堆阔尔扎仓的教育制度》（མདོ་སྨད་དགོན་སྡེའི་དུས་འཁོར་གྲྭ་ཚང་གི་སློབ་གསོའི་ལམ་ལུགས་སྐོར་གླེང་བ།）[①]。汉文发表的相关堆阔尔扎仓

① གུ་རུ་སྐྱིད་ཀྱིས་མཛད་པའི་མདོ་སྨད་དགོན་སྡེའི་དུས་འཁོར་གྲྭ་ཚང་གི་སློབ་གསོའི་ལམ་ལུགས་སྐོར་གླེང་བ།（格日吉：《多思麦寺院堆阔尔扎仓的教育制度》），中国藏学，2011(4)。

的原创性研究成果寥寥可数，其中可资参考的有罗发西等所著《拉卜楞寺概况》“时轮学院”一节[①]和甘肃藏学研究所丹曲研究员的论文《拉卜楞时轮学院概述》。[②]《拉卜楞寺概况》只是概况介绍了藏传天文历算的一般特点，但实际上并没有几行字涉及到拉卜楞寺对藏传天文历算的实际贡献或拉卜楞天文历算的独特之处。《拉卜楞时轮学院概述》一文简要概括地介绍了堆阔尔扎仓的一般情况，例举了出自拉卜楞的历算学者。本书以田野调查资料和文献相结合，在二位学者的基础上，补充了该扎仓研修内容的现状和历代突出的天文历算高僧学者，突出总结了拉卜楞寺堆阔尔扎仓对藏传天文历算的贡献，以及拉卜楞地区天文历算的特点。严格来讲，此处所讲拉卜楞地区天文历算其实就是安多地区的天文历算，但因本文以拉卜楞地区为重点研究对象，故将之称作拉卜楞地区天文历算。2011年西南大学的博士卓嘎撰写了论文《藏族天文历算传承模式及其变迁研究》，该文以拉萨哲蚌寺、色拉寺、甘丹寺、山南扎囊县敏珠林寺、日喀则扎什伦布寺、青海省塔尔寺、甘肃甘南拉卜楞寺、拉萨天文历算研究所、西藏藏医学院、日喀则藏医院为田野点，首次系统地总结了藏传天文历算的传承模式，他以空间载体为划分标准将藏传天文历算的传承模式划分为寺院传承、家族传承及学校传承。

① 罗发西等：《拉卜楞概况》，兰州:甘肃民族出版社，1987.8：第35-45页。
② 丹曲：《拉卜楞时轮学院概述》，西藏研究，1999(2)。

此外，与堆阔尔扎仓的相关研究还散见于一些藏传佛教寺院的寺志、教法史、藏传佛教学者（一般都是高僧大德）的传记等中。这些藏文史料零星地记载了各地藏传佛教寺院堆阔尔扎仓的建立、发展状况、扎仓的宗教仪轨、扎仓的赤巴（ཁྲི་པ།法台）或堪布（མཁན་པོ།）的传承等。

1.《拉卜楞寺志》成书于公元1800年，原名《拉章扎西琦寺法嗣志·梵天大鼓》（བླ་བྲང་བཀྲ་ཤིས་འཁྱིལ་གྱི་གདན་རབས་ལྷའི་རྔ་བོ་ཆེ།），于1821年在阿木去乎噶丹法轮寺雕刻版行世。作者阿莽班智达·贡却坚赞（དབལ་མང་པཎྜི་ཏ་དཀོན་མཆོག་རྒྱལ་མཚན།1764-1853）是多思麦著名的学者，在他41岁（1804年）时，被委任为拉卜楞寺第二十四任赤乾（ཁྲི་ཆེན།大法台）。在他担任法台职务期间，他主持新立了密宗殿，在堆阔尔扎仓设了时轮护摩法会，修建了曼巴扎仓经堂，设置了《甘珠尔》大藏经为主的经籍一千多函。阿莽班智达研习经典、讲闻辩论、广收门徒，《多思麦政教史》的作者智观巴·贡却乎丹贝绕吉就是他的心传弟子之一。他一生的著述有近十二函，其中《藏汉蒙历史概论》《拉卜楞寺志》《贡唐仓·贡却丹贝卓美传记》是他的代表之作。“这些典籍，力排诸谬，深入浅出，作为传统文化的重要组成部分，它的科学价值和独到之处，在藏族文化史上产生了一定的影响。”[①]《拉卜楞寺志》原版记述了第一世和第二世嘉木样略传、赤

---

① དབལ་མང་པཎྜི་ཏས་མཛད་པའི་བླ་བྲང་བཀྲ་ཤིས་འཁྱིལ་གྱི་གདན་རབས་ལྷའི་རྔ་ཆེན།།（阿芒班智达：《拉卜楞寺志》），兰州：甘肃民族出版社，1987 年。阿莽班智达著，玛钦·诺悟更志、道周译注《拉卜楞寺志》，甘肃人民出版社，1997：第 4 页。

乾及各扎仓赤巴的传承、拉卜楞寺及各扎仓的创建等。汉文版《拉卜楞寺志》在翻译原版的同时，以《辅国阐化禅师第五世嘉木样呼图克图纪念集》为准，译补了第三世至第五世嘉木样略传，依据《多思麦政教史》，节译了拉卜楞寺第二十二任至五十三任大法台及各扎仓后续堪布的传承世系。对藏文原文中存在的疑难问题，译者按照毛兰木嘉措生前的考证和校释，做了译文处理。该书第二编第八章记述了时轮密宗的兴起，第四编第三章概述了堆阔尔扎仓的法台传承。

2.《贡本寺志》（སྐུ་འབུམ་བྱམས་པ་གླིང་གི་གདན་རབས་དོན་ལྡན་ཚངས་པའི་དབྱངས་སྙན།）成书于 1903 年，作者为贡本（塔尔寺）第 63 任赤乾色多 • 呼图克图 • 洛桑崔臣嘉措（གསེར་ཏོག་བློ་བཟང་ཚུལ་ཁྲིམས་རྒྱ་མཚོ། 1845-？）。

3.《多思麦教法史》（མདོ་སྨད་ཆོས་འབྱུང་།），一般译为《多思麦政教史》，全称《详论多思麦地区佛陀圣教发展史海》。这部著作成书于 1865 年。作者智观巴 •贡却乎丹巴饶吉（བྲག་དགོན་པ་དཀོན་མཆོག་བསྟན་པ་རབ་རྒྱས། 1801-？）是拉卜楞寺著名学者阿莽班智达 •贡却坚赞的亲传弟子。“智观巴在阿莽班智达的支持和鼓励下，徒步在整个多思麦地区开展调查，搜集口碑资料，查阅藏文史书等作品达 530 种，历 32 年完成这一巨著。[①]《多思麦教法史》由著名学者毛兰木

[①] 英加布《拉卜楞的书面语口头文学》，载《中国民族学》（第五辑）.兰州：甘肃民族出版社，2010：第 134 页。

嘉措校订出版藏文版，吴均先生在古稀之年领衔汉译此书，并作了大量有价值的注释，1989 年以《多思麦政教史》为名在兰州出版。①

三、研究思路和研究方法

(一)研究思路

堆阔尔扎仓的研究，首先参阅了《拉卜楞寺志》《贡本寺志》《隆务寺志》《夏琼寺志》《敏珠林寺志》中涉及到堆阔尔扎仓的内容，继而到甘南的夏河、合作、迭部、碌曲、天祝，青海黄南的热贡、海东的化隆、循化、湟中，海西的都兰、德令哈、天峻，西藏拉萨的各大小寺院进行调研。其中拉卜楞寺和贡本前后做了七八次调研。在获得这些田野调查资料之余，又以电话访谈做了补充调研。

本书标题虽为拉卜楞寺堆阔尔扎仓研究，但因在研究中会涉及到藏传天文历算的计算方法，然而，仅凭个人的文献阅读能力是无法自学掌握其中内容的，所以我首先仔细阅读黄明信先生的汉文著作，了解大概之后，又先后多次采访了拉卜楞寺堆阔尔扎仓的阿克洛桑，询问了一些自己在阅读时所遇到的难点和疑点。在参阅了大量文本之后，我于 2010 年 4 月前往贡本（塔尔寺），拜阿克格勒（དགེ་

① བྲག་དགོན་པ་དཀོན་མཆོག་བསྟན་པ་རབ་རྒྱས་ཀྱིས་མཛད་པའི་མདོ་སྨད་ཆོས་འབྱུང་།（智观巴・贡却乎丹巴饶吉：《多思麦教法史》），兰州：甘肃民族出版社，1982 年。智观巴・贡却乎丹巴饶吉著，吴均等译《多思麦政教史》，兰州：甘肃民族出版社，1989。

ལེགས།）为师，学习了五要素之定日定曜的体系派算法，又于 2011 年 8 月至 12 月期间，到黄南州河南县尕布藏族传统藏医职业技术学校（སྐལ་བཟང་སྤྲོ་རྒྱུན་གསོ་རིག་ལག་རྩལ་ལས་རིགས་སློབ་གྲྭ）拜阿克金巴（སྦྱིན་པ།）为师，以著名藏传天文历算师桑珠嘉措（བསམ་འགྲུབ་རྒྱ་མཚོ།）编写的《藏历运算大全》（སྐར་རྩིས་ཀུན་འདུས་ནོར་བུ།）为基本教材，系统学习了藏传天文历算的基本内容及计算方法，因时间有限，所以放弃了快速算法和黑算的学习。

(二)研究方法

1. 文献搜集法：如果能搜集到珍贵的藏、汉、日、蒙、英文文献，将对本书的研究大有裨益，但因我只掌握了藏、汉、英三种语言，所以倍感遗憾！只在有限的时间里，尽可能全面搜集藏、汉、英文三种文献，藏文文献主要集中在敦煌写卷、碑刻、金石、史籍、寺志等史料文献以及计算方法类、佛历、历本等的历算文献，汉文文献以黄明信先生的历算著作、汉文实际以及近几年发表的一些论文为主要参考资料，英文文献主要搜集整理了历算类、占星类书籍以及自“谷歌图书网”、金斯密斯创建的“西藏佛教资源中心图书馆”（Tibetan Buddhist Reso Center Library urce）、佛吉尼亚大学创办的“西藏与喜马拉雅图书馆”（The Tibetan and Himalayan Library）下载的各种资料。

2. 田野调查法：本书以参与观察（看）、深度访谈（听）、直接体验（做）三种田野调查法相结合的方式广泛调查，深入到藏区各地，走访了集中在多思麦地区许多堆阔尔扎仓。拍摄堆阔尔扎仓的院落、壁画、僧侣等的图片，收集寺志、史料、历算类书籍等藏文文献。自启动项目以来，本人曾先后多次到拉卜楞寺堆阔尔扎仓、贡本堆阔尔扎仓、天堂寺堆阔尔扎仓、郎木寺堆阔尔扎仓、隆务寺堆阔尔扎仓、夏琼寺堆阔尔扎仓、布达拉宫、曼孜康、乃琼寺等地进行考察，其中拉卜楞寺是本书的重点调查对象，本人在四年多时间里，按照不同的时间段到拉卜楞寺进入深入考察。此外，为了更好地掌握历算的内容，本人在2010年4月，到塔尔寺学习了为期一个月的藏传天文历算之五要素的部分内容，2011年8月-12月，前往青海省黄南州河南县尕布藏传统藏医职业技术学校系统学习藏传天文历算。

四、研究意义

（一）拉卜楞寺堆阔尔扎仓是迄今为止保持传统教育特色最为典型的学院之一，作为多思麦地区藏传天文历算传承教育的典型案例，我通过五年来的调查研究，在本书第二部分重点介绍了拉卜楞寺堆阔尔扎仓及其教育，以点反应面，以近景反应远景，从今天看过去，从变迁看传统，为非物质文化遗产的保护添砖加瓦，贡献出自己微薄的力量。

（二）尽管公历（格里高利历）在中国已经普及，但藏地广大群众，尤其是农牧民群众仍然在使用汉历和藏历，他们的生产离不开数世纪以来总结的物候经验以及编制的农历与藏历历本，他们的生活离不开黑算占卜术，农牧民群众在遇到各种大小事务时都习惯性卜卦占算，故而藏传天文历算与藏地农牧民群众的生产生活息息相关，历法的编制也关系到他们的切身利益。而拉卜楞寺堆阔尔扎仓每年组织专人绘制年历供周边的农牧民群众参考，孜巴们也会应邀参加相关服务于百姓的各种仪式或为百姓占算。这说明拉卜楞寺堆阔尔扎仓与周边农牧民群众有一定的互动关系，对于农牧民的生产生活仍然发挥着重要的作用。

五、概念的阐释

堆阔尔系梵文 Kalachakra 的藏文译名①，汉文译名为“时轮”。时轮传统上被分为外时轮、内时轮和别时轮三种。《藏汉大辞典》中这样解释道：外时轮指须弥山、四大洲和八小洲等器世间；内时轮指五欲界、六欲天、十六色界、死无色处边等三十一有情世间；别时轮指生起次第能依、所依坛场和圆满次第的风、脉、明点等地道。②

扎仓（གྲྭ་ཚང་།）是藏语之音译，意为僧院。藏传佛教寺院是佛教僧众学习经典的场所，如同当今的大学一样，设有专门学习和研究佛学各科目的学院，称为“扎仓”。各个寺院拥有之扎仓数目也因其规模差异而有所不同。一般的寺院仅有一个扎仓，一座大型的寺院拥有几个扎仓，每个扎仓有自己的经堂、佛殿、管理用房、库房

---

① Chandra Das. Tibetan-English Pictionary. Pubished in Indian by: Book Faith India 416, xpress Tower Azadpur Commercial Complex Delhi-110033. 1998.

② 张怡荪：《藏汉大辞典》，北京：民族出版社，1985 年 7 月：第 1268 页。

和僧人住房，按其学经的性质，分为“居巴扎仓”（རྒྱུད་པ་གྲྭ་ཚང་།密宗学院）、“参尼扎仓”（མཚན་ཉིད་གྲྭ་ཚང་།因明学院）、“堆阔尔扎仓”（དུས་འཁོར་གྲྭ་ཚང་།）、“曼巴扎仓”（སྨན་པ་གྲྭ་ཚང་།医明学院）、“吉多扎仓”（ཀྱེ་རྡོར་གྲྭ་ཚང་།喜金刚学院）等。每个扎仓由其堪布（མཁན་པོ།）主持，下设翁则（དབུ་མཛད།）、格贵（དགེ་བསྐོས།）等执事僧，组织扎仓的学习及会议，管理扎仓的财产及经济事务等。其中堆阔尔扎仓主要修习时轮密乘，并着重学习和研究天文历算，可以说是藏传天文历算的主要传承机构之一。自十七世纪起，藏传天文历算最重要的传承机构主要系卫藏的曼孜康和卫藏之外的诸格鲁派大寺中设立的堆阔尔扎仓。其中卫藏地区并未设有堆阔尔扎仓，其天文历算的传承机构主系敏竹林寺和官办机构曼孜康；康区仅昌都的强巴林寺（ཆབ་མདོ་བྱམས་པ་གླིང་དགོན།）内设有堆阔尔扎仓，其他寺院只是设有规模较小的专用修行的组织机构“堆阔尔基德”（དུས་འཁོར་རྒྱུད་སྡེ།）；多思麦地区自18世纪初伊始先后建立了诸多堆阔尔扎仓，而拉卜楞寺堆阔尔扎仓是其中延续至今，教习制度最为完备、典籍收藏最丰富、人才辈出之地。

天文历算，今人常视“天文”一词为“天文学”的同义词，即西文astronomy一词的译名。但在古代汉语中“天文”并无“天文学”之义。其原义指天象，即天空中各种天体交错运行所呈现的景象；引申义为仰观天象以占知人事吉凶之学问，对译西文的 astrology。在古希腊之外的古代文明中，比如巴比伦、玛雅、印度、中国等，星占学先于天文学出现，①但天文学是否从这些古代文明之星占学母体中独立了出来，迄今未有定论。因此，传统意义上的“天文”并不能等同于现代意义上的“天文学”，二者迥然不同。虽然本书所研究的对象也属传统意义上的“天文”，但与先前我们讨论的古代汉语之“天文”不尽相同。

藏文中与天文相关的名称有“盖孜”（སྐར་རྩིས།星算）、“噶孜”（དཀར་རྩིས།白算）、“那孜”（ནག་རྩིས།黑算）、“央恰”（དབྱངས་འཆར།）。其中“那孜”对译“星占学”或直译为“黑算”，指吐蕃帝国时期或者更早时期由中原传入藏地的五行、八卦及九宫知识；“盖孜”或“噶孜”对译“天文历算”。然而，“噶孜”特指公元十一世纪初，自印度传入藏域的时轮历之外时轮；“央恰”常被译为“音韵占”或“音韵占算学”，专指自印度传入藏域的结合音韵以占吉凶之术。我认为藏传天文历算有广义和狭义之分。广义而言，指包括白算、黑算及音韵占算学三方面内容的学问；狭义而言，仅指白算。

我认为天文历算可以定义为：古时人们用肉眼观察星空来确定时间和方向，在熟悉和掌握了天空中肉眼能看到的一些天体的运动规律后，进一步制定历法来指导农牧业生产，这种以观测为主的经验性的知识以及通过观测天体运动而获得的制定年、月、日、时等

---

① 见 W.C.Dampier:《科学史》，北京：商务印书馆，1975 年：第 79-80 页。“柏拉图（Plato）已经听说过占星术，但是，占星术的实际知识，是在公元前 280 年左右由柏罗沙斯（Berosus）带到希腊的。

时间的知识。它既不能等同于现代意义上的天文学，也不能看作独立的历法知识，更不能被理解为古汉语中的“天文”之引申义星占学。它是一个浑然一体的概念，不可理解为两个独立的概念。明白这一点，首先须要准确掌握天文、天文学、星占学、历法的发展历史及相互间的关系；其次须要清楚了解藏传天文历算的内容。

天文，暂且叫做古代天文学或传统天文学，其概念的解释前文已提及，此处不再赘述。天文早于现代天文学出现，但并不能说现代天文学就是从传统天文学母体中独立出来的，此一问题尚无研究结论，也不是本书讨论的重点。天文学即现代天文学之源头是古希腊天文学[①]，通常被定义为观察和研究宇宙间天体的学科，它研究天体的分布、运动、位置、状态、结构、组成、性质及起源和演化。而星占学定义为用天体的相对位置和相对运动（尤其是太阳系内的行星的位置）来解释或预言人的命运和行为的系统。它试图利用人的出生地、出生时间和天体的位置来解释人的性格和命运。古代天文学或传统天文学与现代天文学最大的区别是，它并没有与星占学和历法分道扬镳成为独立的学科，而是天文与历法融为一体，天文与占星不分家的一门学问。历法是人们对天文现象的汇总和归纳，并通过天体的运动规律来定义时间概念的一门学问。藏传天文历算

---

① 见江晓原:《天学真原》，南京：译林出版社，2011 年：第 4 页。“希腊天文学不像其他古代文明那样产生于星占学活动之中，而是星占学传入之前就已产生并相当发达了。这一例外是意味深长的，因为今天同行全世界的现代天文学体系，其源头正是古希腊天文学。”

也属传统天文学的范畴，是藏传十明中的小五明之一，在小五明还未独立分化出来之前，藏传天文历算隶属梵文（སྒྲ་རིག་པ།）之下。本书将西藏传统的天文学称作藏传天文历算，正是基于它既包括基础天文学又包括历法知识，还涉及一些简单的星占学知识之故。事实上，无论是西方天文学家还是东方天文学家都懂得占星术，不过，占星术只是他们的副业。藏传天文历算学者也会学习星占学，这不单纯是为了卜卦，更是因为藏传医学中需要它。

综上所述，本书用“天文历算”一词来借指西藏传统的天文学主要基于以下三点的考虑：第一，本书所要研究的藏传天文历算既不能简单地等同于任何其他古代的天文学或星占学，更不能与现代意义上的天文学划等号，所以选用“天文历算”一词就避免了与天文学、星占学等概念的混淆；第二，藏传天文历算既包括天文学内容又囊括了历法内容，其中甚至会有很少的部分是星占学内容，但又不是独立概念上的天文学、历法或星占学，故此处使用“天文历算”一词会显得更加贴切；第三，“天文历算”一词要比西藏传统的天文学更通俗，更容易被读者领会。

藏传天文历算之“藏传”本书选用“藏传天文历算”，而非“西藏的天文历算”“藏族的天文历算”或“吐蕃特天文历算”。我在该词的选用上反复推敲、斟酌良久，最终采用“藏传”一词。有三点考虑，第一，“西藏”一词在汉文中有时对应卫藏地区（西藏自治区），有时又泛指整个藏区，涵义差别较大。它是一个地域概念和文化概念的集合体。在英文中“Tibet”一词又对应着西藏一词，同时又指整个藏区，而非西藏自治区。“西藏”是图伯特、吐蕃、西番、卫藏、乌思藏、西地等的同义词，最早出现于康熙年间，但使用并不固定，也不频繁，乾隆之后广泛使用“西藏”一词。陈庆英认为“西藏”一词由藏文的“卫藏”音译为满文的“waigi Dzang”(西方的藏)，再由满文意译为“西藏”的。“藏文‘卫藏’中的‘卫’字恰与满文中的‘西方、西方的’（wargi）一词读音相近，且卫藏地区又处在中国的西南部，因此可能是‘卫藏’一词先在满文中译为‘wargi Dzang’，即‘西方的藏’，再从满文译成汉文，即是现今常用的‘西藏’一词。”[①] 本书如若选用“西藏”一词，将形成概念上的混淆，引起歧义，不知是西藏自治区的天文历算，还是藏区的天文历算。当然勉强也可以使用，但总感觉不够恰当。第二，“藏族”一词的出现与民族概念的诞生并驾齐驱。20 世纪初，梁启超、王兆铭等人把西方的民族概念引进中国，并做了具体的概念界定。“藏族”一词也是在这样的背景下随即产生的，图伯特人、西番、藏人等的称谓也改称为“藏族”，藏族是一个刚满百岁的文化概念，此概念已排除了喜马拉雅南麓西北缘的藏裔民族，而他们都继承了藏传天文历算。第三，“图伯特”（吐蕃特）和“西藏”的地域范围是一样的，均指卫藏地区，也泛指整个藏人居住地，但是“图伯特”（吐蕃特）一词又是一个历史上的地域名，用在此处易

[①] 陈庆英：《汉文“西藏”一词的来历简说》，燕京学报，第六期：134-135 页。

与吐蕃王朝相混淆。综上所述三点原因我在文中选用藏传天文历算，就是想要表达文化概念，而非过去或现今的地域概念。“藏传天文历算”既包括了我们通常理解的藏族的天文历算的概念，又涵盖了藏裔民族继承的天文历算的概念。

第一章
多样的传承机构

藏传天文历算的历法、占星、天文和修习均与藏传佛教息息相关，离开藏传佛教谈它，都会显得黯然失色，犹如隔靴搔痒。而寺院的扎仓既是藏传天文历算文化的主要传承机构，也是它的研究基地。藏传天文历算遍及青藏高原和喜马拉雅山脉及其周围地区，其传播伴随着藏传文明的传播远至喜马拉雅山脉南麓西北缘的不丹、尼泊尔、拉达克以及内外蒙古地区和俄罗斯的布里亚特共和国、卡尔梅克共和国等。

图-1：传承和应用藏传天文历算的总体分布图

主要包括三大区域：1.西藏高原藏裔文化区（卫藏、多思麦、康巴）；2.蒙古高原藏传文化区（蒙古国、内蒙古、俄罗斯境内受藏传佛教影响的几个蒙古共和国（布里亚特共和国 Republic of Buryat、图瓦共和国 Republic of Tuva、卡尔梅克共和国 Republic of Kalmyk））；3.喜马拉雅南麓北缘的藏裔文化区（不丹 Bhutan、锡金 Sikkim（大吉林 Darjeeling）、尼泊尔 Nepal、北安查尔邦 Uttarakhand、喜马偕尔邦 Himchal Pradesh(达兰萨拉 Dharamsala)、查谟或克什米尔 Jammu & Kashmir、拉达克 Ladakh、阿萨姆邦 Assam）。

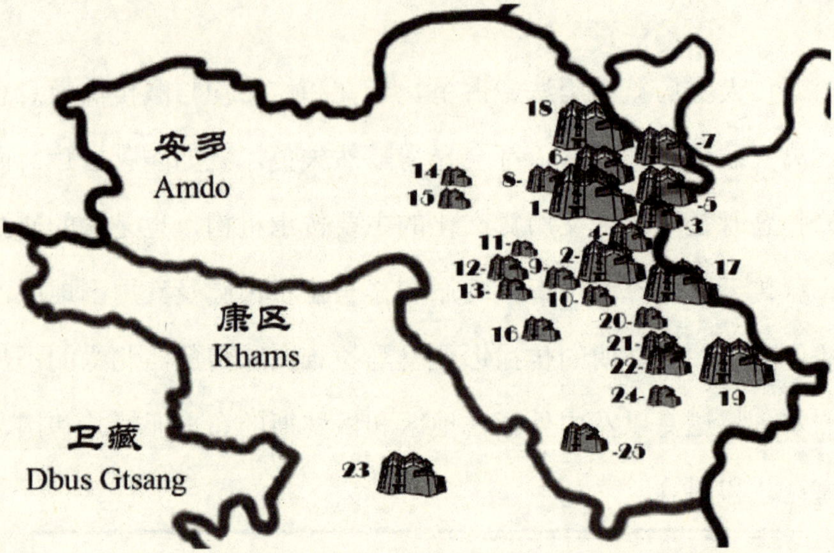

图-2：堆阔尔扎仓的分布：1. 塔尔寺（青海湟中）；2. 隆务寺（青海同仁）；3. 夏琼寺（青海化隆）；4. 东麻昂寺（青海化隆）；5. 莲花台寺（青海民和）；6. 佑宁寺（青海互助）；7. 却藏寺（青海互助）；8. 东科尔寺（青海湟源）；9. 石藏寺（青海同德）；10. 赛力亥寺（青海同德）11. 堆阔尔寺（青海兴海）；12. 嘉扎寺（青海兴海）；13. 阿粗乎寺（青海兴海）；14. 都兰寺（青海乌兰）；15. 阿汗达勒寺（青海乌兰）； 16. 拉加寺（青海果洛玛沁）；17. 拉卜楞寺（甘肃甘南夏河）；18. 天堂寺（甘肃天祝）；19. 卓尼寺（甘肃甘南卓尼）； 20. 西仓寺（甘肃碌曲）；21. 郎木寺（甘肃碌曲）； 22. 格尔登寺（四川阿坝）；23. 强巴林寺（西藏昌都）；*24. 辖曼寺（四川若尔盖）；*25. 曲杰寺（四川壤塘）。

第一节　卫藏的特色传承机构

正如广为流传的谚语一样“དབུས་གཙང་ཆོས་ཀྱི་ཆོལ་ཁ། མདོ་སྨད་རྟ་ཡི་ཆོལ་ཁ། མདོ་སྟོད་མི་ཡི་ཆོལ་ཁ།”卫藏是宗教中心、多思麦是产马之地，康区是人口众多之地），卫藏地区大小寺院林立，在出现学校教育之前，寺院既是宗教中心，也是教育中心，大小五明的知识均在寺院里进行教授，而像天文历算这样的学问多在寺院的堆阔尔扎仓研习和传承。不同的是，“卫藏”并没有一所寺院设有专门教授天文历算知识的扎仓；有部分文章称“藏”（གཙང་།）地区的扎什伦布寺设有堆阔尔扎仓。实际上，日喀则地区的扎什伦布寺并没有设立堆阔尔扎仓，但有堆阔尔拉康（དུས་འཁོར་ལྷ་ཁང་།）。堆阔尔拉康是时轮佛殿，堆阔尔扎仓是时轮学院，二者区别较大。佛殿主要是供奉佛像，同时亦是广大信徒朝拜之地，一般规模较小；扎仓是专供寺院的僧人修习之地，有经堂、佛殿，因其规模相当，占地面积不少，故多有厨房、宿舍提供生活的场所。如果把寺院比做大学，那么扎仓就是一所院系。另外，扎仓一般规模比较大，一所扎仓中可能有数所佛殿。像这样的堆阔尔拉康在藏地很多，数量远远超过堆阔尔扎仓。就拉萨市的布达拉宫中也有堆阔尔拉康。有些汉文文献中写到扎什伦布寺时轮学院建成于 1760 年，我先前发表了一篇题为《拉卜楞大寺的堆阔尔扎仓及其拉卜楞地区的藏传天文历算学传承研究》的论文也引用了此观点，但现在看来是有出入的。在《扎什伦布寺简介》中写到是藏历第十三饶迥木鼠年（1765 年）建成的。藏历的写法不容易出现误抄或误印的现象，而且根据第十三饶迥木鼠年推算公历时间的确是 1765 年，而不是 1760 年，所以我认为还是 1765 年的观点更加合理。

དུས་འཁོར་ལྷ་ཁང་ནི། རབ་བྱུང་བཅུ་གསུམ་ཤིང་བྱི་༼སྤྱི་ལོ་༡༧༦༥༽ལོར་བཞེངས། རྒྱ་ཁྱོན་ཀ་བ་བཅུ་གཉིས། ནང་རྟེན་གཙོར་ལི་མའི་དུས་ཀྱི་འཁོར་ལོའི་སྐུ་བརྟན་ཁྲི་རྒྱབ་ཡོལ་དང་བཅས་པ་ཐོག་ཚད་མ་དང་། གསེར་ཞོ་ཉིས་སྟོང་དྲུག་བརྒྱ་བདུན་ཅུ་དོན་གསུམ་ལས་གྲུབ་པའི་རྒྱལ་བའི་བཀའ་དང་། བསྟན་བཅོས་བོད་དུ་བསྒྱུར་རོ་ཅོག་དང་། ཙོང་ཁ་པ་ཡབ་སྲས་གསུམ་གྱི་གསུང་འབུམ། པཎ་ཆེན་སྐུ་ཕྲེང་བཞི་པ་དང་། ལྔ་པ། དྲུག་པ། རྒྱལ་དབང་སྐུ་ཕྲེང་བདུན་པ་བཅས་ཀྱི་གསུང་འབུམ་བཅས་བསྡོམས་པོད་སུམ་བརྒྱ་དགུ་བཅུ་གོ་གཉིས་བཀྲ་ཤིས་དགའ་ཚལ་དུ་བཞེངས་ནས་ལྷ་ཁང་འདིར་སྤྱན་དྲངས། ①

译文： 堆阔尔拉康建成于藏历第十三饶迥木鼠年（1760 年）。拉康占地 12 根柱子的大小。修建了一座时轮金刚的铜铸像，连同底座共有一层楼之高，迎请至堆阔尔拉康作为本拉康的主尊。除此之外，还圆满地收纳了用两千六百七十三两黄金书写成的甘珠尔和丹珠尔译本、宗喀巴师徒三尊的文集、四世五世六世班禅的文件、七世达赖喇嘛的文集等共三百九十二个函迎至该拉康。

---

① བཀྲིས་དགོན་ལོ་རྒྱུས་རྩོམ་འབྲི་ཚོགས་ཆུང་གིས་བརྩམས། བཀྲ་ཤིས་ལྷུན་པོ་དཔལ་གྱི་སྡེ་ཆེན་ཕྱོགས་ཐམས་ཅད་ལས་རྣམ་པར་རྒྱལ་བའི་གླིང་གི་སྔོན་བྱུང་གསལ་བའི་ཉི་མ་ཞེས་བྱ་བ་བཞུགས་སོ། བོད་ལྗོངས་མི་དམངས་དཔེ་སྐྲུན་ཁང་། （扎寺历史编写小组：《扎什伦布寺简介》），西藏人民出版社，1992 年 7 月第 2 版。

然而，这并不代表卫藏地区没有教授天文历算的正式教育机构。事实上，卫藏地区传承和教授藏传天文历算的正式机构有两所，都非常著名，分别为敏竹林寺和“曼孜康”（སྨན་རྩིས་ཁང་།），但卫藏地区在历史上比较有影响的历书分别是出自萨迦寺的萨迦历书、敏竹林寺发行的历书、楚布寺历书、曼孜康历书和山南达吉林寺的历书。在曼孜康历书之前有一名叫戴瓦然的历算学者编制发行的印度历书在拉萨非常受欢迎。研究清楚这些历书的传承派系，也就等于大致梳理清楚了藏传天文历算的历史和派系。现今无论是卫藏还是多思麦、康巴所编制发行的历书都和曼孜康历书一样，依据浦派传承，不同之处在于拉萨曼孜康的主要依据经典是第司桑结嘉措所著的《白琉璃论》（ཕུག་ལུགས་རྩིས་ཀྱི་ལེགས་བཤད་བཻཌཱུརྱ་དཀར་པོ་བཞུགས་སོ།），而多思麦地方依据的是《时轮历算精要》（རིགས་ལྡན་སྙིང་ཐིག）。另外，在很多藏传佛教寺院中虽然未设堆阔尔扎仓，但却有堆阔尔拉康，或者有些寺院会有一些跟早期天文或占星有关的信息。正如布达拉宫中设有专门的堆阔尔拉康一样。2011 年 7 月 15 日清晨我和我的朋友旦增（བསྟན་འཛིན། 他精通拉萨口语，一路帮我做翻译。）一起去朝拜布达拉宫，结果出乎意外地发现这里有一个规模还挺宏伟的堆阔尔拉康。但这个佛殿似乎不让游客和朝拜者进去，我怀着崇敬之情叩拜顶礼，看了看牌匾，上面写着 “དུས་འཁོར་ལྷ་ཁང་།”，但知道不能进去细看，也不能采访，正准备带着遗憾离开时，旦增拉和里面的老人搭上了话，他恭敬的话语和解释使老人破例允许我们进去朝拜和参观，因为不能照相，所以我把这里的布局都记在笔记本上。当然，非常感谢这位老人还向我们解释了这里的佛像和坛城，并给我们展示了一本从香港寄来的时轮方面的画册。遗憾的是他说他并不太懂时轮和历算，也不会编制历书，他只是负责看守和管理这里。佛殿正中央放置着一座很高很大的镀金时轮立体坛城（དུས་འཁོར་བློས་བསླངས།）[①]，看似宏伟壮丽、金碧辉煌，自外而内为风轮、火轮、土轮，在外圈还布有二十七（八）星宿以及太阳和月亮，佛殿内壁被分割成四个档，正中供奉着时轮金刚佛像（དུས་འཁོར་ཡབ་ཡུམ།），左边第一档供奉有文殊菩萨像、第二档供奉着历史上著名的历算师的泥塑像，包括来自印度、汉地和藏地本土的高僧大德，我想知道这些著名历算师泥塑像所对应的名字将会对本书大有裨益，但很遗憾，由于这些泥塑像的人物名字都写在了泥塑的背面，所以无法看到具体的名称。右边一档供奉着香巴拉国王们的精致小型泥塑像，据这位老人介绍，这些雕像在五世达赖喇嘛时就已经放在这里了，也就是说已有近三百年的历史了。老人还跟我们讲到我们现在所处的时代是香巴拉第 21 代法胤（རིགས་ལྡན།）的时代，未来还有 4 代法胤，到第 5 代法胤时世界就会发生很大的战争，类似于世界末日的情况会发生。临出门时我们还看到有一副唐卡，是印度的彩粉坛城，据这位老人介绍是 14 世达赖喇嘛讲法时用过的。像这样的堆阔尔拉康

[①] 时轮坛城一般因其制作方法和使用对象和使用场合的不同而分为时轮立体坛城（དུས་འཁོར་བློས་བསླངས།）、时轮沙坛城（དུས་འཁོར་རྡུལ་ཚོན་དཀྱིལ་འཁོར།）、时轮彩绘坛城（དུས་འཁོར་ཚོན་རིས་དཀྱིལ་འཁོར།）三类。

只注重时轮金刚的密修，而不注重讲授时轮历算的理论。再如乃穹寺院内廊厅的四壁上都画有二十七星宿、罗睺（སྒྲ་གཅན།）等的星宿神，这是在其他寺院很难见到的，乃穷寺的椽、柱等上面都绘有很多像蛇一样的动物，我想这可能是早期龙神（ཀླུ།）崇拜的一个写真，由此可以初步断定，对二十七（八）星宿[①]的认识很可能早于时轮历的传入，或许早在苯教时期或者更早的时期人们已经有了对二十七星宿的认识，当然，这里明显已经混有佛教特色。从这些壁画的神像形态看来，星宿均以柔和的面貌出现，均有不同的坐骑，但这些坐骑也多为比较温和的动物和莲花等。考虑到这些星宿的穿着、神态以及罗睺的画像，明显有从印度传来的痕迹，也具备佛教画像的一些特征，所以说对二十七星宿的崇拜和认识最迟也应该是在时轮传入时期。

一、古老的“敏珠林”传承

敏竹林寺属宁玛派寺院，最早是在公元 10 世纪末，由鲁梅·慈称协饶（ཀླུ་མེས་ཚུལ་ཁྲིམས་ཤེས་རབ།）自多思麦返回卫藏后建立的，名为“太巴林寺”（ཐར་པ་གླིང་།），位于今山南地区的扎囊县(གྲ་ནང་རྫོང་།)东约 20 公里处的“扎柒乡”（གྲ་ཕྱི།）境内。藏历第十一饶迥铁狗年（1670 年霍尔月四月十日），五世达赖喇嘛为其 25 岁的经师仁增

① 在“藏族天文历算中二十八宿的渊源及其作用”中作者推断藏族在知道汉文和梵文的二十八星宿名称之前，早就有了许多自己的命名。傅千吉：藏族天文历算中二十八宿的渊源及其作用[J].西北民族大学学报，2014 年第 4 期：82 页。

久美多杰（རིག་འཛིན་འགྱུར་མེད་རྡོ་རྗེ།又称“德达灵巴”ཨོ་རྒྱན་གཏེར་བདག་གླིང་པའམ་གཏེར་ཆེན་ཆོས་ཀྱི་རྒྱལ་པོ།）建寺选择地址，提供资金，在太巴林寺的基础上改修、扩建寺院，最后圆满竣工，并更名为“敏竹林寺”（འོག་མིན་ཨོ་རྒྱན་སྨིན་གྲོལ་གླིང་ངེས་པ་དོན་གྱི་དགའ་བའི་ཚལ་ཆེན་པོ།）。

敏竹林寺在其发展的过程中曾多次经受波折。第十二饶迥火鸡年（1717 年），在教派纷争中，蒙古人策凌敦多布（ཚེ་རིང་དོན་གྲུབ།）等人对宁玛派寺院进行毁灭性的破坏，敏竹林寺同样没有幸免于这场灾难。第十二饶迥铁鼠年（1720 年），蒙古军队被驱逐出境后，在七世达赖喇嘛格桑嘉措的大力倡导下恢复信仰宁玛派。与此同时，敏竹林寺在吾坚尕桑（ཨུ་རྒྱན་སྐལ་བཟང་།）和吾坚曲扎（ཨུ་རྒྱན་ཆོས་གྲགས།）两位格西（དགེ་བཤེས།）的主持下，也得到了重修。文革期间（1966-1976 年），敏竹林寺再次遭受洗劫和破坏。直至十一届三中全会（1978 年）后，才逐渐得到修复，被允许开放。

敏竹林寺面积约 10 万多平方米。由祖拉康、曲果伦布拉康、堆对曲登塔、桑俄颇章、郎杰颇章等大小建筑组成。敏竹林寺虽然没有设立堆阔尔扎仓，但该寺注重研习天文历算、医学，并以书法优美著称。依照以往惯例，由敏竹林寺选派高僧，一部分人担任设在布达拉宫内的僧官学院的教师，另一部分人则到曼孜康负责研究历算和编写修订《藏历年表》及《历书》。2010 年，我通过采访得知，三大寺并没有设立专门学习历算的扎仓，但按照传统惯例，三大寺的僧人在研修因明等学问之后，再去敏竹林寺学习天文历算。

2005 年索穷在《中国西藏》第二期上发表的论文《藏历历书的故事》[①]中写到 11 世纪时敏竹林寺就已经成立了山南敏竹林寺天文历算学校（？），并开始出版发行《敏竹林历书》。如果是这样的话这应该是西藏历史上最早的一本正式刊印的历书，但 11 世纪时该寺还没有更名为敏竹林寺，就算此时出版历书也不可能叫做敏竹林历书，这里显然有误。该篇论文还提到 1206 年西藏的第一本历书问世，名为《萨迦历书》，这就存在两个疑点，一是和后文中所说 11 世纪时开始出版敏竹林历书自相矛盾。事实上，《敏竹林历书》的编纂直到 18 世纪初才出现。1714 年达摩师利完成《日光论》之后，在西藏山南敏珠林寺专门招收天文历算学员，以《日光论》为依据，编制自己的历书，称之为《敏珠林历书》，曾享有很高的声誉。西藏最早的一本历书当属《萨迦历书》。可能最早的一本历书确实为萨迦历书，1206 年首次颁行；其次是 1425 年由粗浦·嘉央傲色所著《粗浦历书》；再往后才出现《敏珠林历书》。

二、近现代的“曼孜康”

藏历第十五饶迥火龙年九月（1916 年），在斋康基巧堪布强巴土旺（རྗེ་བཀྲས་ཁང་སྐྱི་ཁྱབ་མཁན་པོ་བྱམས་པ་ཐུབ་དབང་།）的倡导和十三世达赖喇嘛土登嘉措（རྒྱལ་བ་སྐུ་ཕྲེང་བཅུ་གསུམ་པ་ཐུབ་བསྟན་རྒྱ་མཚོ།）的支持下，[②]联

[①] 索穷：《藏历历书的故事》，中国西藏，第 2 期：第 35-36 页。

[②] 银巴：《钦热诺布与藏医天文历算》，拉萨：西藏人民出版社，2008 年第一版：93 页。

合敏竹林寺的历算教育和甲波日医学利众院[1]的医学教育在拉萨创办了曼孜康，可以说是青藏高原上第一所兼藏医药教育和藏传天文历算教育二者为一体的机构。在此之前，敏竹林寺主要教育和传承藏历算学，而甲波日医学利众院主要及教育和传承藏医学。虽然藏医学和藏历算学在知识原理和结构上存在着紧密的联系，想要学好藏医不懂一点历算知识是不行的，但在曼孜康建立之前，从没有一个正式的教育机构将二者放在一起进行教育。[2] 曼孜康也是西藏权威的颁布历法、编制历书的机构。首次发行历书是在钦绕诺布（མཁྱེན་རབ་ནོར་བུ།）的亲自主持下进行的。曼孜康颁布的历书是以《敏竹林历书》为蓝本，以第司桑杰嘉措所著《白琉璃论》为依据的《曼孜康历书》，自颁发以来每年以木刻版印制后向全西藏（多思麦、康巴、卫藏）发行，甚至远到不丹、尼泊尔等喜马拉雅藏裔民族地区。

第二节 多康地区的堆阔尔扎仓

经过一番全面的田野调查，我们发现了一个奇怪的现象，那就是在整个藏地堆阔尔扎仓几乎都集中在多思麦地方。相对而言康区和卫藏的寺院很少设立单独的堆阔尔扎仓。这究竟是什么原因还需深入思考、研究。但另有一条规律不得不引起我们的重视，即堆阔尔扎仓的设立与格鲁派的兴起有一定的关系，或者说堆阔尔扎仓在

---

[1] 1696 年建于迦布日。

[2] 2011 年 7 月中旬，采访了年近 70 岁的老人强巴克珠（བྱམས་པ་མཁས་གྲུབ།）。

藏地的诞生是与格鲁派的兴盛和其完善的教育体系不可分割的。据调查多思麦地方的大小堆阔尔扎仓有三十多个，分别是夏琼寺堆阔尔扎仓、拉卜楞寺堆阔尔扎仓、隆务寺堆阔尔扎仓、郎木寺堆阔尔扎仓、莲花台寺堆阔尔扎仓、佑宁寺堆阔尔扎仓、却藏寺堆阔尔扎仓、东科尔寺堆阔尔扎仓、石藏寺堆阔尔扎仓、赛力亥寺堆阔尔扎仓、堆阔尔寺、嘉扎寺堆阔尔扎仓、阿粗乎寺堆阔尔扎仓、都兰寺堆阔尔扎仓、拉加寺堆阔尔扎仓、西仓寺堆阔尔扎仓、卓尼寺萨里哇扎仓（专业的藏传天文历算教学机构）、天堂寺堆阔尔扎仓、达扎寺堆阔尔扎仓、格尔登寺堆阔尔扎仓、各莫寺堆阔尔扎仓等。当然这里既包括现已衰亡不复存在的许多堆阔尔扎仓。现今还依存的这些堆阔尔扎仓中，比较有影响的是拉卜楞寺堆阔尔扎仓，此外，塔尔寺、夏琼寺、隆务寺、郎木寺的堆阔尔扎仓还仍见规模。因本书的重点就是研究拉卜楞寺的堆阔尔扎仓，所以在下文中做以重点介绍，这里不再赘述。

一、集中分布在多思麦的堆阔尔扎仓

塔尔寺堆阔尔扎仓

塔尔寺堆阔尔扎仓，藏语全称为“堆阔尔扎仓柔丹洛赛琳”（དུས་འཁོར་གྲྭ་ཚང་རིགས་ལྡན་བློ་གསལ་གླིང་།）。该扎仓是第四十五任大法台却西仁布切阿旺协智丹白尼玛（ཆེ་ཤོས་རིན་པོ་ཆེ་ངག་དབང་བཤད་སྒྲུབ་བསྟན་པའི་ཉི་མ།）按照他的上师香萨班智达·洛桑达杰嘉措（སྐྱབས་རྗེ་ཞིང་བཟའ་པཎྜི་ཏ་བློ་བཟང་དར་རྒྱས་རྒྱ་མཚོ།）的意图，于藏历第十四饶迥火牛年（1817 年）

为二十多位学僧讲授时轮，并主持修建堆阔尔扎仓经堂，直到第四十七任大法台赛朵仁布切益西土丹嘉措（གསེར་ཏོག་རིན་པོ་ཆེ་ཡེ་ཤེས་ཐུབ་བསྟན་རྒྱ་མཚོ།）时才完成堆阔尔扎仓的修建。[①] 其建筑为典型的藏式庭院回廊建筑。西面是大门，东面是正殿经堂，南面是几间僧舍，北面是的房间用来做库房。经堂为 25 开间的二层藏式平顶建筑，面宽 5 间，进深 5 间，共 16 根柱子。经堂正方是历任堪布的法座。法座左侧依次供奉着弥勒佛、十世班禅、千手千眼观音、无量寿佛、尊胜佛母、白度母等铜像及护法威猛金刚画像，法座右侧供有银制灵塔、文殊菩萨、时轮金刚红铜像、三尊宗喀巴红铜像及释迦牟尼古铜像。上护法殿内供奉有毗沙门天王、长寿佛等佛像。中央天窗前檐的佛阁中供有愤怒转轮明王的金色佛像。经堂内还藏有时轮方面的经典多部。该扎仓主要研修时轮，但也学习汉历、黑算等天文历算知识，此外，还学习吹凑乐器、诵经等内容。塔尔寺除了堆阔尔扎仓外，另设有专门放置时轮立体坛城的“堆阔尔立廊康”（དུས་འཁོར་ཏློས་བསྙངས་ཁང་།），专供农历三月初八日的时轮金刚修供。现如今塔尔寺堆阔尔扎仓的教育已不如从前了，2009 年 4 月份我在塔尔寺学习天文历算时顺便做了调研，塔尔寺堆阔尔扎仓的僧人共 17 位，绝大多数来自青海的海南、民和等地，也有自新疆远道而来求学的蒙古僧人。我采访的几位僧人他们都不会天文历算的数理推算，有一

[①] གསེར་ཏོག་བློ་བཟང་ཚུལ་ཁྲིམས་རྒྱ་མཚོས་མཛད་པའི་སྐུ་འབུམ་བྱམས་པ་གླིང་གི་གདན་རབས་དོན་ལྡན་ཚངས་པའི་དབྱངས་སྙན།།（色多洛桑楚臣嘉措：《塔尔寺志》），西宁：青海民族出版社，1982 年：第 346-350 页。

位年纪很小的僧人告诉我说，他的老师也给他讲过看日历的方法，但他全部忘记了。他们几个平日里练习吹奏乐器、学习诵经等。他们告诉我堆阔尔扎仓有三个年级，但真正掌握天文历算的没几个人。我在塔尔寺的天文历算老师并不是堆阔尔扎仓的僧人，他只是早年时期比较喜欢这门学问，所以自己拜师所学。尽管如此，最近几年塔尔寺还出版了一本包括十年的日历。

图-3：塔尔寺堆阔尔扎仓的僧人正在练习吹奏乐器

夏琼寺堆阔尔扎仓

夏琼寺堆阔尔扎仓，全称“堆阔尔扎仓柔丹岩攀琳”（དུས་འཁོར་གྲྭ་ཚང་རིགས་ལྡན་གཞན་ཕན་གླིང་།）。早在第十三饶迥火蛇年（1797 年）三川·达杰嘉措（ཟན་ཁྲོན་ཆོས་རྗེ་རབ་འབྱམས་པ་དར་རྒྱས་རྒྱ་མཚོ།）做施主修建了夏琼寺曼巴扎仓（སྨན་པ་གྲྭ་ཚང་། ）。藏历第十三饶迥铁鼠年（1801 年）咖浦·洛桑东智（ཁ་ཕུག་བློ་བཟང་དོན་གྲུབ།）担任曼巴扎仓法台期间，密宗学院的卸任经头喇嘛阿旺索南（ངག་དབང་བསོད་ནམས།）对洛桑东智说：“总的来讲，建成曼巴扎仓的这几年对寺院讲经听闻的裨益并不大，你在任法台期间如若先找到《时轮摄略经》，再建立一所堆阔尔扎仓那该多好啊！”法台便去呼图克图府邸寻找《时轮摄略经》，他伸手抽出的第一本典籍便是《时轮摄略经》，认为是极好的预兆。而施主三川·达杰嘉措从内地回来后边说如果要建立堆阔尔扎仓，不必另辟新宅修建，只需将曼巴扎仓改建为堆阔尔扎仓即可。遂于次年（1802年）时轮修行供祀，将该扎仓改为堆阔尔扎仓。

2011年8月上旬，我跟随老师的团队去夏琼寺调研，我趁机去了堆阔尔扎仓采访。扎仓的门牌上写着曼巴扎仓（医明院）与堆阔尔扎仓（གསོ་རིག་ཀུན་ཕན་གླིང་། རིགས་ལྡན་གཞན་ཕན་གླིང་།）的合称（见图4-4）。整个扎仓只有四位僧人，他们的任务就是诵经、吹奏乐器、或为法会等制作坛城等，不懂“孜”（天文历算）。这位僧人看到有人采访堆阔尔扎仓，便非常热情地给我拷贝了他们制作坛城的视频。

图-4：医明院&时轮院

隆务寺堆阔尔扎仓

隆务寺堆阔尔扎仓，全称“堆阔尔扎仓氏地青布桑俄达杰琳”（དུས་འཁོར་གྲྭ་ཚང་འདུས་སྡེ་ཆེན་པོ་གསང་སྔགས་དར་རྒྱས་གླིང་།）。《隆务寺志》中讲到自释迦牟尼将时轮经带入世间以来，到克珠杰（མཁས་གྲུབ་རྗེ།）和象雄班智达·曲旺扎巴（པཎྜི་ཏ་ཆོས་དབང་གྲགས་པ།）等人兴盛，进而传至隆务地区时是隆东杰必旺布南詹喇嘛尕丹嘉措师徒（རོང་སྟོན་རྒྱལ་བའི་དབང་པོ་རྣམ་འདྲེན་བླ་མ་སྐལ་ལྡན་རྒྱ་མཚོ་ཡབ་སྲས།）二人，他们传时轮大法，教授时轮密咒，尤其是向信众或僧众教授外天文历算的计算方法，内人体脉络的运行规律、别生起次第和圆满次第的方法和成效。

隆务寺堆阔尔扎仓是由格登赤列热杰贝桑（གོང་ས་སྐྱབས་མགོན་དགེ་འདུན་འཕྲིན་ལས་རབ་རྒྱས་དཔལ་བཟང་།）在他三十四岁（1773 年）[①]时建立的。格登赤列热杰贝桑活佛的上一世在临终前许愿他将转世出生在一个有吉祥时轮之精华十相自在和美丽吉祥祝愿的地方。他四五岁时，在上师咖当恭青（སློན་སྐྱབས་རྗེ་བླ་མ་འགའ་དྭངས་སྒོམ་ཆེན།）前求学期间，上师身边的十相自在（རྣམ་བཅུ་དབང་ལྡན།）总是金光闪闪，于是堪青仁布切（མཁན་ཆེན་རིན་པོ་ཆེ།）就对咖当恭青喇嘛预言说：“在您身边的

---

① 就隆务寺堆阔尔扎仓的建立时间有 1773 年和 1733 年两种版本。《隆务寺志》中只说在他三十四岁时建了此堆阔尔扎仓并担任第一任法台，并没有写明是哪一年，但在文中提到格登赤列热杰出生于藏历第十二饶迥铁猴年，这一年相当于公历 1740 年 ，那么他三十四岁时应该是 1773 年 。“སྐྱབས་མཆོག་རྡོ་རྗེ་འཆང་ཆེན་པོ་དགེ་འདུན་འཕྲིན་ལས་རབ་རྒྱས་ནི། རབ་བྱུང་བཅུ་གཉིས་པའི་ལྕགས་སྤྲེལ་ལ་གཞའ་གོང་བྲག་དཀར་གྱི་ལྷ་ཞོལ་གཞན་ཐོག་འཕྲོག་ཏུ་སྐུ་བལྟམས། ……སོ་བཞི་བར་དུས་འཁོར་གྲྭ་ཚང་གསང་སྔགས་དར་རྒྱས་གླིང་གསར་དུ་བཙུགས། ”见《隆务寺志》第 385 页和第 387 页。

这位活佛将会对弘扬时轮法大有裨益。”又对格登丹巴热杰（མཁར་གོང་སངས་རྒྱས་རྒྱ་མཚོའི་སྤྲུལ་བའི་སྐུ་ཨེར་ཏེ་ནེ་ནོ་མིན་ཏན་ཏོ་ཐོག་ཐུ་དགེ་འདུན་བསྟན་པ་རབ་རྒྱས།）说：“在他三十四岁时请你为他提供主要物质条件帮他坐上第一任法台的如意宝座”。

2010年7月下旬我也到了隆务寺，只是不巧僧人在“坐夏”（དབྱར་གནས།），所以没能得到更多的采访资料。堆阔尔扎仓的院门也是关闭的，但院外的墙壁上贴着一张较大的年历彩图。听当地人说隆务寺堆阔尔扎仓每年都会将计算好的下一年的年历（主要是全年总说、汉历春牛图及自然灾害的预报等）绘制好后贴在扎仓院外的墙壁上供百姓参看。就现在我所收集的资料看来，隆务寺堆阔尔扎仓建立时间最早，但是否是全藏地最早的一所堆阔尔扎仓，尚需进一步考证。隆务寺平均每年都会举行一次隆重的时轮金刚灌顶法会，多在7月中旬，为期约6天。就这些零星的资料看来，也能想见隆务寺堆阔尔扎仓无论在传统教育方面还是在修行方面都是相当不错的，可能仅次于或者并不亚于拉卜楞寺堆阔尔扎仓。

禅定寺堆阔尔扎仓

禅定寺（བསམ་གཏན་གླིང་།）堆阔尔扎仓最早的雏形系由该寺堪布洛桑坚赞（མཁན་པོ་བློ་བཟང་རྒྱལ་མཚན།）从显宗学院选拔5名通晓天文历算的僧人，开始专门研究天文历算，以推算节气，预测气象为始。后于1752年，由卓尼著名天文历算学家索南坚赞（བསོད་ནམས་རྒྱལ་

མཚན།）正式组成天文历算学院。[①]

格尔登寺堆阔尔扎仓

格尔登寺（ཀིརྟི་དགོན།）坐落在阿坝州若尔盖县（ཛ་བ་རང་སྐྱོང་ཁུལ་མཛོད་དགེ་རྫོང་།），郎木寺（སྟག་ཚང་ལྷ་མོ།）对面的一座山脚下。第八任格尔登活佛洛桑赤列丹巴嘉措（ཀིརྟི་རིན་པོ་ཆེ་བློ་བཟང་འཕྲིན་ལས་བསྟན་པ་རྒྱ་མཚོ།）在藏历第十五饶迥火兔年（1867 年）建立堆阔尔扎仓，他在任期间格尔登寺的僧人上达一千二百多人。

二、独树一帜的强巴林寺堆阔尔扎仓

整个康区只有昌都的强巴林寺(ཆབ་མདོ་བྱམས་པ་གླིང་དགོན།)和甘孜的理塘寺(ལི་ཐང་དགོན།)内设有堆阔尔扎仓。除此之外，只有一些叫做“堆阔尔基德”（དུས་འཁོར་རྒྱུད་སྡེ།）的规模较小的专用修行的组织机构，类似于密宗学院，但又没有学院的规模那么齐全和完善。有堆阔尔基德的寺院分别是玉树州的贡赛寺（དགོན་གསར་དགོན།）、龙喜寺（སླུང་ཤུལ་དགོན།）、让娘寺（ར་ཉག་དགོན།）、邦群寺(འབུམ་ཆུང་དགོན།)、邦郭寺（འབུམ་སྒང་དགོན།），迪庆州的噶丹松赞林寺（དགའ་ལྡན་སུམ་རྩེན་གླིང་དགོན།也叫归化寺），甘孜州的甘孜寺（དཀར་མཛེས་དགོན།）和霍达杰寺（ཧོར་དར་རྒྱས་དགོན།）。[②]

强巴林寺堆阔尔扎仓

位于昌都的强巴林寺建于藏历第七饶迥火蛇年（1437），创建人为喜绕桑布（ཤེས་རབ་བཟང་པོ།）。该寺有大经堂一座，扎仓十座，

---

① 觉乃・洛桑丹珠、冰角・娑帕次仁：《多思麦古刹禅定寺》，兰州：甘肃民族出版社，1987 年。

② 这部分内容是采访玉树久美（འཇིགས་མེད།）及他的历算老师而得。

佛殿五座，其中扎仓有密集学院（གསང་འདུས་གྲྭ་ཚང་།）、喜金刚学院（ཀྱེ་རྡོར་གྲྭ་ཚང་།）、普明法轮学院（ཀུན་རིག་འཁོར་ཆེན་གྲྭ་ཚང་།）、胜乐学院（བདེ་མཆོག་གྲྭ་ཚང་།）、堆阔尔扎仓（དུས་འཁོར་གྲྭ་ཚང་།）、僧阁学院（སྐུ་ཞབས་གྲྭ་ཚང་།）、比丘学院（དགེ་སློང་གྲྭ་ཚང་།）、“布道学院（阿木却学院）”（ཨ་མཆོད་གྲྭ་ཚང་།）[1]、闻思学院（མཚན་ཉིད་གྲྭ་ཚང་།）等。堆阔尔扎仓供奉有时轮金刚佛像和时轮坛城。

[1] “阿木却”（ཨ་མཆོད།）系长期与某一俗人家庭建立供施关系的僧人的专称。

第二章
堆阔尔扎仓的缘起与建立

第一节　时轮密续的建立与传承

在我收集整理的资料中谈及时轮经的传播和传承的文献有土观·洛桑却吉尼玛（ཐུའུ་བཀྭན་བློ་བཟང་ཆོས་ཀྱི་ཉི་མ། 1737–1802）的《宗教源流史》（ཐུའུ་བཀྭན་གྲུབ་མཐའ། 510–519 页）记述有时轮经在香巴拉[①]的传承；阿莽班智达(དབལ་མང་པཎྜི་ཏ། 1764–1853)的《拉卜楞寺志》也专门用了一小节讲述了时轮经在香巴拉的传承。这两处对时轮经在

---

① 香巴拉，也称作“德疆”（བདེ་འབྱུང་།），即极乐世界。此香巴拉国在何处，至今不明，早期有学者认为在地中海以北里海以南的雅克撒尔特河（Yaxartes）的北部地方，而后又出现过香巴拉国在南印度的奥里萨地方（Orisa）的说法，西藏的佛教徒认为香巴拉在冈底斯神山附近，也有学者认为香巴拉是一个理想中的国家。时轮经是大乘密宗发展到鼎盛时期时出现的集一切密宗而形成的一部经典，藏文文献中写到时轮经是由北方香巴拉（བྱང་ཕྱོགས་ཤམྦྷ་ལ།）传入中部地区（汉文译本中都直接翻译为印度中部）。我认为香巴拉国可能原本是印度北部的一个小国，后来逐渐被佛教徒神圣化，赋予了其神秘性。平川彰在其著作《印度佛教史》中写到：“时轮续若依《无垢光》，说是在香巴拉（Shambhala）国所造的。此香巴拉过在何处虽然不明，但有学者必定为在流注于中亚里海的乐刹水河（Yaxartes）的北部地方，认为自此移入到印度。但是近年没有支持此说者，而出现认为香巴拉国是东南印度的奥里萨地方之说，或也有主张认为是借用毗湿奴构想的一种理想国土。”

香巴拉的描写基本是一样的，只是前者更多地描述了香巴拉的地形及类似世界末日的情形（未来香巴拉与南瞻部洲（人类所居住的地方）之间的战争）。郭· 循努白（འགོས་ལོ་གཞོན་ནུ་དཔལ། 1392-1481）的《青史》（དེབ་ཐེར་སྔོན་པོ།）也用了一节详述时轮经在印度和藏地的传承。贾仁·华洛（སྐྱ་རེངས་མི་ཕམ་མཆོ་བྱུང་དཀྱིལ་བློ།）写了一篇论文《简述天文历法史》（སྐར་རྩིས་ཀྱི་ལོ་རྒྱུས་མདོར་ཙམ་བརྗོད་པ་གསེར་གྱི་དྲིལ་ཆུང་ལས་འོངས་སྒྲ་སྙན།）发表在 1993 年的西北民族大学学报（藏文版）第一期上，探究了时轮经的渊源，并叙述了时轮经在藏地的传播。这两处的记述也是相差不多，但是比较起来《青史》中的描述要更加详细一些，《青史》花了整整 200 页的篇幅详细记述了时轮经在香巴拉、印度中部、藏地的传承的各种不同观点和说法。首先，时轮经传承的说法观点甚多，极易混淆；其次，《青史》的原稿无从获得，而四川民族出版社出版的《青史》藏文版却有很多错别字，有些甚至会影响文本的原意。比如“དེས་ཟླ་ཕྱོགས་ཀྱི་ཟླམ་ཟེ་དྷ་ཙི་ལུ་པ་ལ། དེས་དུས་ཞབས་པ་ལ། དེས་དུས་འཁོར་བ་ཆེན་པོ། དེ་ལ་སློབ་མ་གཉིས་ཏེ།[1]中的“堆库尔瓦青布”（དུས་འཁོར་བ་ཆེན་པོ།）应该是“堆夏巴琼布”（དུས་ཞབས་ཆུང་བ།），前面的“堆夏巴”（དུས་ཞབས་པ།）有时也被叫做“堆库尔瓦”（དུས་འཁོར་བ།）、“堆库尔瓦青布”（དུས་འཁོར་བ་ཆེན་པོ།）、“堆夏巴青布”（དུས་ཞབས་

[1] འགོས་ལོ་གཞོན་ནུ་དཔལ་གྱིས་མཛད་པའི་དེབ་ཐེར་སྔོན་པོ། （郭·循努白：《青史》），成都：四川民族出版社，1985 年：第 894 页。

ཆེན་པོ།），显然此处的错误书写让人感到一头雾水，不知所指何人。再如“བརྙེ་ད་བླ་བ་མགོན་པོ་བྱིན་པ་ནི་གྲྭ་པ་མངོན་ཤེས་ཀྱི་སྐུ་ཆེའི་སྐད་ལ་ཡིན་ལ།，此句中的“扎巴”（གྲྭ་པ།）书写错误，应为“扎巴”（གྲ་པ།）。前者意思是出家的僧人，这里无需强调他是僧人，而应该指的是此人的出生地。[①]再次，由于有些高僧的名字有多种不同的叫法，而《青史》中会随机用不同的姓名，这就让不熟悉这些人的读者产生歧义，以为是不同的人。例如文中对“堆夏巴青布”（དུས་ཞབས་ཆེན་པོ།）用了“堆夏巴”（དུས་ཞབས་པ།）、“堆库尔巴”（དུས་འཁོར་བ།）、“堆库尔瓦青布”（དུས་འཁོར་བ་ཆེན་པོ།）、“觉吾青布”（ཇོ་བོ་ཆེན་པོ།）几种不同的称呼，对月怙也用了“苏玛那塔”（སོ་མ་ནཱ་ཐ།）、“喀其达瓦贡布”（ཁ་ཆེ་ཟླ་བ་མགོན་པོ།）、“喀其青布”（ཁ་ཆེ་བ་ཆེན་པོ།）等不同的称呼，而对“色其吉阿德”（སེ་ཆོས་ཀྱི་མངའ་བདག）有时也叫做“色鲁杂瓦青布”（སེ་ལོ་ཙཱ་བ་ཆེན་པོ།）等，这样的情况并非书写不妥，而会对不熟悉这些人物传记的读者造成概念上的混淆或产生错误的判断。其次，《青史》的汉文版翻译存在多处不妥，第一，人物的名称翻译不佳，有很多地方同一个人的名字会翻译成不同的姓名，更不用说同一人使用不同称呼情况下的翻译；第二，对一些频繁出现的词汇翻译不

---

① 此人通常被称作“底东扎巴翁西”（གཏེར་སྟོན་གྲ་པ་མངོན་ཤེས་དབང་ཕྱུག་འབར།），他是挖掘《四部医典》（རྒྱུད་བཞི།）的伏藏师，远负盛名，据说他以伏藏的形式在桑耶寺的顶柱上挖掘出来这部医学巨著。他是一名杰出的医师，他的藏医学传脉一直延续到了小玉妥云丹贡布。他出生于 1012 年，距今已有 1000 年了。

妥，比如“谢合”（གཤེགས།）有“离开、去”和“逝世”两种含义，“ལོ་གསུམ་གསན་ནས་བླ་མ་སེ་ལོ་ནི་དབུས་སུ་གཤེགས། དེའི་ཞུལ་དུ་མ་གོ་བ་ལ་དཀར་བསྐུས་ཀྱིན་བཞག་ནས། དབུས་ནས་རྒྱ་གར་དུ་གཤེགས་པའི་ལམ་དུ་དྲི་གཏུགས་མཛད་པས་ཐེ་ཚོམ་ཐམས་ཅད་གྲོལ་གསུང་།”，此处把“谢合”（གཤེགས།）翻译成了“逝世”，这就导致前后文语义不合，这里所要表达的意思是“听了三年后，斯喇嘛（这里是指色鲁杂瓦曲吉阿德，སེ་ལོ་ཙཱ་བ་ཆོས་ཀྱི་མངའ་བདག）去了卫藏，在讲闻的过程中把不懂的地方都用白色做了标记，然后在从卫藏返回印度的途中把疑难问题都彻底弄明白了（可能是在途中遇到了学问更加渊博者，书中没有提及）”。再比如“雅布斯”（ཡབ་སྲས།）这个词原意为“父子”，但在具体情况意思是不同的，如果讲到骨系的传脉时指“父子”，在讲述学问或技能（藏文中多为教法）的传承时绝大多数时候都指“师生”，而《青史》汉文版中统统都翻译成了“父子”。鉴于以上各种因素的考虑，本书欲依据以上材料分析总结了时轮经的主要传承过程，尽量降低产生不解或歧义之处，并制作传脉图（谱系图）以增加可读性，使读者能一目了然地获悉时轮经的主要传承过程。除此之外，藏文文献（包括史书、寺志等）中对年代的记述各不相同，所以通过梳理时轮经的传承进一步探讨和研究具体的传承者所在的年代将是本章的研究重点之一。

从印度传入藏地的天文历算学知识有时轮经和韵律占算（梵文叫做 Svaradaya 或 Yuddhajaya，英文译为 theVowels Tantra 或 Victory in Battles Tantra，藏文通常译作“央恰”（དབྱངས་འཆར།），时轮经的计算方法在印度就有体系派（梵文称 Siddhanta，藏文叫做“珠孜”（གྲུབ་རྩིས།），汉文通常译作体系派，有时也译为理论派）和作用派（梵文称作 Karana，藏文叫做“切孜”（བྱེད་རྩིས།汉文译为作用派）两大流派[①]，

[①]《时轮根本经》（དུས་འཁོར་རྩ་རྒྱུད།）是指释迦牟尼在哲蚌佛塔下向以月贤为主的香巴拉 96000,0000 个城镇君主所讲授的《时轮根本续·第一万两千颂》（དུས་ཀྱི་འཁོར་ལོའི་རྩ་བའི་རྒྱུད་སྟོང་ཕྲག་བཅུ་གཉིས་པ།），而体系派就是指以此根本续为依据而传承发展出的一派历算体系，体系派之下又有浦巴派（依据 1447 年（藏历第八绕迥火兔年）浦巴伦珠嘉措所著《亲教白莲》而传承）、粗朴派（楚布寺（མཚུར་ཕུ་དགོན།）僧人顿珠欧色（དོན་གྲུབ་འོད་ཟེར།）依据 1318 年噶玛·让俊多吉（ཀརྨ་རང་བྱུང་རྡོ་རྗེ།）所著《历算综论》（རྩིས་གཞུང་ཀུན་ལས་བཏུས་པ།）而创立的学派，也有人认为粗朴派属作用派）、松巴派（是依据 1747 年（第十三绕迥火兔年）松巴益西班觉（སུམ་པ་ཡེ་ཤེས་དཔལ་འབྱོར།）所著《具喜新算》（དགའ་ལྡན་རྩིས་གསར།）而传承）、土观派（依据 1796 年（第十三绕迥火龙年）土观·却吉尼玛（ཐུའུ་བཀྭན་ཆོས་ཀྱི་ཉི་མ།）所著《贤者心宝》（མཁས་པའི་སྙིང་ནོར།）而传承）、国师派（依据 1767 年（第十三绕迥火羊年）蒙古学者国师·不动金刚（སོག་པའི་མཁས་པ་གོ་ཤྲཱི་མི་འགྱུར་རྡོ་རྗེ།）所著《再明灯火》（ཡང་གསལ་སྒྲོན་མེ།））等小派别。虽然从历算特点可以这样细分小派别，但各种藏文历算典籍中也会将各个不同小派别的计算特点分别列出，但藏文中除浦巴派和粗朴派之外，其他小派别没有明确地派别称呼，只是在讲到体系派时，将这些小派别的书名作为标题一一分说，但在具体的实践中还是仅注重浦巴派的计算，这里我是按浦巴派以浦巴伦珠嘉措命名一样将其他小派别也依此种方法做以命名。香巴拉第一代法胤妙吉祥称（རིགས་ལྡན་འཇམ་དཔལ་གྲགས་པ།）为了收复外道，将外道知识运用时轮经风格（或者说在时轮经中吸收外道知识，据我分析，这里所说外道知识是指佛教以外的其他天文历法计算方法）著成《时轮摄略经》（དུས་འཁོར་བསྡུས་རྒྱུད།），作用派就是依据《时轮摄略经》而传承发展出的另一派历算体系，藏文历算书籍中总会详细地记述作用派的具体算法，但在实践应用中很少使用此派计算。《时轮摄略经》刚传人西藏时，佛教各宗派人士认为它是伪经，就是因为它吸收了外道的内容。但是由于作用派推算出的日月食发生时刻更加准确，所以各宗派的密修者都想掌握这种算法。据琼那·诺布旺典所著《唐卡中的天文历算》中所写：“据说《时轮经》在印度就有体系派和作用派。其根据是，《时轮经》中说香巴拉国的海胜法王于甲申年（公元 624）年登基，在位 182 年。其下一代法王于丙戌年（公

只是体系派在未传至西藏时就已中断，但在公元 13 世纪到 19 世纪之间的西藏历算师们经过长期演算和归纳重建了体系派，并在实际应用中以体系派为主计算数据，作用派也偶尔被学习和使用。自 15 世纪中叶“浦巴·伦珠嘉措”（ཕུག་པ་ལྷུན་གྲུབ་རྒྱ་མཚོ།）著成《历算白莲口传新要》（རྩིས་གཞུང་པད་དཀར་ཞལ་ལུང་ཞེས་བྱ་བ་བཞུགས་སོ།），也被译作《白莲亲教》）以来，藏地开始普遍使用体系派之浦巴派的计算方法和观点。

“……Two sets of mathematical formulations developed from it: the *siddhanta* or full tenet system, which was lost before it could come to Tibet, and the *karana* or precis system……Between the fifteenth and seventeenth centuries, various Tibetan masters reconstructed the full tenet system. Thus, Tibetan astro schools currently teach both calculation systems. Even when some Tibetan lineages favor the full tenet system, they still use the precis system for calculating solar and lunar eclipses, since it gives better results……The other source of Indian-derived astro material, *The Arising from the Vowels Tantra*, also

---

元 806）年登基，创作用派历元，在位 221 年。所以，作用派以公元 806 年为历元，依据是《时轮摄略经》；体系派则以公元 624 年作为历元，依据是《时轮经》，为了区别于《时轮摄略经》，便称《时轮根本经》。”月贤记录的《时轮根本续·第一万两千颂》和他所撰写的《时轮释疏·第六万颂》（རྒྱུས་འགྲེལ་སྟོང་ཕྲག་དྲུག་ཅུ་པ།）早已失传，传至西藏翻译成藏文的也只有时轮灌顶的一部分。

known as the *Yuddhajaya* or *Victory in Battles Tantra*, is the only Shaivite Hindu tantra translated into Tibetan and included in the *Tengyur* col lection of Indian commentaries."①

时轮经的渊源大家说法一致，都认为是由释迦牟尼在临近南方吉祥山的具吉祥哲蚌佛塔（དཔལ་ལྡན་འབྲས་སྤུངས་ཀྱི་མཆོད་རྟེན།）②下，向以月贤为主的香巴拉九亿六千万个（བྱེ་བ་དགུ་བཅུ་རྩ་དྲུག）城镇的君主讲授《时轮根本续·第一万两千颂》（དུས་ཀྱི་འཁོར་ལོའི་རྩ་བའི་རྒྱུད་སྟོང་ཕྲག་བཅུ་གཉིས་པ།）③。但是就传授时轮经的时间说法不一。《拉卜楞寺志》

---

① Alexander Berzin.1944 年，亚历山大·伯金出生在 Paterson,New Jersey 美国新泽西州的帕特森市。1965 年他在普林斯顿（Princeton）大学和拉特洛斯（Rutgers）大学联合建立的东方学学院获文学学士学位。1967 年和 1972 年在哈佛大学远东语言及梵印语言学研究所分别获文学硕士和博士学位。自 1969 年至 1998 年，他定居在达兰萨拉研究藏传佛教，期间他的主要上师是 Tsenzhab Serkong Rinpoche。亚历山大·伯金撰写有很多研究藏传佛教文化的书籍和论文，其中也涉及到藏传天文历算的研究。据说他也曾跟随进行过时轮方面的密修。他撰写的与天文历算相关的著作有《时轮经入门》*Taking the Kalachakra Initiation*，《时轮及六级瑜伽文本》*Kalachakra and Other Six-Session Yoga Texts*，论文有《西藏天文历算简介》*An Introduction to Tibetan Astronomy and Astrology*，《西藏的天文历算》*Tibetan Astrology and Astronomy*，《西藏的天文学研究》*Tibetan Astro Studies*，翻译的相关论文有《时轮经入门简介》*Introduction to the Kalacakra Initiation*。

② 《拉卜楞寺志》汉文版中此处译为"哲蚌寺（此非拉萨哲蚌寺）高塔下"，但藏文版中只说"དཔལ་ལྡན་འབྲས་སྤུངས་ཀྱི་མཆོད་རྟེན་ཆེན་པོ།"，是说哲蚌佛塔，没有说哲蚌寺的高塔，我认为此处还是需要仔细考证比较妥当。

③ 此处《拉卜楞寺志》汉文版翻译有误。"སྟོང་ཕྲག་བཅུ་གཉིས། "应译为"一万两千"，而不是"一千零一十二"，这样的表达在佛经中是比较常见的，比如"ཆོས་ཀྱི་ཕུང་པོ་སྟོང་ཕྲག་བརྒྱད་ཅུ་རྩ་བཞི། "是"八万四千"之意。详见དཔལ་མང་པཎྜི་ཏས་མཛད་པའི་བླ་བྲང་བཀྲ་ཤིས་འཁྱིལ་གྱི་གདན་རབས་ལྷའི་རྔ་ཆེན།（阿芒班智达：《拉卜楞寺志》），兰州：甘肃民族出版社，1987 年。阿莽班智达（著），玛钦·诺悟更志，道周（译注）：《拉卜楞寺志》，甘肃人民出版社，1997，214 页。

上描述为是（སོ་བདུན་ཆུ་རྟ་ནག་པའི་ཉ།）三十七岁时于水马年三月十五日[1]，而华洛的论文中写到（དགུང་ལོ་གྱ་གཅིག་པ་དཔའ་བོ་ལྕགས་འབྲུག（སྤྱི་ལོ་སྔོན་༨༨༡）ལོའི་ནག་པའི་ཉ།）[2]八十一岁时，即铁龙年（公元前 881 年）的三月十五日。《土观宗派源流》中又写到“ཆུ་ལུག་ལོའི་ནག་པ་ཟླ་བའི་ཉ།”[3]水羊年三月十五日在哲蚌下传时轮大法。历算高僧桑智嘉措所撰《藏历运算大全》中说虽然就释迦牟尼的生卒学术界各持己见，无一定论，但学者们大致赞同释迦牟尼是在 29 岁继位，自那时起苦修六年，八十一岁时涅槃的观点。“ལུགས་འདི་རྣམས་སངས་རྒྱས་འཇིག་རྟེན་དུ་ནམ་བྱོན་པའི་དུས་ཚིགས་ལ་མི་མཐུན་ཡང་། དགུང་ལོ་ཉེར་དགུར་ཁབ་ཏུ་བཞུགས། དེ་ནས་ལོ་དྲུག་དཀའ་བ་སྤྱད་པ། བརྒྱད་ཅུ་གྱ་གཅིག་ལ་མྱ་ངན་ལས་འདས་པ་རྣམས་ཕལ་ཆེར་མཐུན་ནོ།”[4]据黄明信所著《西藏的天文历算》得知浦派的观点认为佛在涅槃前一个月，也即是氐宿月望日[5]在南天竺妙德聚谷幻化大塔，为以香巴拉（汉文常译作苫婆罗）法王月贤为主的有缘众生说时轮经 12000

---

[1] དཔལ་མང་པཎྜི་ཏས་མཛད་པའི་བླ་བྲང་བཀྲ་ཤིས་འཁྱིལ་གྱི་གདན་རབས་ལྷའི་རྔ་ཆེན།།（阿芒班智达：《拉卜楞寺志》），兰州：甘肃民族出版社，1987 年。阿莽班智达《拉卜楞寺志》，兰州：甘肃民族出版社，1987 年 7 月第 1 版：第 206 页。

[2] 贾仁·华洛：《简述天文历法史》，西北民族大学学报，1993 年第 1 期：第 10 页。

[3] ཐུའུ་བཀྭན་བློ་བཟང་ཆོས་ཀྱི་ཉི་མས་བརྩམས། ཐུའུ་བཀྭན་གྲུབ་མཐའ། ཀན་སུའུ་མི་རིགས་དཔེ་སྐྲུན་ཁང་གིས་བསྐྲུན།（土观洛桑尼玛《土观宗派源流》），甘肃民族出版社，1984 年：第 512 页。

[4] བསམ་འགྲུབ་རྒྱ་མཚོས་མཛད་པའི་སྐར་རྩིས་ཀུན་འདུས་ནོར་བུ།།（桑智嘉措：《藏历运算大全》），北京：中国藏学出版社，1996 年：第 16 页。

[5] 氐宿月藏语称作“那达”（ནག་ཟླ།），这种叫法来自印度的一种记月法，即一年十二月的名称是根据月圆时月亮所在星宿的名称命名，而不是以正月、二月、三月等的序数词记录，这样的记月法体现了纯粹的天文学意义。望日是指满月、月圆之日，藏文中一般记为“涅达”（ཉ་ཟླ།）。

颂。由此可知虽然华洛老师的文章中并没有明确说明是哪派观点，但可确定是浦派观点。自 1447 年浦巴·伦珠嘉措撰写了《亲教白莲》（རྗེས་གཞུང་པད་དཀར་ཞལ་ལུང་།）之后，此派观点较受欢迎，逐渐被普及化，尤其是格鲁派僧人更为推崇。华洛老师的历算老师是拉卜楞寺的高僧桑智嘉措，显然，他也是支持浦派观点的。这样看来华洛老师的观点更接近于真实。至于《拉卜楞寺志》和《土观宗派源流》中的观点究竟是存在偏差还是依据他派就不可而知。

图-5：吉祥哲蚌佛塔（དཔལ་ལྡན་འབྲས་སྤུངས་མཆོད་རྟེན། the great stupa of Dhanyakataka/the great stupa of Amaravati）所在地是古代 Satavahana 王国的都城 Dhanyakataka，相当于今天印度安德拉邦（Andhra Pradesh）冈特区（Guntur）的阿玛拉瓦底（Amaravati）附近，克利须那河（Krishna）南岸。Dhanyakataka 意为“米堆”，因克利须那河谷是重要的产米区而得名。唐玄奘于公元 640 年抵达过此地。在《大唐西域记》中将该地写作“驮那羯磔迦国”。此图为专家恢复绘制的古代模型，其美丽的圆顶浮雕、石柱和四扇门是后期逐渐添加的，并非佛陀在世就有的。此“大佛塔正当驮那羯磔迦城以东……佛塔的建筑和雕刻都具有显著的混合希腊风格的犍陀罗艺术色彩”[①]。

---

① （唐）玄奘、辩机著，季羡林等校注：《大唐西域记》，北京：中华书局出版社，2000 年 4 月第 1 版，第 842 页。

法王月贤及其随从接受完时轮灌顶之后便显神通回到香巴拉，并立即着手记下《时轮根本续·第一万两千颂》，同时撰写了《时轮经释疏·第六万颂》，广传时轮大法，两年后圆寂，将法位传给其子天自在（ལྷ་དབང་།）[①]，弘法一百年。此后由威严（གཟི་བརྗིད་ཅན།）、月赐（ཟླ་བས་བྱིན།）、天大自在（ལྷ་དབང་ཕྱུག）、众影（སྣ་ཚོགས་གཟུགས།）、天具自在（ལྷ་དབང་ལྡན།）各弘法一百年。他们被称作七法王。此后是妙吉祥称（འཇམ་དཔལ་གྲགས་པ།）、白莲（པདྨ་དཀར།）、贤（བཟང་པོ།）、尊胜（རྣམ་རྒྱལ།）、善知识贤（བཤེས་གཉེན་བཟང་པོ།）、宝手（རིན་ཆེན་ཕྱག）、遍入隐（ཁྱབ་འཇུག་སྦས་པ།）、日称（ཉི་མ་གྲགས་པ།）、至贤（ཤིན་ཏུ་བཟང་།）、海胜（རྒྱ་མཚོ་རྣམ་རྒྱལ།）、难胜（རྒྱལ་དཀའ།）、日（ཉི་མ།）、众影（སྣ་ཚོགས་གཟུགས།）、月光（ཟླ་བའི་འོད།）、遍入（མཐའ་ཡས།）、护土（ས་སྐྱོང་།）、护福（དཔལ་སྐྱོང་།）、狮子（སེང་གེ）、威镇（རྣམ་པར་གནོན་པ།）、大力（སྟོབས་པོ་ཆེ།）、无遮障（མ་འགགས་པ།）、人狮（མི་ཡི་སེང་གེ）、大自在（དབང་ཕྱུག་ཆེན་པོ།）、遍胜（མཐའ་ཡས་རྣམ་རྒྱལ།）、具轮（འཁོར་ལོ་ཅན།）二十五法胤（རིགས་ལྡན།），法胤是他们的种姓。

དེ་ཡང་རྒྱལ་པོ་གྲགས་པས་ཉི་མའི་ཤིང་རྟ་ལ་སོགས་པ་ཚངས་པའི་དྲུང་སྲོང་བྱེ་བ་ཕྲག་ཕྱེད་དང་བཞི་ཟླ་བཟང་གིས་བཞེངས་པའི་དཀྱིལ་འཁོར་གྱི་ཁང་བ་དེར་སོང་ནས། ཟླ་བ་ཕྱི་

[①] 《拉卜楞寺志》汉文版本中关于佛祖之子登基的年代写作水羊年（癸未年，公元前 518 年）。这里的公元前 518 年应该是公元前 878 年，原因之一是根据其中各代法王弘扬佛法的时间从 1027 年向前推断，应该是公元前 878 年；原因之二是公元前 518 年和公元前 878 年之间差 360 年，刚好是 6 个 60 年，所以这两个年代都对应着水羊年，所以把公元前 878 年误算作公元前 518 年是有可能的。

མའི་ནག་པའི་ཉ་འདི་ལ་ཁྱེད་རྣམས་ལ་རྡོ་རྗེ་ཐེག་པ་སྨིན་པར་བྱའོ།། ཞེས་གསུངས་པ་དང་དྲང་སྲོང་རྣམས་སྐྲག་ནས་འཁྱེལ་བར་གྱུར་པ་ན།། ཁྱེད་རྣམས་དཀྱིལ་འཁོར་གྱི་ཁང་བ་འདིར་ཞུགས་ཤིང་དབང་ཐོད་ན་ནི་བདག་གི་བཀས་ཁྱེད་རྣམས་རྡོ་རྗེའི་རིགས་དང་ལྡན་ཅིག་བཟའ་བ་དང་། བཏུང་བ་དང་། བག་མ་བླངས་པའི་འབྲེལ་བ་རྣམས་ཀྱང་བྱའོ།། དེ་ལྟར་མི་བྱེད་པ་ལྟ་ན་བདག་གི་གྲོང་ཁྱེར་བྱེ་བ་དགུ་བཅུ་རྩ་དྲུག་པོར་ལ་གང་དང་གང་དུ་མོས་པ་དེས་སོང་ཞིག ཅེས་གསུངས་པ་ན་དྲང་སྲོང་རྣམས་ཀྱིས་ཆུ་བོ་ཤི་ཏའི་ཀློ་ཁ་ཅན་དང་ལྷནྣའི་གླིང་གི་བར་འཕགས་ཡུལ་དུ་འགྲོ་བར་བགྲོས་ནས་ཀ་ལླ་པའི་གྲོང་ནས་ཕྱུང་སྟེ་ཉི་མ་བཅུ་པ་ལ་ནགས་ཚལ་གྱི་ནང་དུ་ཞུགས་པར་གྱུར་ཏོ།། དེའི་ཚེ་རྒྱལ་པོ་གྲགས་པས་ཁྱབ་འཇུག་དང་ཚངས་པ་དང་དྲག་པོའི་རིགས་རྣམས་རྨོངས་པར་བྱེད་པ་ཞེས་བྱ་བའི་ཏིང་ངེ་འཛིན་ལ་སྙོམས་པར་ཞུགས་པས། དེ་རྣམས་ནགས་ཚལ་དེ་ཉིད་དུ་རྨོངས་པར་གྱུར་པ་དང་། དེ་ན་གནས་པ་རྣམས་ཀྱིས་བཅིངས་ཏེ་ཁྱེར་ནས་དཀྱིལ་འཁོར་དེ་ཉིད་དུ་རྒྱལ་པོ་གྲགས་པའི་དྲུང་དུ་ཕོར་བ་དང་། དེ་རྣམས་རྨོངས་པ་ལས་སད་དེ། རྒྱལ་པོ་འཁོར་དང་བཅས་པ་མཐོང་སྟེ་ངོ་མཚར་གྱི་ཐོག་སླས་པ་ན། སྔོན་པོ་རྒྱ་མཚོའི་བློ་གྲོས་ཀྱིས་རྒྱལ་པོ་གྲགས་པའི་བསྟགས་པ་བརྗོད་དེ་དེ་རྣམས་ལ་དུས་ཀྱི་འཁོར་ལོའི་དབང་ཞུ་བར་བསྐུལ་བ་དང་། དྲང་སྲོང་རྣམས་ཀྱི་ཆོས་ཀྱི་བློ་རབ་ཏུ་སད་དེ་གསོལ་བ་བཏབ་པའི་ངོར་རྩ་རྒྱུད་སྟོང་ཕྲག་བཅུ་གཉིས་པ་དེ་ཉིད་ཕྲེང་བ་འཛིན་པའི་སྡེབ་སྦྱོར་གྱིས་བཅིངས་ཏེ་ཚིགས་བཅད་སྟོང་དང་སུམ་ཅུའི་བདག་ཉིད་ཀྱི་བསྡུས་རྒྱུད་བརྩམས་ཤིང་དྲང་སྲོང་དེ་རྣམས་སྨིན་པར་བྱས་ཏེ་རིགས་ཐམས་ཅད་རྡོ་རྗེའི་རིགས་གཅིག་ཏུ་མཛད་པས་རིགས་ལྡན་འཇམ་དཔལ་གྲགས་པ་ཞེས་གྲགས་ཤིང་། དེ་ཕྱིན་ཆད་ཤམྦྷ་ལའི་རྒྱལ་པོ་རྣམས་ལ་རིགས་ལྡན་དུ་གྲགས་སོ།།①

---

① དཔལ་མང་པཎྜི་ཏས་མཛད་པའི་བླ་བྲང་བཀྲ་ཤིས་འཁྱིལ་གྱི་གདན་རབས་ལྷའི་རྔ་ཆེན།།（阿芒班智达：《拉卜楞寺志》），兰州：甘肃民族出版社，1987 年。阿莽班智达《拉卜楞寺志》（藏文版），兰州：甘肃民族出版社，1987 年 7 月第 1 版：第 207-209 页。

译文：称王（རྒྱལ་པོ་གྲགས་པ།）召集日车等五万四千个梵净仙人到月贤王修建的时轮坛城前说道：“到下个月，也即是三月十五日那天，我将为你们传授时轮金刚密乘。”众梵净仙人被这句话吓呆了，国王见状又说：“我让你们来此时轮坛城前接受灌顶的目的是想让你们与金刚种姓同吃同饮，配偶通婚。如若不同意，就请在我的九亿六千万个城镇中任意选择居住。”众仙人商议去恒河南部雪域之地与朗咖洲（ལངྐའི་གླིང་།）之间的印度。他们从咖拉巴（ཀ་ལཱ་པ།）出发走了十天到达一片茂密的森林。就在那时，称王施法（这种法是能是遍入天、梵天和威猛十一天进入禅修的法术）使众仙人昏迷在森林中，又令居住在森林的人把众仙人捆绑并带至时轮金刚坛城前。众仙人从昏迷中醒来见到称王及其随从，便说出一串令人惊奇的话来。海智大臣随即赞美称王并给众仙人传授时轮灌顶。众仙人佛性大发，便面请称王给他们教授《时轮根本续·第一万两千颂》，称王以（ཕྲེང་བ་འཛིན་པའི་བསྡུས་སྦྱོར།）讲授并撰写了一千零三十颂的《时轮摄略经》[①]。众仙人异常满足，而所有不同的法种也在此时统一成为金刚法种，称王也因此被誉为妙吉祥称法胤，从此以后，香巴拉的各代国王都被称作法胤。

在妙吉祥称法胤撰写《时轮摄略经》之后，白莲法胤在他在位时又撰写了《时轮摄略无垢光释疏》（དུས་ཀྱི་འཁོར་ལོའི་བསྡུས་རྒྱུད་ཀྱི་འགྲེལ་བ་དྲི་མེད་འོད།）。将时轮经（包括咒语、续部、释疏）从香巴拉最早带

---

① 据《藏汉大词典》编写组编写的《藏汉历算学词典》可知在大藏经北京版手卷中有此经文。

到印度的说法有很多种不同的版本，最普遍的观点是由“孜鲁巴”（ཙི་ལུ་པ།）带到印度，而在“大小堆夏巴”（དུས་འཁོར་ཞབས་ཡབ་སྲས།）时期开始逐渐兴盛起来的。在藏地主要有热（ར།）、卓（འབྲོ།）两派不同的观点。虽然热、卓两派都承认将《时轮根本经》引入印度的是孜鲁巴，但就孜鲁巴与大堆夏巴是否为同一人的观点却不一。热派人物孜鲁巴与大堆夏巴并不是一人，孜鲁巴将时轮经传授于鬓竹阿杂雅（པིཎྜོ་ཨ་ཙརྱ།），鬓竹阿杂雅又传给了大堆夏巴。卓派则认为孜鲁巴就是大堆夏巴，他从香巴拉将时轮经引入到印度。

《拉卜楞寺志》中描述了热派观点之孜鲁巴到香巴拉取经的具体过程。“ར་ལུགས་པ་དག་གིས་ནི་ཙི་ལུ་པཎ་ཆེན་རིན་ཆེན་རི་བོའི་གཙུག་ལག་ཁང་དུ་ཕྱིན། རྒྱུད་སྡེ་རྣམས་གཟིགས་པས་བྱང་ཆུབ་སེམས་དཔས་བཀྲལ་བའི་འགྲེལ་པ་ཞིག་དགོས་པར་དགོངས། དེ་ཤམྦྷ་ལར་ཡོད་པར་གཟིགས་ནས་ཕྱིན་པས་རི་ཞིག་གི་སྟེང་དུ་སླེབས་པ་དང་མི་གཅིག་གིས་ཁྱོད་གར་འགྲོ་ཟེར། ཤམྦྷ་ལར་བྱང་ཆུབ་སེམས་དཔའི་འགྲེལ་པ་ཚོལ་དུ་འགྲོ་བྱས་པས། དེ་ཤིན་ཏུ་བགྲོད་དཀའ་སྟེ་འདི་ཉིད་དུ་ཤེས་པ་བྱུང་ན་ཉན་པས་ཆོག་མོད་ཟེར། དེ་འཇམ་དཔལ་གྱི་སྤྲུལ་པར་ཤེས་ཏེ་ཕྱག་བྱས་གསོལ་བ་བཏབ་པས་རྒྱུད་འགྲེལ་མན་ངག་ཐམས་ཅད་བསྟན། བྱིན་གྱིས་བརླབས་པས་ཚིག་དོན་མ་ལུས་པར་ཐུགས་སུ་ཆུད། སླར་རྒྱ་གར་དུ་ཕྱིན་ནས་པིཎྜོ་ཨ་ཙརྱ་དང་། དེས་དུས་ཞབས་པ་ཆེ་བ་ལ་གསུངས་པར་འདོད།”

译文：热派观点认为，孜鲁班智达到了次欠日沃祖拉康（རིན་ཆེན་རི་བོའི་གཙུག་ལག་ཁང་།），看到许多密宗经卷，便想需要一本菩萨注疏的密宗解文。又得知此种注疏在香巴拉，在前往的途中到达一座山顶，遇到一人被问及他去哪里，他便回答去香巴拉找菩萨的注疏。那人便告诉他去香巴拉的路很难走，如果想知道注疏内容，可在此听闻。他便知道这是文殊的化身，于是叩拜祈请。文殊向他教授了根本经、注疏、密咒（这里应该指的是时轮经），在文殊的加持下，他将所学内容铭记于心。后来他又返回印度将其传授给虁竹阿杂雅，虁竹阿杂雅又传授给大堆夏巴。

从《拉卜楞寺志》我们并不能看出这位给孜鲁巴讲授时轮经的究竟是哪一代法王，只是很模糊地说是文殊的化身。

《青史》中就时轮经从香巴拉引入到印度的情况详细讲述了几种不同的观点，但或许是因为写得过于具体，显得有些零乱。其作者郭·循奴白在写到这部分内容时，他坚持的基本观点是孜鲁巴将时轮经从香巴拉引入印度，到堆夏巴师徒时期为诸人士普遍传称。“ཙི་ལུ་པས་དུས་འཁོར་བཙལ་བའི་ལོ་རྒྱུས་འཆད་པ་ན། ……དེ་ལྟར་ན་དུས་ཀྱི་འཁོར་ལོའི་ཚུལ་འཕགས་ཡུལ་དུ་ཙ་མི་ཞིག་ནས་ཕེབས་པ། ཕྱིས་སྐྱེ་བོ་ཡོངས་ལ་གྲགས་པ་ནི་དུས་འཁོར་ཞབས་ཡབ་སྲས་ཀྱི་རིང་ལ་ཡིན་ནོ་ཞེས་བྱས་ན་འཐད་དོ།”但在具体介绍时他主要参考引用了智吾贡布的学生蓝邦苏瓦·曲吉旺秀（ཧྲུ་བོ་མགོན་པོའི་སློབ་མ་གླན་བང་སོ་བ་ཆོས་ཀྱི་དབང་ཕྱུག）所著的《开启入续秘诀宝篋》（རྒྱུད་ལ་འཇུག་པའི་མན་ངག་རིན་པོ་ཆེའི་ཟ་མ་ཏོག་ཁ་འབྱེད་པ།）及喇嘛索南唯色（བླ་མ་བསོད་ནམས་འོད་ཟེར།）所著的《时轮要义》（དུས་ཀྱི་འཁོར་ལོའི་བསྡུས་དོན།）两本著作，还有一些不同的观点不知出处，可能是作者在学习时听老师口传教授而得。

ཧྲུ་བོ་མགོན་པོའི་སློབ་མ་གླན་བང་སོ་བ་ཆོས་ཀྱི་དབང་ཕྱུག་གིས་རྒྱུད་ལ་འཇུག་པའི་མན་ངག་རིན་པོ་ཆེའི་ཟ་མ་ཏོག་ཁ་འབྱེད་པ་ཞེས་བྱ་བ་ལས། ……འདིའི་རིམ་པའང་ལུང་བསྟན་གྱི་

ཐ་མ་བྱང་ཆུབ་སེམས་དཔའ་སྤྱན་རས་གཟིགས་ཀྱི་སྤྲུལ་པ་རྒྱལ་པོ་པདྨ་དཀར་པོས་སློབ་དཔོན་དུས་ཞབས་པ་ལ་གསུངས། ……དུས་ལན་ཅིག་གི་ཚེ་ན། རྗེ་བཙུན་མའི་ཞལ་ནས། བྱང་ཕྱོགས་ཤམྦྷ་ལ་ན་སངས་རྒྱས་ཀྱིས་གསུངས་ཤིང་ལུང་བསྟན་པའི་རྒྱུད་འགྲེལ་མང་པོ་བཞུགས་པས་དེ་འཚོལ་ཞིང་ཉན་དུ་སོང་ཞིག་གསུང་ནས། དེར་བཞུད་པར་དགོངས་པ་དང་། ……དེར་བཞུད་པར་བཞེད་ནས་ཆས་པ་དང་དག་པའི་སྣང་བ་ལ་ཤམྦྷ་ལ་ཉིད་དུ་ཕྱིན་ནས་སྤྱན་རས་གཟིགས་དངོས་ལ་ཆོས་རྣམས་ཞུས་སོ་ཞེས་གསུང་བའི་བཞེད་པ་ཐ་མ་འདི་གཟུང་ངོ་། དེ་ནས་ཡུལ་དབུས་སུ་བཞུགས་ཏེ་པཎྜི་ཏ་ལྔ་ལ་གསུངས་ཏེ། པིཎྜོ་ཨཱ་ཙཨ། འདུལ་བ་འབྱུང་གནས་བློ་གྲོས། ཐར་པ་འབྱུང་གནས་སྦས་པ། སེང་གེ་རྒྱལ་མཚན། མཐའ་ཡས་རྣམ་པར་རྒྱལ་བ་ཞེས་བྱའོ། དེ་དག་གིས་ཤེས་པ་དང་པུཎྜ་ཏ་རེར་གཤེགས་ནས་ནཱ་རོ་པཎ་ཆེན་ལ་སོགས་པ་ལ་གསུང་ཞིང་བཞུགས་སོ། སློབ་མ་འདི་དག་རྣམས་ཀྱང་ཕུན་སུམ་ཚོགས་པ་དུ་མ་དང་ལྡན་པ་ལས། ཁྱད་པར་དུ་ཡང་པིཎྜོ་ཙཨ་ཞེས་པ་འདི་མཆོག་ཏུ་གྱུར་པ་སྟེ། ……དེའི་བརྒྱུད་པ་འཛིན་པ་ནི་དགེ་བསྙེན་བྱང་ཆུབ་ཅེས་བྱ་བ་སྟེ། འདི་ལ་གྲས་པཎྜི་ཏ་ཤིན་ཏུ་ཆེ་བ་ཞིག་ཡོད་པ་ལས། དེས་ནི་ཡབ་ཀྱི་མཆེད་པོ་དགོན་པ་བ་ལ་ཡང་ཞུས་ཤིང་། ནཱ་རོ་པ་དང་སྐབས་ཤིག་ཏུ་དུས་ཞབས་ཆེན་པོ་ལ་མཉན་པས་དུས་ཞབས་ཆུང་ངུ་ཞེས་ཀྱང་གྲགས་ཏེ།

译文：智吾贡布的学生蓝邦苏瓦·曲吉旺秀著的书《开启入续秘诀宝箧》中讲到“……在香巴拉最后的授记中提到观世音菩萨的化身白莲法胤传授给大堆夏巴”……据说又一次，他亲见度母容颜。度母告诉他：‘北方香巴拉有佛所讲授并授记的很多密部续疏经典，你去寻找听受吧！’他便想前往净土香巴拉……(当时世人就怎样去香巴拉有四种不同的说法，他选用了最后一种)在观世音前请传诸法。然后他到中印度，传法给鬓竹阿杂雅、杜瓦降尼鲁哲（འདུལ་བ་འབྱུང་གནས་བློ་གྲོས།）、塔巴降尼贝巴（ཐར་པ་འབྱུང་གནས་སྦས་པ།）、森格坚赞（སེང་གེ་རྒྱལ་མཚན།）、塔易南巴嘉瓦（མཐའ་ཡས་རྣམ་པར་རྒྱལ་བ།）五位班智达。五位班智达得法后前往“壁巴哈山”（པུཥྤ་ཧ་རི། Puspahari, 位于那烂陀附近）授法给“那若巴”等人，其中龚竹阿杂雅最富盛名……他又教授过“香奇布”比丘（དགེ་བསྙེན་བྱང་ཆུབ།），这人的学生是一位大班智达，这位大班智在其伯父贡巴瓦（དགོན་པ་བ།）前也求过法，并有幸和那若巴一起在大堆夏巴跟前听法，因其学识渊博，又深谙时轮，故被誉为“小堆夏巴”。

从这段文字可以看出《开启入续秘诀宝箧》与卓派观点一致，均认为孜鲁巴和大堆夏巴是同一人。而且正如这里所言，卓派认为白莲王（རྒྱལ་པོ་པདྨ་དཀར་པོ།）也即是白莲法胤（རིགས་ལྡན་པདྨ་དཀར་པོ།）将时轮经传授给了大堆夏巴，这在时间上偏差较大，两个人物所在时间段相差一千多年。如果按照公元 1027 年妙吉祥日法胤登基（རིགས་ལྡན་ཉི་མ།）为主依次上推，可知白莲法胤登基时间为公元前 177 年。那么公元 1027 年是否是妙吉祥日法胤登基之时呢？这一点是非常肯定的：第一，在妙吉祥日法胤之前的两位法胤分别是海胜法胤（རིགས་ལྡན་རྒྱ་མཚོ་རྣམ་རྒྱལ།）和难胜法胤（རིགས་ལྡན་རྒྱལ་དཀའ།）；第二，1027 年是藏历饶迥纪年的第一年；第三，我们又知道在海胜法胤弘法 182 年与难胜弘法 221 年总计为 403 年[①]，满 403 年的次年是藏历

① 403 在藏文辞藻学中被称为“美卡嘉措”（མེ་མཁའ་རྒྱ་མཚོ།），意为：火、空、海，火表示 3，空表示 0，海表示 4。藏传时轮历的计算习惯在沙盘上进行，而在沙盘上书写数码时习惯从右向左写（写文字是从左向右），故记作“火空海”就是 403。满 403 年的最后一年为火虎年（丙寅年，公元 1026 年），再下一年就为藏历火兔年（丁卯年，公元 1027 年），时轮历传入藏地（藏地），藏历第一饶迥（རབ་བྱུང་།意为“胜生周”）的纪元开始。

火兔年，也就是饶迥第一循环的第一年，即公元1027年。接下来我们再来看大堆夏巴所在时间。在《青史》中写到：“ནཱ་རོ་པ་དང་དུས་ཞབས་པ་སྤྲུལ་དུས་མཚུངས་པའི་ཡང་ཕྱིར་རོ།”（意为“那若巴与堆夏巴师徒是同时代之故”）。那若巴（1016年-1100年）是玛尔巴（མར་པ། mar pa）的老师，他们都是十一世纪初的人。既然堆夏巴师徒与那若巴是同时代的人，那么大堆夏巴就应该是十一世纪初或十世纪末的人物。如此算来，白莲法胤与大堆夏巴之间相差十一个世纪的距离，所以白莲法胤给大堆夏巴传法的可能性是不存在的。在新德里博物馆的网站上我找到了一篇时轮金刚在香巴拉和印度的传承历史，其中写到：“At the time of the Kalki King Aja(11th), the Kalacakra went to India(Taranatha was writing early in the 17th century)”，多罗那达的观点可以有力地证明卓派的就此问题的观点错在香巴拉法胤上，也就

在2009年11月份的采访中，拉卜楞寺的僧人们告诉我拉卜楞寺堆阔尔扎仓在每年农历三月十五日举行时轮金刚法会就是为了纪念藏历第一个饶迥的第一天而设的节日。但我想或许解释为因释迦牟尼传时轮法的日子是三月十五日，所以寺院里会在每年的三月十五日举行时轮法会，似乎更合乎道理。在藏文中把海胜、难胜法胤弘法的时期叫做火海空（མེ་མཁའ་རྒྱ་མཚོ།）时期，藏文史料中也有将这个时期采用火海空纪元的，如更登群培撰写的《白史》中提到：“……མེ་མཁའ་རྒྱ་མཚོ་བསྲེས་པའི་འདས་ལོའི་ཐོག་མ་མེ་ཡོས་དེ་ཅིག་སྟོང་དོན་གཅིག་པ་ཡིན།...”意思是海空火纪年的403年过去之后的第一年火兔年是佛灭后1571年。但由法尊翻译，王沂暖教授校对的汉文版中将这句译为“梅喀降错西巴（不知何人）去世后之第一个丁卯年，是佛灭后 1571 年。”这里首先因为不知道数字的辞藻表达而误将时间译作人名，再者“嗣巴”（བསྲེས་པ། bsres pa）是计算符号加法的意思，这里是说再把海空火纪元的 403 年计算进去，但也被误译成人名的后缀。དགེ་འདུན་ཆོས་འཕེལ་གྱིས་མཛད་པའི་བོད་ཆེན་པོའི་སྲིད་ལུགས་དང་འབྲེལ་བའི་རྒྱལ་རབས་དེབ་ཐེར་དཀར་པོ་ཞེས་བྱ་བ་བཞུགས་སོ།།（根敦群培：《白史》），北京：民族出版社，2002年：第38页。更登群培著，法尊译，王沂暖校《白史》（汉文版），西北民族学院研究院，1981年10月：第25-26页。

是说把时轮经传授给孜鲁巴或大堆夏巴的人不是白莲法胤而是难胜法胤，难胜法胤统治时期是公元806年到1026年，这样一来，在时间上大体是吻合了，但就具体是哪一年还没有一个确定的说法，有950年，967年，1027年三种说法。据华洛老师的文章可知第司·桑杰嘉措的《白琉璃论》中认为是967年："རྒྱུད་འདི་རྒྱ་གར་དུ་ཕེབས་པའི་དུས་ནི་རབ་བྱུང་མ་ཚུགས་གོང་གི་མེ་ཡོས་（སྤྱི་ལོ་༩༦༧）ཡིན་པར་བཻ་དཀར་སོགས་ལས་འབྱུང་ལ་རབ་བྱུང་དང་པོའི་མེ་ཡོས་（སྤྱི་ལོ་༡༠༢༧）ཡིན་པར་འདོད་མཁན་ཡང་ཡོད།"[1]。我在《白琉璃论》中并没有看到这具体时间。但提到一重要人物的名称，我将在下面的讨论中进一步说明。王沂暖的汉译版《多罗那达》的一条注释中提到："时轮输入印度国，为西历纪元九百五十年（Lamaism, by Maddel, p.576）"另外，就孜鲁巴与大堆夏巴是否为一人，尚无定论，也很难考证，尚待进一步研究。多罗那达（ཏཱ་ར་ནཱ་ཐ།）在其《印度佛教史》中写到："རྒྱལ་པོ་མ་ཧེ་པཱ་ལའི་སྐུ་ཚེའི་སྨད་ཙམ་ན། པི་ཊོ་ཨཱ་ཙཱརྱ་དུས་ཀྱི་འཁོར་ལོའི་རྒྱུད་སྤྱན་དྲངས་ཏེ་རྒྱལ་པོ་འདིའི་དུས་སུ་དར་བར་མཛད།"[2]（大意是：在玛黑巴拉国王（公元988年-1038年）的后半生时期，鬓竹阿杂雅将时轮经带至印度，而且就在该国王统治时期时轮经开始兴盛。）从多罗那达的观点可知，将时轮经带到印度的不是孜鲁巴，也不是大堆夏巴，而是鬓竹阿杂雅。而热派观点认为是孜鲁巴将时轮经带入印度，并传给鬓竹阿杂雅，他再传给大堆夏

---

[1] 贾仁·华洛：《简述天文历法史》，西北民族大学学报（藏文版），1993年第一期：第11页。

[2] 多罗那达：《印度佛教史》，1608年成书：第425页。

巴的；卓派又认为是孜鲁巴（又称大堆夏巴）将时轮经传入印度的。这样一来就有三种不同的观点。约翰·R·纽曼（John.R.Newman）在他的论文《*A Brief History of the Kalachakra*》中却写到："According to the 'Bro tradition, the Kalachakra was brought to India during the reign of Kalki Shripala……I think Pindo's having been born in Java, 'the land of the southern ocean',explains an otherwise very strange statement appearing in a prayer of the 'Bro Kalachakra tradition. This player, recorded by Bu ston, requests the blessing of 'Kalki Shripala at the end of the southern ocean.' Thus, I think Kalki Shripala is another name for Pindo……If we accept the identification of Kalki Shripala with Pindo, the Rwa and 'Bo traditions would agree that he was the teacher of Kalachakrapada the Elder. In fact I would one step further, and put forward the proposition that Kalachakrapada is yet another name for Pindo. I base this idea on a very valuable piece of historical data, the translator's colophon to Pundarika's Kalacakratantra(garbha) vrtti vimalaprabha nama(Peking #4608)" ①

译文：根据卓派的观点，时轮经是在 Kalki Shripala 统治期间传入印度的……我认为 Pindo（这里指鬓竹阿杂雅）那时生活在 Java（南部海洋之地）。这正好可以解释布顿所写的陈述卓派传统的经文中出现的另一观点，即请求南部海洋尾端的 Kalki Shripala 的祝福。所以，

① John.R.Newman, A Brief History of the Kalachakra, The Wheel of Time-The Kalachakra in Context, edited by Beth Simon, Madison, Deer Park Books 1985: p69.p72-73.

我认为 Kalki Shripala 是 Pindo 的另一名称……如果我们承认 Kalki Shripala 与 Pindo 是同一人，那么热卓两派都将会同意他是大堆夏巴的老师。事实上，我可以更进一步假设大堆夏巴是 Pindo 的另一个名字。此想法我是根据大藏经（Pundarika's Kalacakratantra(garbha) vrtti vimalaprabha nama(Peking #4608)）的译者注解而得。

从约翰 • R • 纽曼的推论看来，我们至少可以推测鬓竹阿杂雅和大堆夏巴是同一人的可能性。这里存在一个问题是约翰 • R • 纽曼可能误巴 Kalki Shripala 当做了孜鲁巴。他是想证明孜鲁巴和鬓竹阿杂雅、大堆夏巴三个名字是指同一人，只是因为名称不同而出现了三种不同的版本。但 Kalki Shripala 是香巴拉第 17 代法胤护福（དཔལ་སྐྱོང་།）的梵文名称的拉丁转体，有时也写作 Kalki Sripala。按理说是不会出现这样大的误差的，但究竟为何故，尚难以说明。倒是第司 •桑杰嘉措的《白琉璃论》给我们的推测提供了佐证："……མཆོག་གི་དང་པོའི་སངས་རྒྱས་གང་།། སྟོང་ཕྲག་བཅུ་གཉིས་ལེགས་གསུངས་པ།། ཟླ་བཟང་སོགས་ཀྱིས་བཀའ་བསྡུ་བ།། མཛད་དེ་ཤམྦྷ་ལ་ཡུལ་ཕེབས།། རིགས་ལྡན་གྲགས་པས་སྙར་ཡང་ནི།། བསྡུས་པའི་རྒྱུད་དུ་གཏན་འབེབས་མཛད།། དེ་སྲས་པད་དཀར་འགྲེལ་བ་མཆོག །དྲི་མེད་འོད་བརྩམས་ས་བཅུ་ཡི།། རྒྱལ་བའི་སྲས་པོ་འབའ་ཞིག་པས།། སེམས་འགྲེལ་དུ་གྲགས་རྒྱ་ཆེར་བཀྲལ།། ཙོ་ལུ་ཤྲཱ་ཙ་ཏྲ་ཞེས་དང་།། དུས་འཁོར་ཞབས་པ་ཆེ་བ་སོགས།། འཕགས་ཆེན་འགྲོ་བའི་ཚུལ་བཟུང་བའི།། ལས་ལྡན་སྐྱེས་བུས་ཕྱུགས་འཛིན་ངོས།། སྔར་ཡང་འཕགས་པའི་ཡུལ་དུ་དར།།"①

① སྡེ་སྲིད་སངས་རྒྱས་རྒྱ་མཚོས་མཛད་པའི་ཕྱག་ལུགས་རྩིས་ཀྱི་ལེགས་བཤད་བཻཌཱུར་དཀར་པོ་བཞུགས་སོ།།（第司 • 桑杰嘉措：《白琉璃论》（上下册）），北京：中国藏学出版社，1998 年：第 7 页。

译文：至尊佛释迦牟尼传法一万两千颂，月贤等集结听闻受教，返至香巴拉。妙吉祥称法胤又著《时轮摄略经》，其子白莲法胤又著《时轮摄略无垢光释疏》（དུས་ཀྱི་འཁོར་ལོའི་བསྡུས་རྒྱུད་ཀྱི་འགྲེལ་བ་དྲི་མེད་འོད།或称འགྲེལ་ཆེན་དྲི་མེད་འོད།）。《菩萨释》[①]中说他们都是十方佛子。孜鲁阿杂雅、大堆夏巴圣人以凡人形式出现。具备佛缘者能深谙这些经文，继而在印度得意发展。

从这段叙述可以明显地看到第司·桑杰嘉措也认为有孜鲁巴和大堆夏巴两个人，而这里孜鲁巴的名字为“孜鲁阿杂雅”（ཙི་ལུ་ཨཱ་ཙརྱ།），即“孜鲁巴”与“鬓竹阿杂雅”两人名字的结合体。这样看来孜鲁巴与鬓竹阿杂雅确为同一人，可能鬓竹阿杂雅是他的真名，而孜鲁巴这个名称可能是后来因他从香巴拉取经回来后被冠以此名。

综上所述，就时轮经（密咒、续部、疏释）的传承而言，整体分为三大部分，即在香巴拉历代国王间的传承、在印度的传承和在藏地的传承三大部分，正如上文所讲，在香巴拉最早是由释迦牟尼在哲蚌佛塔处给月贤等传授时轮经；从香巴拉首先传时轮法到印度的是大堆夏巴（我认为孜鲁巴确有其人，此人早期的名字为鬓竹阿杂雅，后因取得密部经而被称作孜鲁巴，再后来因其传授时轮经而闻名，故被称作堆夏巴，再后来因其学生小堆夏巴的出现，而又将

---

① སེམས་འགྲེལ།直译为“菩萨释”，但菩萨释有三部，分别是金刚手菩萨（ཕྱག་ན་རྡོ་རྗེ།）所著《胜乐经首品释》（བདེ་མཆོག་མདོ་རྒྱུད་ཀྱི་མཆོད་བརྗོད་ཀྱི་སྟོད་འགྲེལ།）和《金刚心释》（རྡོ་རྗེའི་སྙིང་འགྲེལ།）和白莲法胤所著《时轮经无垢光释》，总称为《三菩萨释》（སེམས་འགྲེལ་སྐོར་གསུམ།）。这里所指应该是《时轮经无垢光释》。

他称作大堆夏巴。虽有说法认为大堆夏巴和孜鲁巴是不同的人，但普遍观点还是承认大堆夏巴与孜鲁巴是同一人。）在大小堆夏巴时候时轮经在印度得以兴盛。大小堆夏巴与那若巴是同时代人，故可断定他们是 11 世纪初的人。这里说那若那和大小堆夏巴是同时代的人，但也有学者认为那若巴可能和小堆夏巴是同一人,约翰·R·纽曼对此问题用了两个理由来证明：第一，“We know that Nado was a master of the Kalachakra; this is evident from the large commentary he on the Sekoddesa. If this is the case, then why doesn’t he appear in the KalachaKra lieages put forward by Rwa and ’Bo tradition.”第二，“In fact he does appear. As Bu ston tells us, Gyi jo Zla ba’i ’od zer’s guru, Shri Bhadrabodhi was the disciple of Kalachakrapada(Dus zhabs). Thus, Nado was called Kalachakrapada the Younger,and Nalendrapa(the man of Nalanda),within the early Kalachakra cult in India.” ①

以上有两点的疑问：第一，我们都知道那若巴精通时轮经，这一点从他的 Sekoddesa 注疏就可以作证，既然如此，那么热卓两派为什么没有把那若巴放在他们认为的时轮传承体系中？ 第二，事实上他出现过，在《布顿佛教史》中就讲到吉觉达瓦唯色的上师，吉祥觉贤（Shri Bhadrabodhi）是堆夏巴的徒弟。这样看来，那若巴就应该是小堆夏巴，或称作 Nalendrapa（意思是那烂陀人）。

---

① John.R.Newman, A Brief History of the Kalachakra, The Wheel of Time-The Kalachakra in Context, edited by Beth Simon, Madison, Deer Park Books 1985：P74.

我认为这个推论很有道理。小堆夏巴是大堆夏巴的亲传弟子，这是没有异议的观点。而月护（ཁ་ཆེ་ཟླ་བ་དགོན་པོ།）[①]是小堆夏巴的徒弟。到月护这里传承就很多，本书只涉及传入藏地的主要脉络，将时轮经译成藏文的有 25 位译师，热卓两派是流传最为普遍，发展最为强势的两派。而吉觉译师又是第一个将时轮经翻译成藏文带入藏地的，所以我在下面的图表中只列出了这三个传脉。（详见下表）

藏文	梵文	化身菩萨名	汉文	继位时间
ཟླ་བ་བཟང་པོ།	Sucandra	Vajrapani	月贤	？
ལྷ་དབང་།	Sureshvara	Kshitigarbha	自在天	公元前 878 年
གཟི་བརྗིད་ཅན།	Teji	Yamantaka	威严	公元前 778 年
ཟླ་བས་བྱིན།	Somadatta	Sarvanivaranavishkambhi	月赐	公元前 678 年
ལྷའི་དབང་ཕྱུག	Suresvara	Jambhaka	大自在天	公元前 578 年
སྣ་ཚོགས་གཟུགས།	Visvamurti	Manaka	众影	公元前 478 年
ལྷའི་དབང་ལྡན།	Suresana	Khagarbha	具自在天	公元前 378 年
རིགས་ལྡན་འཇམ་དཔལ་གྲགས་པ།	Yasas	Manjughosha	妙吉祥称法胤	公元前 278 年
རིགས་ལྡན་པདྨ་དཀར་པོ།	Pundarika	Lokanathav	白莲法胤	公元前 178 年
རིགས་ལྡན་བཟང་པོ།	Bhadra	Yamantaka	贤法胤	公元前 78 年
རིགས་ལྡན་རྣམ་རྒྱལ།	Vijaya	Kshitigarbha	尊胜法胤	公元 24 年
རིགས་ལྡན་བཤེས་གཉེན་བཟང་པོ།	Sumitra	Jambhaka	善知贤法胤	公元 124 年

① 月护的梵文名字为“苏玛那塔”（སོ་མ་ནཱ་ཐ།），藏文译作“达瓦贡布”（ཟླ་བ་དགོན་པོ།），有时也称作“喀其青布”（ཁ་ཆེ་ཆེན་པོ།）。

藏文	梵文	化身菩萨名	汉文	继位时间
རིགས་ལྡན་རིན་ཆེན་ཕྱུག	Raktapani	Sarvanivaranavi skambhi	宝手法胤	公元 224 年
རིགས་ལྡན་ཁྱབ་འཇུག་སྦས་པ།	Visnugupta	Manaka	遍入隐法胤	公元 324 年
རིགས་ལྡན་ཉི་མ་གྲགས་པ།	Arkakirti	Khagarbha	日称法胤	公元 424 年
རིགས་ལྡན་ཤིན་ཏུ་བཟང་།	Subhadra	Vighnashakta	至贤法胤	公元 524 年
རིགས་ལྡན་རྒྱ་མཚོ་རྣམ་རྒྱལ།	Samudravijaya	Vajrapani	海胜法胤	公元 624 年
རིགས་ལྡན་རྒྱལ་དཀའ།	Aja	Yambhaka	难胜法胤	公元 806 年
རིགས་ལྡན་ཉི་མ།	Surya	Kshitigarbha	日法胤	公元 1027 年
སྣ་ཚོགས་གཟུགས།	Visvarupa	Jambhaka	众影	公元 1127 年
ཟླ་བའི་འོད།	Sasiprabha	Sarvanibaranavi shkambhi	月光	公元 1227 年
མཐའ་ཡས།	Ananta	Manaka	遍入	公元 1327 年
ས་སྐྱོང་།	Mahipala	Khagarbha	护土	公元 1427 年
དཔལ་སྐྱོང་།	Sripala	Vighnashakta	护福	公元 1527 年
སེང་གེ	Hari	Vajrapani	狮子	公元 1627 年
རྣམ་པར་གནོན་པ།	Vikram	Yamantaka	威镇	公元 1727 年
སྟོབས་པོ་ཆེ།	Mahabala	Kashitigarbha	大力	公元 1827 年
མ་འགགས་པ།	Aniruddha	Jambhaka	无遮障	公元 1927 年
མི་ཡི་སེང་གེ	Narasimha	Sarvanivaranavi shkambhi	人狮	公元 2027 年
དབང་ཕྱུག་ཆེན་པོ།	Mahesvara	Khagarbha	大自在	公元 2127 年
མཐའ་ཡས་རྣམ་རྒྱལ།	Anantavijaya	Vajrapani	遍胜	公元 2227 年
འཁོར་ལོ་ཅན།	Cakri	Manjughosha	具轮	公元 2327 年

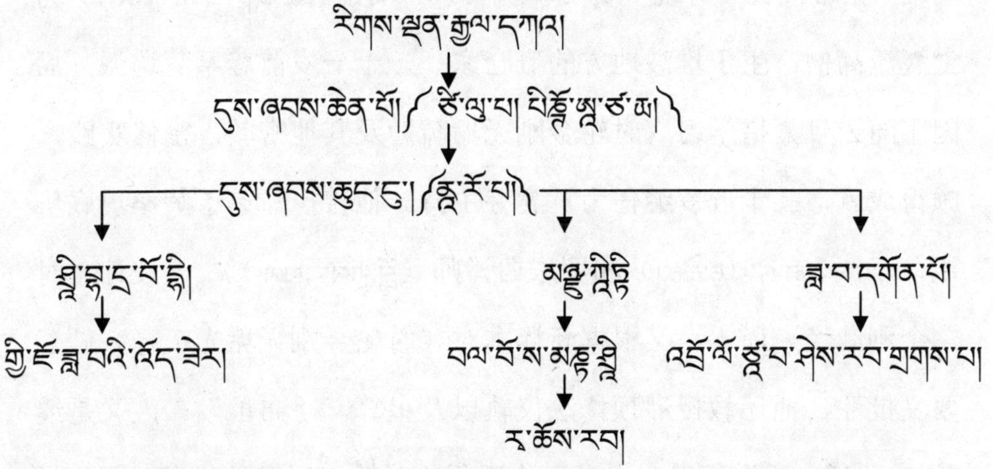

最早将时轮经传至西藏的当属“吉觉达瓦维色”（ཀྱི་ཇོ་ཟླ་བ་འོད་ཟེར།），据《青史》记载，他与师父“希日巴扎布第”（ཤྲཱི་བྷ་ད་བོ་དྷི།）共同翻译了时轮续，他首次将时轮经翻译成藏文。在“布堆”二人（བུ་དོལ་རྣམ་གཉིས།）时开始渐趋兴盛。这里所说“布”指布敦·仁钦珠（བུ་སྟོན་རིན་ཆེན་གྲུབ།），亦称“布敦宝成”，元朝时译为“卜思端”，是夏鲁派（ཞ་ལུ།）创始人，也是宗喀巴的上师。1290 年（藏历第五饶迥铁虎年 3 月 24 日）出生在日喀则楚普地方的“夏麦贡姆内”（གཙང་སྟོད་ཁྲོ་ཕུའི་ཕྱོགས་ཀྱི་ཤབ་སྨད་སྒོམ་གནས།）地方，学习过宁玛派、噶举派、噶当派、萨迦派的教法。他佛教知识广博，是大译师之一，他精通大小五明，著作颇多，撰写过佛学（大乘哲学、般若、戒律、密咒、因明、俱舍等）、医学、天文历算等方面的书籍，其中尤其以天文历算学的著作居多。他还曾编订过《丹珠尔》目录，1364 年（藏历第六饶迥木龙年 6 月 21 日）在“夏鲁日普”（ཞ་ལུ་རི་ཕུག）地方圆寂。

“堆”指堆波瓦·喜绕坚赞（དོལ་པོ་བ་ཤེས་རབ་རྒྱལ་མཚན། 1292-1361）为觉囊派高僧，生于堆波地方的班仓家。三十一岁前尊奉萨迦派，后因跟随云旦嘉措学习《时轮金刚无垢疏》及其他密教，密修实践，颇得成就，三十五岁继任为觉囊寺主持。他曾授命弟子萨桑玛底班钦（ས་བཟང་མ་ཏི་པཎ་ཆེན།）和罗朱白译师（བློ་གྲོས་དཔལ།）二人校订《时轮金刚续经》译本，又根据新译本对《时轮金刚无垢光疏释》做了要义批注，他还教授灌顶修法仪轨以及星算。“布堆”二人又是继承（ར་འབྲོ།）两派而得，先学习热派所传时轮，后又学习卓派所传时轮。热派所传时轮并非热译师多杰扎巴（ར་ལོ་ཙྪ་བ་རྡོ་རྗེ་གྲགས་པ།），而是他侄子“热曲热布”（ར་ཆོས་རབ།），热译师是大威德金刚（འཇིགས་བྱེད།）的传承者，而非时轮的传承者。

热派 ར་པ་དག	卓派 འབྲོ་པ་དག
རིགས་ལྡན། ↓	རིགས་ལྡན། ↓
ཙི་ལུ་པ། ↓	དུས་ཞབས་པ་ཆེན་པོ། ↓
པི་ཏོ་པ། ↓	དུས་ཞབས་པ་ཆུང་ངུ། ↓
དུས་ཞབས་ཆེ་བ། ↓	ཟླ་བ་མགོན་པོ། ↓
དུས་ཞབས་ཆུང་བ། ↓	འབྲོ་ལོ་ཙྪ་བ་ཤེས་རབ་གྲགས། ↓
མཉྫུ་ཀཱིརྟི། ↓	སྒོམ་པ་དཀོན་མཆོག་བསྲུངས། ↓
བལ་པོ་ས་མནྟ་ཤྲཱི། ↓	སྒྲོ་སྟོན་གནམ་ལ་བརྩེགས། ↓
ར་ཆོས་རབ། ↓	ཡུ་མོ་དད་པ་རྒྱ་མཚོ། ↓
ར་ཡེ་ཤེས་སེང་གེ ↓	སྲས་ཧྲི་ཤེ་ཤུ་ར། ↓

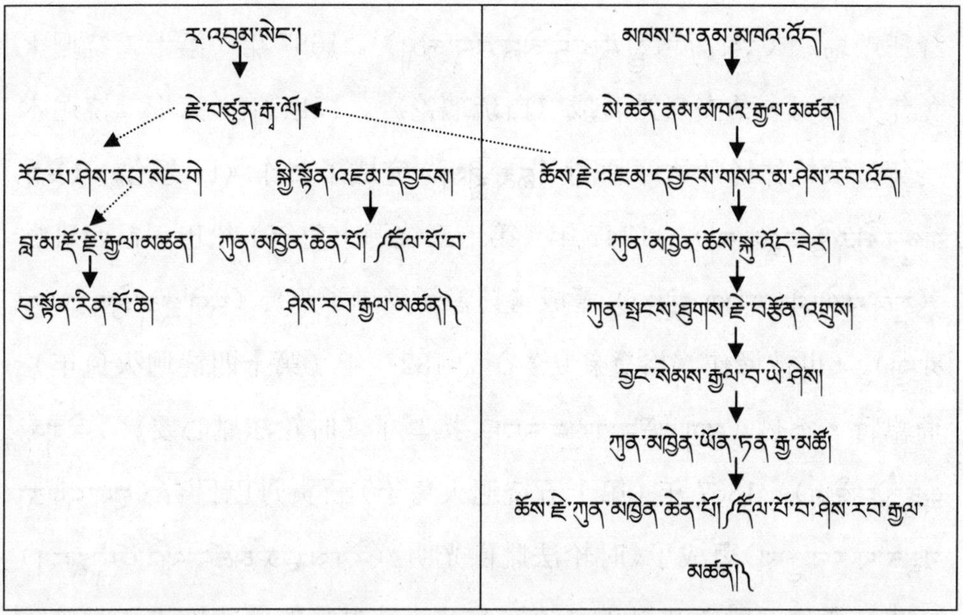

13 世纪初，大译师雄顿•多吉坚赞（ཤོང་སྟོན་རྡོ་རྗེ་རྒྱལ་མཚན།）奉八思巴（འཕགས་པ།）之命在萨迦寺对照梵文原文及各种译本，重新翻译了时轮经，成为藏族学者公认的标准译本，世称“雄”译本。公元 1318 年（第五饶迥年土马年）第三世噶玛巴•让俊多吉（ཀརྨ་རང་བྱུང་རྡོ་རྗེ།）完成了历算学专著《历算综述》。其后的 1326 年（第五饶迥火虎年）布顿•仁钦珠巴完成了另一部历算学专著《时轮历算要诀•智者生悦篇》（རྩིས་ཀྱི་བསྟན་བཅོས་མཁས་པ་དགའ་བྱེད།）。1434 年（第七饶迥年木虎年）克珠杰又对白莲王所著《时轮摄略经无垢光释》（也被译作《时轮经无垢光释》）做了进一步注解，书名为《时轮摄略经无垢光释大疏》（也被译作《时轮经无垢光释大疏》）（ཊཱིཀ་ཆེན་དེ་ཉིད་སྣང་བ།）。1447 年（第八饶迥火兔年）浦巴•伦珠嘉措（ཕུག་པ་ལྷུན་གྲུབ་རྒྱ་མཚོ།）撰写完成了《白莲亲教》。1478 年（第八饶迥土狗年）克珠•诺桑嘉措（མཁས་གྲུབ་ནོར་བཟང་རྒྱ་མཚོ།）完成了著作《时轮经总义—无垢光

释庄严篇》（དུས་འཁོར་སྤྱི་དོན་དྲི་མེད་འོད་རྒྱན།）。1687 年（第十二饶迥火兔年）第司·桑杰嘉措著成《白琉璃论》。1714 年（第十二饶迥木马年）敏竹林译师达摩师利（དྷརྨ་ཤྲཱི།）完成了著作《日光论》（རྩིས་གཞུང་ཉིན་བྱེད་སྣང་བ།）。1747 年（第十三饶迥火兔年）松巴·益西班觉（སུམ་པ་ཡེ་ཤེས་དཔལ་འབྱོར།）著成《具善新算母子篇》（དགེ་ལྡན་རྩིས་གསར་མ་བུ།）（也被译作《格登新历》）。1827 年（第十四饶迥火兔年）商卓特·桑热（ཕྱག་མཛོད་གསུང་རབ།）撰写了《时轮法胤心要》（རིགས་ལྡན་སྙིང་ཐིག）。1867 年（第十五饶迥火兔年）哲贡丹巴日吉（བྲག་དགོན་བསྟན་པ་རབ་རྒྱས།）著成了《时轮法胤供光明》（རིགས་ལྡན་མཆོད་པའི་འོད་སྣང་།）（也被译作《时轮法胤供灯论》）。这些书籍的著述推进了时轮法的发展，藏传天文历算学也就形成了以时轮历为主体的历算体系。

第二节　缘起与建立

一、拉卜楞寺的建立

早在拉卜楞寺建寺之前，就有时地之预言、诸相之昭示，预示寺院建立的时间、地点，以及寺院所在天地之形状、方向位置和谐音字意等标记。所有的一切都从不同角度、不同对象赞誉了拉卜楞地区具有十善功德。《噶当书》（བཀའ་གདམས་གླེགས་བམ།）言："东山顶上出太阳，南北西方好段识。”以太阳为喻预示了拉卜楞寺的诸法实相。[①]

《拉卜楞寺志》中记述到：“拉卜楞寺的大部分僧舍是面朝对岸殊胜林山而建的。如拉卜楞寺的大经堂，其正中正好对准对岸山右侧的三座小山包，而这一小山包顶又正好是昼夜时数相等之分的中心线，也就是说每当太阳升于那座小山包顶时就是昼夜各半时分。”[②]并说如此奇特现象，即使在热振寺也未曾出现过。

藏历木猴年（公元 1704 年），在青海和硕特蒙古前首旗黄河南亲王华尔丹额德尼，即察罕丹津的请求之下，嘉木样大师正式答应返回多思麦。之后，土牛年（1709 年）春，河南亲王派哇秀·达尔汗带乘骑和驮马若干匹至拉萨迎候大师启程。[③]凡是第一世嘉木样大师走到的地方，都建立了一座寺院。而后来，第一世嘉木样大师未曾涉足的许多地方，第二世嘉木样大师逐一亲赴加持，倡建了许多佛寺。

1711 年农历三月，亲王察罕丹津派卡加六族（ཁ་གྱ་ཚོ་དྲུག）拉运木料，派双岳十八农区、上下隆务（རོང་བོ་ཡར་ནང་མར་ནང་།）、道帏（རྡོ་སྦིས།）、维多（བིས་མདོ།）、阿坝（རྔ་བ།）、然多（ར་མདོ།）、擦考（ཚ་

[①] (清) 阿芒班智达著，玛钦·诺悟更志译注：《拉卜楞寺志》，兰州：甘肃民族出版社，1987 年：第 129 页。

[②] 同上

[③] (清) 阿芒班智达著，玛钦·诺悟更志译注：《拉卜楞寺志》，兰州：甘肃民族出版社，1987 年： 第 144 页。

ཁོ།）等部落和地方去支差役，正式动工兴建拉卜楞寺。首先修建了八十根柱子的大经堂，以及内设的神殿。亲王为此布施了大量的物品，献出泽央、巴央（འབལ་གཞུང་།）和然多的五百户群众作为神民。堪布诺门罕和额德尼太吉也各献宣旁喇喜（ཞོལ་འཕོང་ལ་དགུ།）与迭部地方的萨茹（ཟེ་བོ་གཟའ་ཀུ།）为教民区。[1]

二、堆阔尔扎仓的建立

自十七世纪后，藏传天文历算最重要的传承机构主系卫藏之外的诸格鲁派大寺中设立的堆阔尔扎仓（时轮学院）和曼孜康（医药与历算学院），其中多思麦地区自 18 世纪初先后建立了诸多堆阔尔扎仓，而拉卜楞寺堆阔尔扎仓是其中延续至今，教习制度最为完备、典籍收藏丰富、人才辈出的重要藏传天文历算传承地。

拉卜楞寺堆阔尔扎仓，全称“堆阔尔扎仓艾奥曲阔林”（དུས་འཁོར་གྲྭ་ཚང་ཨེ་ཝཾ་ཆོས་འཁོར་གླིང་།）意为“时轮学院睿智法轮洲”，系拉卜楞寺六大扎仓之一。该扎仓除了学习与修观有关的时轮密乘外，着重研究时轮天文历算。在该扎仓的创建问题上存在着三种不同的观点，第一种观点认为第二世嘉木样董•贡确久美昂波 •益西宗珠智华（སློང་དཀོན་མཆོག་འཇིགས་མེད་དབང་པོ་ཡེ་ཤེས་བརྩོན་འགྲུས་གྲགས་པ།）于藏历第十三饶迴水羊年（公元 1763 年）奉其师第六世班禅华旦益希（པཎ་ཆེན་དཔལ་

---

[1] (清) 阿芒班智达著，玛钦 · 诺悟更志译注：《拉卜楞寺志》，兰州：甘肃民族出版社，1987 年：第 156 页。

ལྡན་ཡེ་ཤེས།）法旨，仿扎什伦布寺时轮学院的样式兴建的；第二种观点认为该扎仓是拉卜楞寺第三任法台德赤仁布切（སྡེ་ཁྲི་རིན་པོ་ཆེ།）在密宗经堂上殿的各年级新设《时轮文殊金刚大轮》（དུས་འཁོར་འཇམ་རྡོར་འཁོར་ཆེན།）等念诵及仪式时，建议第二世嘉木样创建的。第三种观点认为是河南亲王多杰帕兰木（རྡོ་རྗེ་ཕ་ལམ།）和德唐哲古洛桑永旦（བདེ་ཐང་སྤྲུལ་སྐུ་བློ་བཟང་ཡོན་ཏན།）依照第二世嘉木样活佛贡确久美昂波・益西宗珠智华的要求所建（2012 年 4 月 15 日采访拉卜楞寺堆阔尔扎仓僧人阿克尊哲而得）。本人认为第一种观点和第三种观点之间并不冲突，只因表达方式不同或者说叙述不完整，所以略显不一。综合表述应为：第二世嘉木样董•贡确久美昂波・益西宗珠智华奉六世班禅罗桑华丹益希的法旨，主持兴建堆阔尔扎仓，河南亲王多杰帕兰木出资，德唐哲古洛桑永旦负责具体兴建工作，于藏历第十三饶迥水羊年（公元 1763 年）兴建堆阔尔扎仓，为拉卜楞寺的学僧学习小五明“盖孜”提供了方便。

堆阔尔扎仓最初的学僧是从闻思学院（མཚན་ཉིད་གྲྭ་ཚང་།）及续部学院（རྒྱུད་པ་གྲྭ་ཚང་།）挑选而来的。从扎仓成立伊始，每天清晨所有正式与非正式的学僧都集中在经堂，二世嘉木样亲自教授经部概论（རྒྱུད་སྡེ་སྤྱི་རྣམ།）、遍知大小注释（ཀུན་རིག་གི་ཊཱིཀྐ་ཆེ་ཆུང་།）、时轮次第与圆满（དུས་འཁོར་གྱི་བསྐྱེད་རྫོགས།），中午时间听闻（འགྲེལ་ཆེན་དྲི་མེད་འོད།）和（ཊཱིཀྐ་ཆེན་དེ་ཉིད་སྣང་བ།），一般为一个诵经时（大约一到两小时时间）。请来上续部学院（རྒྱུད་སྟོད་གྲྭ་ཚང་།）的（སྔ་བ་སྤྱགས་རམས་པ་བློ་བཟང་བཀྲ་ཤིས་

རྡོ་རྗེ།）作为堆阔尔扎仓的规范师（སློབ་དཔོན།），“西年热布丹嘉措”（བཤེས་གཉེན་རབ་བརྟན་རྒྱ་མཚོ།）作为该扎仓的金刚持师（རྡོ་རྗེ་འཛིན་པ།），同时请来觉摩隆寺（སྐྱོར་མོ་ལུང་པ།）的格登雅培（དགེ་འདུན་ཡར་འཕེལ།）和格登根呷（དགེ་འདུན་ཀུན་དགའ།）作为扎仓的音韵师（དབྱངས་དཔོན།），正式开始了时轮金刚（དུས་འཁོར་རྡོ་རྗེ། dus 'khor rdo rje）、普明大日如来（ཀུན་རིག་རྣམ་པར་སྣང་མཛད།）、毗卢遮那现证菩提（མངོན་བྱང་།）三个密法的修习。依时轮彩绘坛城（དུས་འཁོར་རྡུལ་ཚོན་དཀྱིལ་འཁོར།）而修习所需的“萨噶尔达央”（ས་གར་རྟ་དབྱངས།）等仿照了南杰扎仓（རྣམ་རྒྱལ་གྲྭ་ཚང་།）的习制；而学习“嘉木班参觉“（འཇམ་དཔལ་མཚན་བརྗོད།）的诵读声调（གསུངས་གདངས།）则模仿了罗赛林（བློ་གསལ་གླིང་།）的诵调模式；修习普明大日如来所需的“央沃尔达恰嘉”（དབྱངས་བར་རྟ་ཕྱག་རྒྱ།）等则模仿了觉摩隆寺的习制。并规定冬至日（དགུན་ཉི་ལྡོག）作为寺院的“朵青日”（དགོན་པའི་གཏོར་ཆེན།），举行冬日法会。相关拉卜楞寺堆阔尔扎仓的历史文献资料稀少，实属难寻。现有的堆阔尔扎仓的高龄僧人也不过六十来岁，尚不能获得所需的口述资料，所以撰写拉卜楞寺堆阔尔扎仓的历史就难上加难。我也只能将现有的资料加以整理。寺院比较重视历辈法台的传记，所以我就从这些传记中提取出对拉卜楞寺堆阔尔扎仓所做的贡献来补充这部分的历史。如果想要了解历辈法台的详情，还可以查阅阿莽班智达所著《拉卜楞寺堆阔尔扎仓》，但藏文版的著作也只写到了第十任法台，汉文版补充到了第四十任法台。采访得知该扎仓自第二世嘉木样到现任法台阿木却乎尕藏加央丹增嘉措（ཨ་མཆོག་ཧོར་སྐལ་བཟང་འཇམ་དབྱངས་བསྟན་འཛིན་རྒྱ་མཚོ།）共有 78 位法台。因资料有限，不能一一详尽介绍。我只能将所能收集到的法台信息做以介绍，并附表以方便查阅。嘉木样二世亲自担任该扎仓的第一任赤巴（ཁྲི་པ།法台）。其常用名为贡确久美旺布（དཀོན་མཆོག་འཇིགས་མེད་དབང་པོ།），全称为贡确久美旺布·益西宗哲扎巴（དཀོན་མཆོག་འཇིགས་མེད་དབང་པོ་ཡེ་ཤེས་བརྩོན་འགྲུས་གྲགས་པ།）。该学院历任赤巴一般都兼任“多杰仁增巴”（རྡོ་རྗེ་རིག་འཛིན་པ།金刚持师）。

第三节　历任堪布及贡献

第二任赤巴洛桑扎西尊者（བློ་བཟང་བཀྲ་ཤིས།）于藏历第十二饶迥土牛年（1709 年）出生在康区“雪瓦多”（ཤོ་བ་མདོ།）地方。他曾远赴卫藏上续部学院攻修《四续部》（རྒྱུད་སྡེ་བཞི།）及其仪轨，在大法台南喀桑（ཁྲི་ཆེན་ནམ་མཁའ་བཟང་།）等高僧大德门下学习，终成名声赫赫的密宗大学者。在他五十岁时，奉第二世嘉木样之名到拉卜楞寺执教，并担任了五年的金刚赤巴和丹萨瓦（གདན་ས་བ།），期间新设诵读（ཚ་གའི་ངག་འདོན།）、单词声韵（དབྱངས་རྟ་འདུར།）、标尺划线（ཐིག་

བཅའ་བཟོ།）等与密宗理论极为相符的仪轨。为时轮学院做出了不小的贡献，深得二世嘉木样的器重。[1]

第三任赤巴热布丹嘉措尊者于藏历第十二饶迥水兔年（1723 年）出生在今夏河县勒秀乡（གླུ་སོད།）。拉卜楞寺堆阔尔扎仓兴建初期，于第二届法会之时，他被任命为该扎仓的金刚持师。据说当时，第二世嘉木样认为“泽央地方的甘布哈木其”（རྩེ་གཞུང་དུ་སྐམ་པའི་ཏྭ་མོ་ཆེ།）之地有处风水不利，请他在那里修一座祛凶之塔。他奉旨前往该地得知地处非常险要，恶魔猖獗，许多法师在此临时扎营，都会遭受磨难，无法驻留。河南亲王“卫斯巴特尔迪羌”（དཔོན་བྷེ་སི་བྷ་ཐུར་དྷའི་ཆིང་།）听说后表示这里只有采取腹行划线（ལྟོ་འཕྱེའི་ཐིག་འདེབས།）的办法才行。于是，他根据亲王的指示，以腹行划线为开端，按所有密法仪轨进行禳解，破煞净土，化凶为吉，使得一方土地安定，日见幸福。此后，他出任该扎仓的赤巴，根据新建扎仓的特点和需要，设立更新了讲闻（འཆད་ཉན།）、院规（སྒྲིག་ལམ།）、诵经音调（འདོན་རྟ་དབྱངས།）、仪轨（ཆོ་ག）等必要的规章制度，使扎仓的政教事业得到了巩固和发展。不久，蒙古左旗太吉米杰布坚（སུ་ཉིད་གཡོན་ཏུའི་ཐའི་ཇི་ལས་སྐྱབས་ཅན།）禀请第二世嘉木样向左旗派遣大德，获准后，他前往左旗为民祈雨（ཆར་འབེབས།）、祛灾（ཚར་གཅོད།），并传授了天文历法（རྩིས།）、医诊（སྨན་དཔྱད།）、占卜（གསུང་བརྟག）等学问，并特此

---

[1] དཔལ་མང་པཎྜི་ཏས་མཛད་པའི་བླ་བྲང་བཀྲ་ཤིས་འཁྱིལ་གྱི་གདན་རབས་ལྷའི་རྔ་ཆེན།།（阿芒班智达：《拉卜楞寺志》），兰州：甘肃民族出版社，1987 年。阿莽班智达《拉卜楞寺志》（藏文版），兰州：甘肃民族出版社出版，1987 年第 1 版：第 523 页。

举行了三次时轮灌顶法会（དུས་འཁོར་གྱི་དབང་ལན་གསུམ།），授胜乐（བདེ་མཆོག）、密集（གསང་འདུས།）、大威德（འཇིགས་བྱེད།）的灌顶，为上千僧侣授予了近圆戒（བསྙེན་རྫོགས།），在左旗弘扬佛法做出了重大的贡献。[①]

第四任赤巴洛桑仁青尊者（བློ་བཟང་རིན་ཆེན།）在他担任金刚持师的十年生涯中，修整了僧纪，规定了奖惩分明的激励制度，对一些行为不轨者甚至采取了开除寺籍的处置，对完善扎仓的僧纪做出了不可磨灭的贡献。[②]

第五任赤巴洛桑扎西尊者在堆阔尔扎仓长期担任金刚持师，做了数年讲闻传脉的师长，与后继的赤巴东越慈称一同齐心把扎仓办得极佳，贡献不小。第六任赤巴东越慈称尊者（དོན་ཡོད་ཚུལ་ཁྲིམས།）担任金刚赤巴和师长的十几年，期间他新设了时轮彩粉坛场的布置供修（དཔལ་དུས་ཀྱི་འཁོར་ལོའི་རྡུལ་ཚོན་གྱི་དཀྱིལ་འཁོར་སྒྲུབ་མཆོད།），以及声明学（སྒྲ）、天文历算等普通学科的专业课程，在扎仓的学科建设方面做出了重大贡献。[③]

如果说其他赤巴对扎仓的僧纪、课程有所贡献的话，那么第八任赤巴阿旺东珠尊者（ངག་དབང་དོན་གྲུབ།）在扎仓的建筑方面贡献颇深，

---

① དཔལ་མང་པཎྜི་ཏས་མཛད་པའི་བླ་བྲང་བཀྲ་ཤིས་འཁྱིལ་གྱི་གདན་རབས་ལྷའི་རྔ་ཆེན།།（阿芒班智达：《拉卜楞寺志》），兰州：甘肃民族出版社，1987 年：第 435-437 页。

② དཔལ་མང་པཎྜི་ཏས་མཛད་པའི་བླ་བྲང་བཀྲ་ཤིས་འཁྱིལ་གྱི་གདན་རབས་ལྷའི་རྔ་ཆེན།།（阿芒班智达：《拉卜楞寺志》），兰州：甘肃民族出版社，1987 年版：第 527 页。

③ དཔལ་མང་པཎྜི་ཏས་མཛད་པའི་བླ་བྲང་བཀྲ་ཤིས་འཁྱིལ་གྱི་གདན་རབས་ལྷའི་རྔ་ཆེན།།（阿芒班智达：《拉卜楞寺志》），兰州：甘肃民族出版社，1987 年：第 530 页。

他重建了具有二十根柱子的经堂和内殿（དྲི་གཙང་ཁང་།），并用质量最佳的颜料粉刷了墙面底色，请最好的画师绘制了以香巴拉法胤二十五尊者为主的显密传承上师的壁画（见图）以及数以万计的密宗神尊图像，经堂的柱、梁、柱斗拱、柱斗等均结构严密，布局合理，巧夺天工，以大量黄金、绸缎装潢经堂，使之更显庄严和神秘。[①]

第十五任赤巴巴浪夏茸·贡确琼培（འབའ་ལིང་ཞབས་དྲུང་དཀོན་མཆོག་ཆོས་འཕེལ།），又名贡西活佛（སྒོམ་ཞིས་སྤྲུལ་སྐུ།），出生于夏河县甘加乡境内的如安部落（རུ་ངན།）。任命堆阔尔扎仓的金刚持师和赤巴时，严格管理扎仓的纪律，并为僧众讲授《无垢光广释》（མདོ་དྲི་མེད་རྒྱ་ཆེར་འགྲེལ་པ།）、《生起次第》（བསྐྱེད་རིམ།）、《圆满次第论》（རྫོགས་རིམ།）、《续部经典总释》（རྒྱུད་སྡེ་སྤྱིའི་འགྲེལ་པ།）等论著，培养了许多高僧贤者。

拉卜楞寺堆阔尔扎仓历任赤巴

历任赤巴（法台）	出生地/生卒
第一任赤巴贡确久美旺布 དཀོན་མཆོག་འཇིགས་མེད་དབང་པོ།	青海囊拉（སྣང་ར།） 1728-1791
第二任赤巴洛桑扎西 བློ་བཟང་བཀྲ་ཤིས།	康区肖瓦多（ཞོ་བ་མདོ།） 1709-1783
第三任赤巴热旦嘉措 རབ་བརྟན་རྒྱ་མཚོ།	勒秀（གླུ་སོད།） 1723-1790

① དཔལ་མང་པཎྜི་ཏས་མཛད་པའི་བླ་བྲང་བཀྲ་ཤིས་འཁྱིལ་གྱི་གདན་རབས་ལྷའི་རྔ་ཆེན།། （阿芒班智达：《拉卜楞寺志》），兰州：甘肃民族出版社，1987年：第533-534页。

历任赤巴（法台）	出生地/生卒
第四任赤巴洛桑仁青 བློ་བཟང་རིན་ཆེན།	郎茂（གླིང་མོད།） 1719-1793
第五任赤巴洛桑扎西 བློ་བཟང་བཀྲ་ཤིས།	1742-1784
第六任赤巴东月慈称 དོན་ཡོད་ཚུལ་ཁྲིམས།	南木拉（གནམ་ལ།） 1715-?
第七任赤巴阿旺彭措 ངག་དབང་ཕུན་ཚོགས།	生于拉卜楞的四川阿坝人 1746-?
第八任赤巴阿旺端智 ངག་དབང་དོན་གྲུབ།	勒秀（གླུ་ཤོད།） 1732-?
第九任赤巴加央扎巴 འཇམ་དབྱངས་གྲགས་པ།	曼龙（སྨན་ལུང་།）
第十任赤巴贡确达杰 བསྟན་འཛིན་དམ་པ་དཀོན་མཆོག་དར་རྒྱས།	卡加（ཁ་གྱུ།） 1742-?
第十一任赤巴合作·贡确格勒 གཙོས་དཀོན་མཆོག་དགེ་ལེགས།	合作（གཙོས།）
第十二任赤巴柔扎·洛桑久美 རིགས་གྲྭ་བློ་བཟང་འཇིགས་མེད།	柔扎（རིགས་གྲྭ） 1745-?
第十三任赤巴阿木去乎·木多·塔益嘉措 ཨ་མཆོག་མུ་ཏོ་མཐའ་ཡས་རྒྱ་མཚོ།	阿木去乎（ཨ་མཆོག）
第十四任赤巴若尔盖·洛桑 མཛོད་དགེ་བློ་བཟང་།	四川若尔盖（མཛོད་དགེ）
第十五任赤巴郎夏仲·贡确群培 འབའ་ཤིང་ཞབས་དྲུང་དཀོན་མཆོག་ཆོས་འཕེལ།	甘加如安（ཏུ་ངན།） ？-1822

历任赤巴（法台）	出生地/生卒
第十六任赤巴尕让·阿旺扎西 ཀ་རིང་ངག་དབང་བཀྲ་ཤིས།	尕让卓玛仓（ཀ་རིང་སྒྲོལ་མ་ཚང་།）
第十七任赤巴张家夏茸·降央格丹 ཀྲང་སྐྱ་ཞབས་དྲུང་འཇམ་དབྱངས་སྐལ་ལྡན།	1796-1831
第十八任赤巴土尔扈特·曲旦 ཐོར་གོད་ཆོས་ལྡན།	
第十九任赤巴勒秀巴·彭措森格 གླུ་སོད་པ་ཕུན་ཚོགས་སེང་གེ	夏河县勒秀乡吉擦（གླུ་སོད།） 1773-1844
第二十任赤巴若尔盖·白旦智华 མཛོད་དགེ་དཔལ་ལྡན་གྲགས་པ།	四川若尔盖（མཛོད་དགེ） 1766-1840
第二十一任赤巴甘加·贡确华旦 རྐན་རྒྱ་དཀོན་མཆོག་དཔལ་ལྡན།	甘加（རྐན་རྒྱ།） 1785-1833
第二十二任赤巴合作万·贡确旦德尔 གཙོས་བན་དཀོན་མཆོག་བསྟན་དར།	章杰（འབྲོང་རྩེ།） 1784-1843
第二十三任赤巴刚擦拉染巴·洛桑 རྐང་ཚ་ལྷ་རམས་པ་བློ་བཟང་།	刚擦赛尔卡（རྐང་ཚ་གསེར་ཁ།）
第二十四任赤巴斯尼·耿登达吉 སུ་ཉིད་དགེ་འདུན་དར་རྒྱས།	斯尼（སུ་ཉིད།） 1786-1855
第二十五任赤巴科才·德乾 ཁོ་ཚེ་བདེ་ཆེན།	科才（ཁོ་ཚེ།） 1780-1829
第二十六任赤巴嘉那巴·嘉央旦贝尼玛 རྒྱ་ནག་པའི་སྤྲུལ་སྐུ་འཇམ་དབྱངས་བསྟན་པའི་ཉི་མ།	阿茹霍尔青（ཨ་རུ་ཧོར་ཆེན།） 1806-1858
第二十七任赤巴勒秀·索南嘉措 གླུ་སོད་པ་བསོད་ནམས་རྒྱ་མཚོ།	夏河勒秀乡吉擦（གླུ་སོད་སྐྱིད་ཚ།） 1785-1825

历任赤巴（法台）	出生地/生卒
第二十八任赤巴曲宗·贡确旦贝华桑 ཆོས་རྫོང་སྤྲུལ་སྐུ་དཀོན་མཆོག་བསྟན་པའི་དཔལ་བཟང་།	
第二十九任赤巴洛桑贡确 བློ་བཟང་དཀོན་མཆོག	
第三十任赤巴卓尼·贡确华旦 ཅོ་ནེ་དཀོན་མཆོག་དཔལ་ལྡན།	迭部之白龙江下游（མཐེ་བོ།）
第三十一任赤巴叶加·贡确达杰 དབྱིག་ཀྱི་སྤྲུལ་སྐུ་དཀོན་མཆོག་དར་རྒྱས།	
第三十二任赤巴内格·久美旦贝尼玛 ནེ་གུའི་སྤྲུལ་སྐུ་འཇིགས་མེད་བསྟན་པའི་ཉི་མ།	桑科德拉（བསང་གི་ལྷ་སྡེ།） 1808-?
第三十三任赤巴索布·贡确尼玛 སོག་པོ་དཀོན་མཆོག་ཉི་མ།	
第三十四任赤巴智贡巴·贡确旦巴热布杰 བྲག་དགོན་པ་དཀོན་མཆོག་བསྟན་པ་རབ་རྒྱས།	1854-?
第三十五任赤巴阿热·拉色旦巴嘉措 ཨ་རིག་བླ་སར་བསྟན་པ་རྒྱ་མཚོ།	索热沁甘加（སུ་རིག་ཆེན་ཀན་གྱ།）
第三十六任赤巴西仓·嘉央图合麦 ཤེས་ཚང་འཇམ་དབྱངས་ཐོག་མེད།	1800-?
第三十七任赤巴嘉佳·贡确索巴 སྐྱ་ཀྱ་དཀོན་མཆོག་བཟོད་པ།	佐盖泽卫（མཛོད་དགེ་རྩེ་དབུས།） 1797-?
第三十八任赤巴热贡·贡确嘉措 རེབ་གོང་དཀོན་མཆོག་རྒྱ་མཚོ།	宗扎郡（རྫོང་གྲ་འགྲོང་།）
第三十九任赤巴雪旁·多染巴·阿旺慈称 ཞོ་འཕོང་རྡོ་རམས་པ་ངག་དབང་ཚུལ་ཁྲིམས།	
第四十任赤巴德阁·阿旺嘉措 སྟག་དགེ་སྤྲུལ་སྐུ་ངག་དབང་རྒྱ་མཚོ།	刚擦赛尔卡（ཀང་ཚའི་གསེར་ཁ།）

第三章
建筑与艺术特点

第一节　建筑风格

堆阔尔扎仓位于拉卜楞寺闻思学院（ཐོས་བསམ་གླིང་།）大经堂西侧约 20 米处，与其平行而建，北靠卧象山，南临大夏河（བསང་ཆུ།），西接绿度母殿（སྒྲོལ་ལྗང་ལྷ་ཁང་།），在整个拉卜楞寺的分布图中处于居中位置（见图 6）。《拉卜楞寺概况》中说拉卜楞寺堆阔尔扎仓的建筑是仿照扎什伦布寺的堆阔尔扎仓修建的。[①]扎仓的建筑形式与其他扎仓没有很大差异，是包括庭院、回廊、正殿和内殿的一组建筑，庭院内也有几间房作为僧舍、厨房和仓库。

---

① 罗发西、苗滋庶、李耕、曲又新：《拉卜楞寺概况》，兰州：甘肃民族出版社，1987 年 8 月第 1 版：第 7 页。

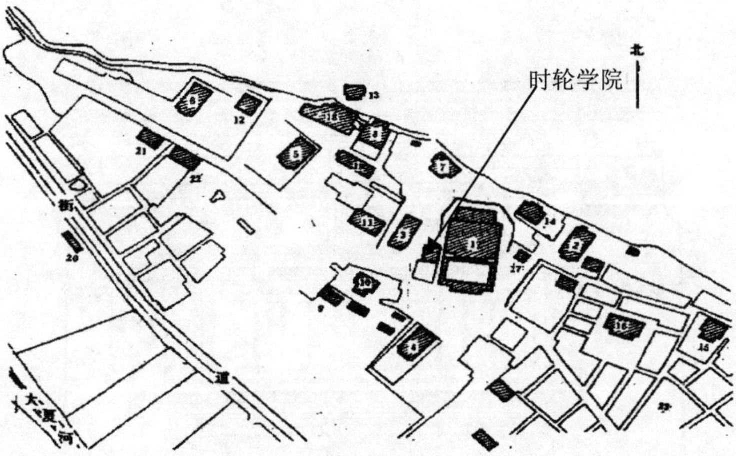

图-6：堆阔尔扎仓在拉卜楞寺的位置示意

资料来源：《拉卜楞寺志》第539页。1. 闻思学院（ཐོས་བསམ་གླིང་།），2. 续部下院（རྒྱུད་སྨད་གྲྭ་ཚང་།），3. 时轮学院（དུས་འཁོར་གྲྭ་ཚང་།），4. 医药学院（སྨན་པ་གྲྭ་ཚང་།），5. 喜金刚学院（ཀྱེ་རྡོར་གྲྭ་ཚང་།），6. 续部上院（རྒྱུད་སྟོད་གྲྭ་ཚང་།），7. 弥勒佛殿（བྱམས་ཁང་།），8. 释迦牟尼佛殿（ཐུབ་དབང་ལྷ་ཁང་།），9. 文殊菩萨殿（འཇམ་དབྱངས་ལྷ་ཁང་།），10. 狮子吼佛殿（རྒྱལ་བ་སེང་གེའི་ང་རོའི་ལྷ་ཁང་།），11. 绿度母殿（སྒྲོལ་ལྗང་ལྷ་ཁང་།），12. 白度母殿（སྒྲོལ་དཀར་ལྷ་ཁང་།），13. 白伞盖佛母殿（གདུགས་དཀར་ལྷ་ཁང་།），14. 夏卜丹殿（ཞབས་བརྟན་ལྷ་ཁང་།），15. 宗喀巴殿（ཙོང་ཁ་པའི་ལྷ་ཁང་།），16. 藏经殿（བཀའ་བསྟན་ཁང་།），17. 离合塔（མཆོད་རྟེན།），18. 嘉木样佛宫（འཇམ་བཞད་ལྷ་ཁང་།），19. 嘉木样措欠大殿（འཇམ་བཞད་ཚོགས་ཆེན།），20. 贡唐仓宫邸（གུང་ཐང་བླ་བྲང་།），21. 郭莽仓宫邸（སྒོ་མང་བླ་བྲང་།），22. 郎仓宫邸，23. 僧舍群（རབ་བྱུང་འདུག་གནས།）。

堆阔尔扎仓的大门是传统的藏式木质建筑风格，因为是寺院扎仓的大门而别具一番风格。四根圆柱构架出的大门，顶部以层层镂空雕饰着美丽的花纹，粗看上去，这些花纹也没什么特别之处，可是细看就会发现每一处都巧妙地传递着藏人传统的世俗文化和佛教文化。（见图7）

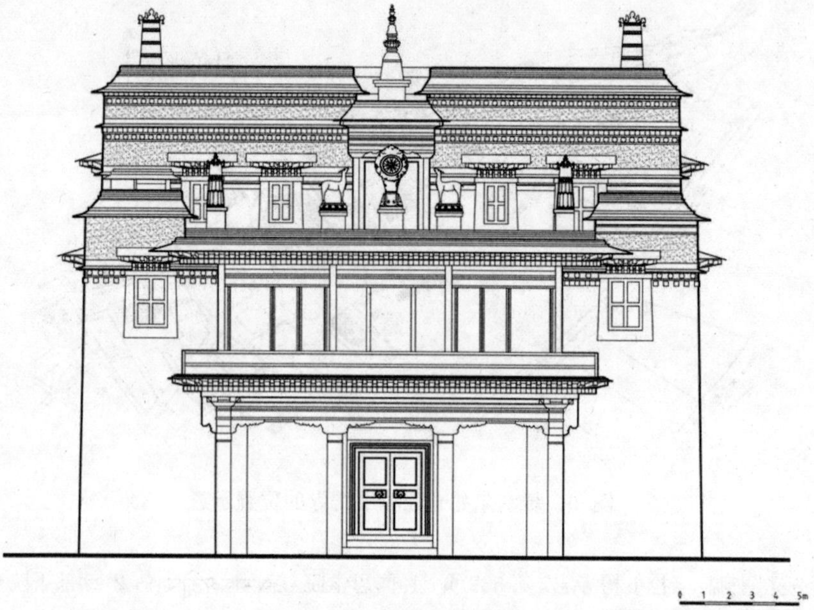

图-7：拉卜楞寺堆阔尔扎仓正剖面图（许新亚绘制）

整个扎仓的布局如下：占扎仓三分之二面积的北面区域建为经堂，剩下三分之一面积的南面区域是庭院，在庭院的西南角有间角屋作为厨房（但我在调研中得知大门对面的另一个庭院专门用作堆阔尔扎仓的大厨房及总库房用，那里以前叫“基康”（སྤྱི་ཁང་།），还有专门管事的“基瓦”（སྤྱི་བ།），其余 6 间小屋是僧人的僧舍（我在采访中得知除了这几间僧舍外，其他僧舍都在整个寺院所设的僧舍群区，位于扎仓之南，佛殿以北的中间区域。我认识的几个僧人平日都住在那里），从庭院到经堂要拾五级通宽、高约 1 米的长条形台阶而上，方可到达。（见图 8）

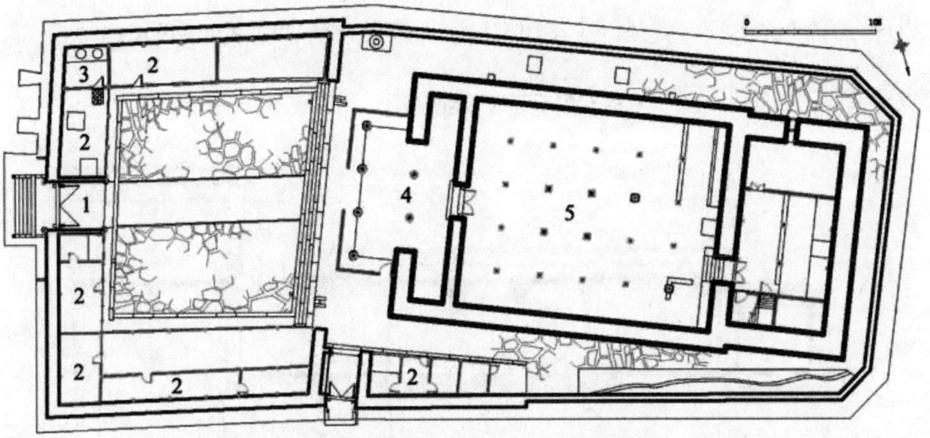

图-8：拉卜楞寺堆阔尔扎仓总平面图

（1. 大门；2. 僧舍；3. 厨房；4. 门廊；5. 经堂。）（许新亚绘制）

扎仓正殿（འདུ་ཁང་།经堂）东西五间，南北六间（有些资料上写到南北十一间，似有出入。如果包括门廊、正殿与后殿整体布局而言，也只是十间，而不是十一间。[1]），占地面积约为 20 根柱子，（图 9）。“四面厚墙围绕，不开窗，经堂全为平顶，层高 4.37 米，利用平顶的高差在高处开侧窗采光。”[2] 属典型的藏式平顶屋建筑，外石内木。从正面看是二层建筑（图 9）。从后方看或从内殿拾级而上却似三层建筑，实际是在内殿的上方另建了一座小殿专供陈设制作好的立体坛城（今年我们去采访时有幸参观了此处，里面陈设着

[1] 《拉卜楞寺概况》和《拉卜楞寺时轮学院概述》中都写作十一间，前不久我发表的一篇题为《拉卜楞大寺的堆阔尔扎仓及其拉卜楞地区的藏传天文历算学传承研究》（见《青海民族研究》2012 年第 2 期。）的文章中也引用了十一间的说法，但现在看来是有误的。详见《拉卜楞寺概况》第 7 页；《拉卜楞寺时轮学院概述》，西藏研究，1999 年第二期：第 79 页。

[2] 许新亚：《拉卜楞寺藏族传统宗教建筑》，世界建筑，2006 年 8 月：第 111 页。

两座立体坛城，一是普明大日如来立体坛城‘ཀུན་རིག་བློས་བསླངས།’，一是时轮立体坛城‘དུས་འཁོར་བློས་བསླངས།’。

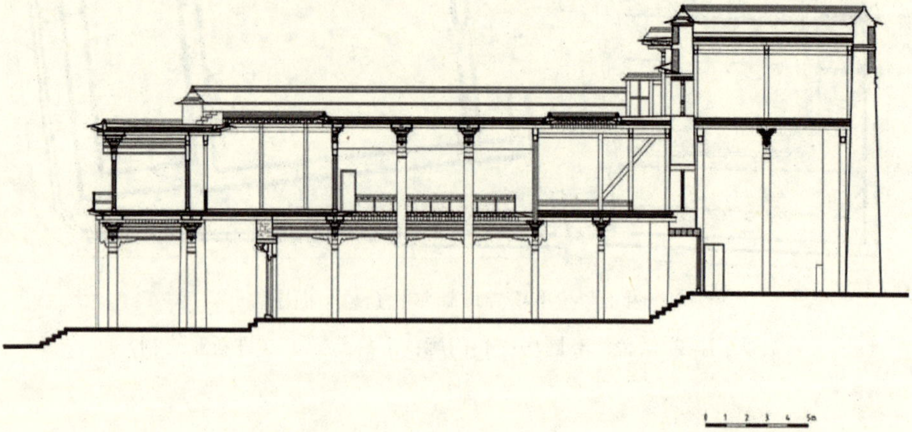

图-9：拉卜楞寺堆阔尔扎仓侧剖面图（张文进绘制）

扎仓正面屋顶的装饰与其他四个扎仓（不包括闻思学院）类似，与续部下院（རྒྱུད་སྨད་གྲྭ་ཚང་།）相同。经堂屋中心顶置有“甘孜然”（གཉྫི་ར།）、八辐法轮（ཆོས་འཁོར།）、阴阳鹿（རི་དྭགས།）、胜利幢（རྒྱལ་མཚན།）等铜质鎏金饰物多件①，殿墙为典型的藏式建筑风格，外石内木，墙面涂有红泥土②。顶部以赤红色的匾麻（སྤེན་མ།）③与整齐排列的木椽

① 在寺院建筑中，几乎每一个主殿顶部前方我们都可以看到祥麟法轮。据说八辐法轮象征着佛陀在瓦腊那西附近斯里那他鹿野苑的初次传法，法轮永不停息地旋转象征着佛教教义在寺院的传承和发展，法轮在阳光映射下发出的光芒象征着佛法。法轮两侧的祥麟，左母右公，双鹿温顺地跪伏在法轮两侧，体现了佛教僧侣的素养。

② 每年冬季九月份，僧人就会使用自制的红泥浆泼到石墙上面。

③ 匾麻，藏文（སྤེན་མ།） 的译音。一种野生灌木，汉文称作柽柳、三春柳或红柳。属落叶小乔木，老枝红色，叶子如鳞片。藏式建筑中，常用它来做房屋顶部短墙（这种短墙藏语称作 སྤེན་རྒྱན།）的材料。用这种材料作屋顶短墙有三处优点：一是这种材料独特的赤红

交替相砌而成，上覆石板，椽子露出的圆面上涂有石白灰粉，显得美观大方。据介绍，匾麻是藏式建筑的常用材料之一，其柔韧的特质、疏松的结构不仅可以承担屋顶的压力而且起到通风的作用，同时其美丽而独特的颜色也增加了建筑物的美观。

图-10：初转法轮图

门廊（སྒོ་ཁྱམས།）也是佛教寺院建筑的一大特点，南北方向面宽两间，东西方向面宽不一，北面宽五间，南面宽三间，中间宽度略窄于南面宽度，形成外宽敞内狭窄的回字形廊道，狭窄部分占地南北一间，东西五间，宽敞部分占地南北两间，东西三间。回廊外厅分别悬挂着藏汉对照的堆阔尔扎仓简介（见图:11）和转经详说。

色用在整个建筑中起到了装饰性的作用；二是这种材料搭累起的墙通风效果好，可以保持房屋空气的清新；三是在匾麻之上铺放平石板，匾麻可以减轻石板对房墙的压力，起到减压和防震等作用。

图-11：拉卜楞寺堆阔尔扎仓简介

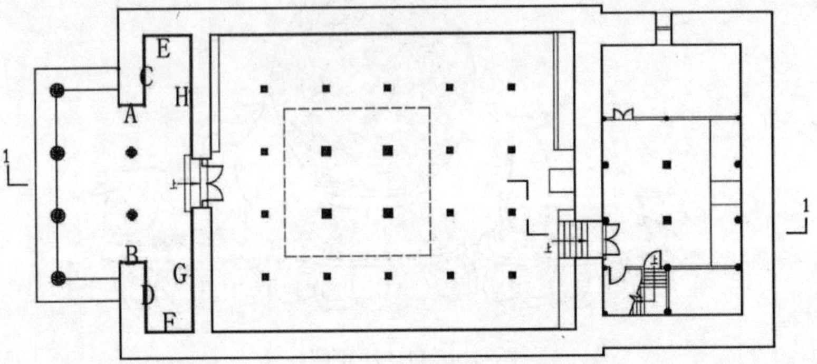

图-12：拉卜楞寺堆阔尔扎仓经堂一层平面图,包括回廊（སྐོར་ཁྱམས།）（左）、正殿（འདུ་ཁང་། 经堂）（中）和内殿（ལྷ་ཁང་། 佛殿）（右）三部分。（王超绘制）

扎仓主殿由大经堂、内殿组成，内殿东室的东侧开有一门，门内设计为进入二、三层的木质阶梯。一般情况下，非本扎仓的人不允许进入。二层的中间也是一层的天窗位置，南北两侧各建有两排储存文物的库房，周边是可供行走的回廊，西角处开有抵达三层的木质阶梯（图 13）。三层最北端就是前文中提到的供放坛城的小屋。小屋南面的两端分别开有下沉天井，北侧下沉天井上设有平天窗，采用角钢支架固定于屋顶之上，南侧下沉天井是敞开状。

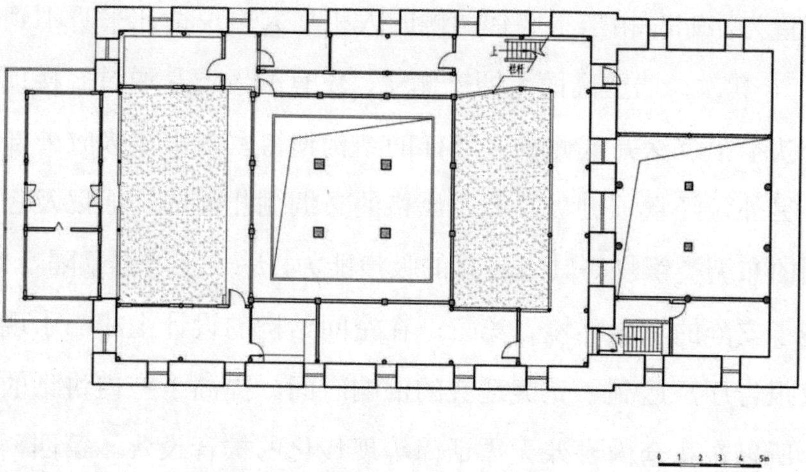

图-13：拉卜楞寺堆阔尔扎仓二层平面图（许新亚绘制）

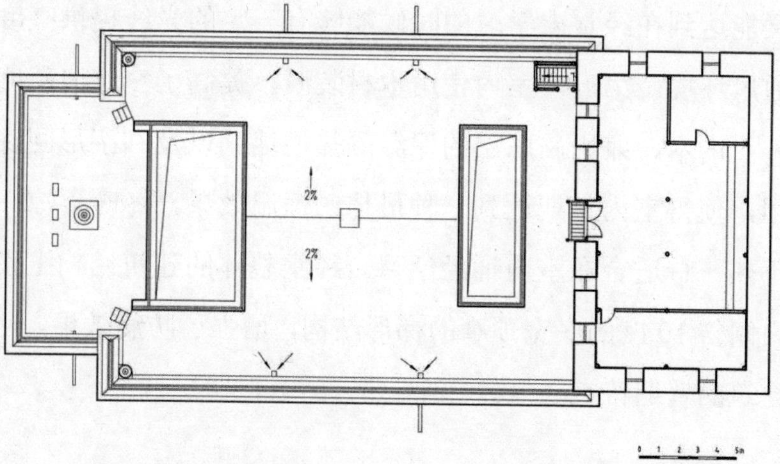

图-14：拉卜楞寺堆阔尔扎仓三层平面图（徐新亚绘制）

综上所述， 拉卜楞寺堆阔尔扎仓的建筑是西藏传统寺院建筑，尤其是扎仓建筑的一个缩影。采用天然的建筑材料，在设计结构上兼顾了隔音、混响、采光、恒温、防震、美观等几方面的特点，为该扎仓的学僧提供了最佳的学习和修习环境。首先，石土垒砌的厚度超过 1 米的石墙隔音效果非常好（厚 240 毫米的实心粘土砖墙隔音声量为 49dB,相当于墙体两侧的人相互大声说话几乎听不到的声音）[①]。其次，墙壁高而无四壁侧窗，仅有的天窗是通过二楼顶层的两个狭窄下沉深井式侧窗，这样的结构使得室内很少吸收外部的声音；另外，经堂顶棚极具藏式风格的布绸绷扎而成饰面以及包扎在柱面的布绸类织物等具有较强的吸声能力，进一步增强了隔音效果，创造了安静的室内环境。第三，在空间结构的设计上相当于现代的会议报告厅，达到了完美适宜的混响时间，提高了室内讲话的清晰度，所以在扎仓内讲课无需话筒等现代化的扩音设备。第四，其独具特色的采光方式，既保护了扎仓四周的壁画及佛像等受强光的刺激，又能达到在经堂内学习的时候能够有一定的光线提供亮度及适宜的通风环境。第五，室内使用木材装潢，提高了空气清新度。第六，外石内木，兼用扁蔴层的保温隔热型墙壁以及回字形回廊的挡风作用，使得室内长期达到一种最佳的恒温效果，冬暖夏凉，温度不冷不热，最适合在室内诵经学习。经堂整体的建筑结构上设计为略向内倾斜 10 度的底宽顶窄的梯形结构，增强了防震效果，这也是藏式建筑的普遍特点之一。

第二节　壁画及特点

此处，我不打算探讨壁画的绘制方法或者是绘画风格。我在调研时发现，扎仓的壁画内容是有讲究的，并非随意选择题材。每一

---

① 王天鹏、陈梅、侯秋凤：《拉卜楞寺建筑物理环境技术》，兰州交通大学学报，2008 年第 6 期：第 45 页。

幅壁画中的本尊都与该扎仓主要研修的佛经内容息息相关，而门经堂正门内外两侧都是护法神，其他壁画都与堆阔尔扎仓主要研修的堆阔尔密切相关。

扎仓主殿的外部回廊到殿内都绘有壁画，那么这些画都是什么？都有什么特殊的意义呢？回廊中间位置的东西两侧分别绘有两幅壁画，西面是“都木尊达木巴”（སྡོམ་བརྩོན་དམ་པ།）（见图 15），汉语译作智慧宝剑。图中央莲花象征莲花生（པདྨ་འབྱུང་གནས།）及其他所传教法，花蕊中心的宝剑象征是文殊菩萨的化身赤松德赞（ཁྲི་སྲོང་ལྡེའུ་བཙན།），因赤松德赞敬重并支持莲花生传法的事业，所以被认为是莲花生心中产生的子嗣，所以图中用宝剑位于花蕊中心来表征。莲花右侧的鸳鸯双头象征寂护（ཞི་བ་མཚོ།）和莲花戒（ཀཱ་མ་ལ་ཤཱི་ལ།），意味着同一种观点有不同的教授和表达方式。莲花左侧的鹦鹉双头又象征着两位大译师咖瓦班泽（སྐ་བ་དཔལ་བརྩེགས།）和觉伽鲁坚赞（ཅོག་རོ་ཀླུའི་རྒྱལ་མཚན།）。用鹦鹉说鸟话和人话来象征译师掌握着藏梵两种语言文字。用置于最底层的海洋来象征的平息桑耶寺火灾的因缘。也有人认为此图是为纪念师君三尊（མཁན་སློབ་ཆོས་གསུམ།）[①]而专门绘制的。

---

① 师君三尊，即亲教师寂护、轨范师傅莲花生及法王赤松德赞。

图-15：智慧宝剑

回廊中间东面为时轮经宇宙结构图（དུས་འཁོར་ལུགས་ཀྱི་གོ་ལ།）。时轮经宇宙结构的具体内容在第一章第三节的第二部分已做介绍，此处不再赘述。

回廊内侧朝北的左右两侧画的是四大天王（རྒྱལ་ཆེན་བཞི།）。佛经中把居住在须弥山四方守护和辅佐佛教的四大王叫做四大天王。东方护国天王（ཡུལ་འཁོར་སྲུང་།）呈白色身，手持琵琶（图 16）；南方增长天王（འཕགས་སྐྱེས་པོ།）呈蓝色身，手持宝剑（图 17）；西方广目天王（མིག་མི་བཟང་།）呈红色身，手持蛇与佛塔（图 18）；北方多闻天王（རྣམ་ཐོས་སྲས།）呈黄色身，闭口状，手持胜利幢（རྒྱལ་མཚན།）和（ནེའུ་ལེ།）（图 19）。东方护国天王因有闻之毒，所以他手持琵琶，通过琵琶听声音；南方增长天王有触之毒，所以他手握宝剑来接触事物；西方广目天王有视之毒，所以他双目凝视佛塔来看东西；北方多闻天王因有口气之毒，所以呈闭口状。藏地在建设寺院佛殿时，常在佛殿大门两侧的墙壁上绘画四大天王，象征他们守护佛教的意义。而且绘制时就按上面的说法绘制他们的样貌和手持的法器。

图-16：东方持国天王

图-17：南方增长天王

图-18：西方广目天王

图-19：北方多闻天王

回廊西面朝东的墙壁上画的是时轮佛塔（དུས་འཁོར་མཆོད་རྟེན།）（图20）。མཆོད་རྟེན།是由梵文 स्तूप（སྟཱུས།）而来，意为“坟墓”，早在佛陀之前已存在于印度，主要是指国王的坟墓。释迦牟尼逝世后，人们为了纪念他的功德，于是修建了八座佛塔以珍藏他的骨灰，纪念他的功绩，学习他的涅槃精神。佛教中讲佛陀的身、语、意，常用雕像代表他的身，用经典象征他的语，用佛陀代表他的意，所以佛塔被称为智慧的代表，揭示涅槃之路（包括通达涅槃所需的道德基础、实践修行和最终抵达的涅槃之果）。正因如此，佛塔在西藏是最基本的敬奉对象之一，人们供奉佛塔就会感到离涅槃境界更进一步。时轮佛塔，也被称为时轮金刚塔，认为是继八大佛塔之后的第九座佛塔，专为敬奉释迦牟尼所传时轮金刚密乘而专门修建，象征涅槃的最高境界和宇宙万物的和谐运转。世界上最早的一座时轮金刚塔被认为是印度的 Amaravat 地区的 Dhanyakataka 佛塔，也即是释迦牟尼传授时轮法时所在的佛塔。现如今，不仅西藏大小的寺院建有时轮佛塔，在世界其他地方，如印度、尼泊尔、不丹、西班牙、夏威夷、奥地利、美国等都建有时轮佛塔。

回廊东面朝西的墙壁上画的是六道轮回图（སྲིད་པའི་འཁོར་ལོ།）（图20）。据说古印度胜云城（སྒྲ་སྒྲོག）国王仙道王（ཨུ་ཏྲ་ཡ་ན།）送了一份十分贵重的礼物给摩竭陀国王影胜王（གཟུགས་ཅན་སྙིང་པོ།），然而影胜王不知如何回礼比较妥当，于是前去请教释迦牟尼，释迦牟尼送了一幅画有十二因缘的六道轮回图给影胜王，影胜王用此图回礼了仙道王，后来仙道王观看此图，修行成佛。此图共四层，最内层的圆形中画有鸡、蛇和猪三个动物，分别代表了贪（འདོད་ཆགས།）、嗔（ཞེ་སྡང་།）、痴（གཏི་མུག）三毒，揭示引起痛苦的根源。其外层的圆环被分成两份，代表的是中阴道，这里是善恶业的总汇处，善业较多者进入左侧半环的中阴道，继而进入善道之一，恶业较多者降进入右侧半环的中阴道，继而下落到地狱及其他恶道。再外层是所谓的六道，即神界（ལྷ།）、阿修罗界（ལྷ་མ་ཡིན།）、人界（མི།）三善道和动物界（དུད་འགྲོ།）、饿鬼界（ཡི་དྭགས།）、地狱（དམྱལ་བ།）三饿道。中间是须弥山，下部是大海，左侧是作乐的神，还有一排天将披甲戴盔的弓箭手执弓箭，箭指向阿修罗界，象征着神界常和阿修罗界作战，争夺美女和财富。神界拥有财富和寿命，但寿终时，也会有流转到其他五道的可能性。阿修罗界生活的是一种看不见形体的非人类，拥有财富和美貌，但嫉妒心强，喜战争。图中绘有一棵如意宝树（དཔག་བསམ་ལྗོན་པ།）长在阿修罗界，但树的顶端延伸到了神界，所以果实结在了神界，所以阿修罗经常与神作战。人界和动物界是大家所熟悉的，所以在此就不再赘述。

图-20：时轮佛塔

图-21：六道轮回图

悭吝之人多落入饿鬼道。饿鬼形象丑陋，腹部大如鼓，咽喉细如针，一切饮食到了口边都化成火焰，虽饥饿难耐，却滴水粒食难进。地狱众生的寿数是人间的无数倍，彼之一日等于人间九百万年，所以苦无出期。最外层的圆环被分成 12 份，代表了十二因缘（也称十二缘起或十二支），是释迦牟尼自修自证得到的真理，指从“无明”到“老死”这一过程中的十二个环节，因缘相随，流于轮回之中，不能出离。从右上方按顺时针方向依次为无明（མ་རིག་པ།）、行（འདུ་བྱེད།）、识（རྣམ་ཤེས།）、名色（མིང་གཟུགས།）、六入（སྐྱེ་མཆེད་དྲུག）、触（རེག་པ།）、受（ཚོར་བ།）、爱（སྲེད་པ།）、取（ལེན་པ།）、有（སྲིད་པ།）、生（སྐྱེ་བ།）、老死（ཀ་ཤི།）。图中盲人象征“无明”；陶器匠象征“行”；猴子在树上嬉戏象征“识”；船象征“名色”；空房子象征“六入”；男女相拥亲吻状象征“触”；一人眼中箭象征“受”；一人饮酒象征“爱”；猴子摘果象征“取”；孕妇象征“有”；小孩子的出生象征“生”；老人背死尸象征“老死”。在轮回图的左上方画有一明月，象征着得出离心，达到涅槃境界的静态。藏传天文历算中把十二因缘纳入其中来指定一年十二个月，并与十二宫联系起来，预知日常生活中吉凶。

回廊西面朝南的墙壁上画的是降神节图（དགུ་པ་ལྷ་བབས་དུས་ཆེན།）。藏历 9 月 22 日是降神节。传说释迦牟尼的母亲逝世后升入到了神界，于是释迦牟尼到帝释天所居的神界给他的母亲讲经，被众神挽留讲经给他们，希望居住到夏季再回人间。然而，王（རྒྱལ་པོ་གསལ་རྒྱལ།）

思念释迦牟尼，于是派“穆盖布巨”（མུའུ་འགག་བུ་རྒྱུད།）前去请释迦牟尼返回人间，于是释迦牟尼及其跟随他的众神、人等幻化顺天梯而下到了人间。在卫藏地区，从藏历九月初一开始，就要在布达拉宫、大昭寺等大小的佛殿及各户人家的墙壁上粉刷白石灰，到22日那天前往大昭寺朝拜，并向僧众供奉，向乞丐行善施舍。降神节及其他一些宗教节日在卫藏地区早已是殊胜日，每年人们都会迎接、庆祝节日的到来，但多康地区的人并不过这些节日。（详见附录5）回廊东面朝南的墙壁上画的是香巴拉王国图（ཤམ་བྷ་ལའི་རྒྱལ་སྲིད།）。（图22）《土观宗派源流》中对香巴拉的名字做了两种解释，第一种认为香巴拉之名因释迦牟尼的姓氏“夏木巴伽”（ཤཱཀྱ་ཀ།）而闻名；第二种解释认为香巴拉意为“德姜”（བདེ་འབྱུང་།）（“天堂，快乐”之源的意思），而“德姜”这个词是自在天（ལྷ་དབང་ཕྱུག）的辞藻，所以可以说香巴拉是自在天所居的神界。（……དེ་ཡང་ཤམྦྷ་ལ་ཞེས་པ་ཤཱཀྱའི་རིགས་ཤམྦྷ་ཀ་ཞེས་བྱ་བས་དེ་ལྟར་དུ་གྲགས་ཟེར་ལ། ཤམྦྷ་ལ་ཞེས་པ་བདེ་འབྱུང་འཛིན་པ་ཞེས་བྱ་སྟེ། བདེ་འབྱུང་ནི་དབང་ཕྱུག་གི་མིང་ཡིན་ལ། དེས་བཟུང་བའི་ཡུལ་ལ་ཤམྦྷ་ལའོ་ཞེས་ཀྱང་ཟེར།）[①] 佛教中提到的香巴拉神话是由印度经典《摩诃波罗多》（Mahabharata）与《湿婆往世经》（*Puranas*）中的香巴拉法胤（Kalki, 古印度的贵族种姓之一）的神话的改编。但有学者认为佛教的版本是在

---

① ཐུའུ་བཀྭན་བློ་བཟང་ཆོས་ཀྱི་ཉི་མས་བརྩམས། ཐུའུ་བཀྭན་གྲུབ་མཐའ། ཀན་སུའུ་མི་རིགས་དཔེ་སྐྲུན་ཁང་གིས་བསྐྲུན།
（土观洛桑确吉尼玛《土观宗派源流》），甘肃民族出版社，1984年：第462页。

真实文化基础上建构起来的神话体系。一般认为香巴拉位于中亚，西藏的北方或西方，但其具体位置究竟在何处，说法较多，尚无定论。象雄文献中认为香巴拉与苯教体系中认为的世界的中心沃摩隆仁有关，可能具体位置在 Punjab 的 Sutlej 河谷；蒙古人认为香巴拉在 Siberia 南边的某个河谷地带；阿尔泰民间传说中提到 Belukha 山是香巴拉的大门；佛教徒认为香巴拉位于喜马拉雅山顶端，具体位置很可能是 Mcleodganj 周围的 Dhauladha 山脉。香巴拉王国的形状在《时轮根本续》中有明确的记载，所以藏文文献中也有较多的记载。香巴拉王国外形如同坛城，圆形的国度外围由绵延的雪山环绕，内如盛开的八瓣莲花，花瓣状的区域之间由河水形成天然的屏障，每一个花瓣状的区域内有九亿六千万个城镇，每个城市（གྲོང་ཁྱེར།）下辖一个城区（ཡུལ་ཁམས།），每个城区下又统治着一个小国（རྒྱལ་ཕྲན།）。在圆心花蕊处伫立着一座巨大的雪山，中心城市叫做“那咖拉巴城”（ན་ཀཱ་ལ་པའི་གྲོང་།），其南面是香巴拉法王月贤所建的一座巨大的时轮立体坛城，东面为“临近湖”（ཉེ་བའི་མཚོ།），西面为“白莲湖”（པད་དཀར་མཚོ།）。北面是法胤居住的“咖拉瓦宫殿”（ཀཱ་ལ་བའི་ཕོ་བྲང་།）。

图-22：香巴拉王国

图-23：大鹏鸟

自2008年8月份开始我就多次亲临拉卜楞寺，或是朝拜，或是调研采访，可是每每都错过堆阔尔扎仓，原因是堆阔尔扎仓很少开放，经堂的门常年关闭着，就是朝拜也得推开门小心地问一下是否可以朝拜，方能入内。而我每每前往都不能如愿进入堆阔尔扎仓。直到2012年3月27日我再一次到拉卜楞，次日早晨采访完堆阔尔扎仓的僧人阿克洛桑（ཨ་ཁུ་བློ་བཟང་།）后，下午就和师妹一同进入丁科扎仓，那天是农历初八，正好是朝拜的好日子，扎仓经堂的门还是关着，但幸运的是可以入内朝拜，我们带着崇敬和期盼的心情进去先朝拜一番，然后仔细观察殿内的壁画、铜像等，真想在短时间内将这一切铭记在心中，但是殿内没有开灯，屋子里很暗，四壁的画像也年久失修，根本无法对号入座。大经堂靠内一半的地方用化纤塑料布围了起来，也不让朝拜的人靠近，感觉很是好奇，但又无奈。

正殿（འདུ་ཁང་།经堂）内，北面中央位置是嘉木样法座，左侧供奉着第六世班禅赠予第二世嘉木样的时轮金刚佛铜像等。相传，佛像内藏有叫做“达瓦桑布”（ཟླ་བ་བཟང་པོ།）[①]的一件珍宝，极为珍贵。法座后方供奉着二世嘉木样的铜像，铜像上方藏有亲王多杰帕兰木出资写成的银汁“甘珠尔”。正殿的东北角处有一佛龛，内供奉着“多手金刚”（ཕྱག་རྡོར།）、“普明大日如来”（ཀུན་རིག）和大鹏鸟（ཁྱུང་ཁྲ།）的铜像。正殿东、西、南面墙壁上都绘有各种佛像，这些佛像都跟该扎仓所修密续或必诵经文有密切关系。其中有护法神吉祥天母（དཔལ་ལྡན་ལྷ་མོ།）和四面吉祥护法（ཞལ་བཞི་པ།）守卫在堆阔尔扎仓正殿的左右两侧，另有时轮金刚（དུས་འཁོར་རྡོ་རྗེ།）、毗卢遮那现证（མངོན་བྱང་།）、普明大日如来（ཀུན་རིག）、护法（མགོན་པོ།）、阎罗王（ཆོས་རྒྱལ།）、财神（རྣམ་སྲས།）、大威德金刚（འཇིགས་བྱེད།）、罗睺（ར་ཧུ་ལ།）也是正殿内壁画的主要内容。由于这些壁画因年久失修而显色彩暗淡，线条不明，外加室内光线暗淡，很难看清每一幅画像的原样，这里我只根据采访中所知道的壁画的名称做以介绍，因此不能找出每一个画像所对应的位置。

大威德金刚护法神又称畏怖金刚或牛头明王，藏语称：ཡི་དམ་རྡོ་རྗེ་འཇིགས་བྱེད།梵文：Yamataka，意为“死主”。其形象和修法有多种，这里所绘制的是三十四臂双身大威德金刚，系文殊菩萨（འཇམ་པའི་དབྱངས།）的愤怒相，属密续之无上瑜伽部父续的主要本尊，藏传佛教

[①] 达哇桑布是月贤的名称，这里应该是指月贤的佛像。

各派均修其法，尤被格鲁派重视。本尊身常为蓝黑色或黑色，拥抱蓝色明妃，九面三眼十六足，每面佩戴五骷髅，颈项佩戴五十鲜人首，黑蛇络腋，右腿屈膝，踏人、水牛、黄牛、驴、驼、狗、绵羊、狐八种人兽，左腿伸展，踏秃鹫、猫头鹰、大乌鸦、鹦鹉、鹞鹰、雄鹰、肉翎鸡、驼鸟八种飞禽，矗立在四色莲座之上，熊熊烈火之中。牛面分左中右排列，居中第一层的牛面呈蓝色，有一对水牛角，象征阎罗王；第二层为红面，象征罗刹；第三层为黄面，象征文殊本像的慈善与和平；右边黄、蓝、红三面象征愤怒、威权和善静；左边黑、白、灰，象征愤怒、清净和死亡。左右手法印相同，为屈拇指、中指和无名指，伸食指与小指状，右 17 手掌平， 自上而下各执高扬、月刀、白筒、杵、勾刀、标枪、月斧、剑、箭、勾刀、棒、 人骨杖、法轮、金刚杵、椎、匕首、手鼓，表示向天王、罗刹、阎王等挑战；左十七只手掌朝上，自上而下各拿象皮、人骨碗、天王头、藤牌、鲜左腿、长绳、弓、人肠、铃、鲜左臂、丧布、三尖矛、炉、颅器、人左臂、军旗、黑布，表示向诸佛菩萨献供。九面代表九教法（གསུང་རབ་ཡན་ལག་དགུ），每面都有三眼，象征可以洞察内、外、别三时之空性。正面牛角象征二谛（བདེན་པ་གཉིས།）[①]，发竖

[①] 即佛法最基本的论题，藏语称作“东旦木丹巴”（དོན་དམ་བདེན་པ།）与“根宗布丹巴”（ཀུན་རྫོབ་བདེན་པ།），汉语中称作真谛与俗谛，或称胜义谛与世俗谛，或称作世谛与第一义谛。常识的世界，是世俗有的，就是世俗谛；没有独立不变的自性，是空，称性空，就是真谛。也即是说，就外在的物境而言，若以主观认识而论，谓世俗谛认为“有”，这是世间一般人的常识见解；胜义谛认为“空”，是圣人特有的超世见解。实际上，中观的基本思想是缘起性空论，认为万事万物，都是由众多因素相依相辅

立向上代表指向佛地（སངས་རྒྱས་ཀྱི་ས།），三十四臂及身、语、意三业象征菩萨的三十七道品（བྱང་ཕྱོགས་སོ་བདུན།），即四念住（དྲན་པ་ཉེ་བར་བཞག་པ་བཞི།）①、四正断（ཡང་དག་པར་སྤོང་བ་བཞི།）②、四神足（རྫུ་འཕྲུལ་གྱི་རྐང་པ་བཞི།）③、五根（དབང་པོ་ལྔ།）④、五力（སྟོབས་ལྔ།）⑤、七觉支（བྱང་ཆུབ་ཕྱོགས་ཀྱི་ཆོས་བདུན།）⑥及八正道（འཕགས་ལམ་ཡན་ལག་བརྒྱད།）⑦。五十人首代表了梵文中的十六个元音及三十四个辅音，即象征咒语。十六足象征了十六空相（སྟོང་ཉིད་བཅུ་དྲུག），右脚踩踏八种人兽象征八成就，左脚踩踏八种飞禽象征八自在清净。莲花座的黄、绿、红、蓝四色分别象征着土、水、火、风四元素。就此法的功能而言，佛教认为

而成，说有不住有，谈空不落空，空有无碍，才是真俗二谛的正观。又世俗谛的有，是世间万事万物的现象；真谛的空，是世间万事万物的本性。缘起才能性空，性空才能缘起，缘起与性空实际是一种事物的两个方面，相反相成，对立而统一。

① 四念住包括身念住（ལུས་དྲན་པ་ཉེར་བཞག）、受念住（ཚོར་བ་དྲན་པ་ཉེར་བཞག）、心念住（སེམས་དྲན་པ་ཉེར་བཞག）和法念住（ཆོས་དྲན་པ་ཉེར་བཞག）。

② 四正断包括未生恶令不生（མི་དགེ་བ་མ་སྐྱེས་པ་མི་བསྐྱེད་པ།）、已生恶令灭（མི་དགེ་བ་སྐྱེས་པ་སྤོང་བ།）、未生善令生（དགེ་བ་མ་སྐྱེས་བ་བསྐྱེད་པ།）及已生善令增长（དགེ་བ་སྐྱེས་པ་སྤེལ་བ།）。

③ 四神足包括欲神足（འདུན་པ།）、勤神足（བརྩོན་འགྲུས།）、心神足（བསམ་པ།）和观神足（དཔྱོད་པ།）。

④ 五根包括信根（དད་པའི་དབང་པོ།）、精进根（བརྩོན་འགྲུས་ཀྱི་དབང་པོ།）、念根（དྲན་པའི་དབང་པོ།）、定根（ཏིང་ངེ་འཛིན་གྱི་དབང་པོ།）及慧根（ཤེས་རབ་ཀྱི་དབང་པོ།）。

⑤ 五力为信力（དད་པའི་སྟོབས།）、精进力（བརྩོན་འགྲུས་ཀྱི་སྟོབས།）、念力（དྲན་པའི་སྟོབས།）、定力（ཏིང་ངེ་འཛིན་གྱི་སྟོབས།）和慧力（ཤེས་རབ་ཀྱི་སྟོབས།）。

⑥ 七觉支包括念等觉支（དྲན་པ།）、择法等觉支（ཆོས་རབ་ཏུ་རྣམ་འབྱེད།）、精进等觉支（བརྩོན་འགྲུས།）、喜等觉支（དགའ་བ།）、轻安等觉支（ཤིན་སྦྱངས།）、定等觉支（ཏིང་འཛིན།）及舍等觉支（བཏང་སྙོམས།）。

⑦ 八正道包括正见（ཡང་དག་པའི་ལྟ་བ།）、正思维（ཡང་དག་པའི་རྟོག་པ།）、正语（ཡང་དག་པའི་ངག）、正业（ཡང་དག་པའི་ལས་ཀྱི་མཐའ།）、正命（ཡང་དག་པའི་འཚོ་བ།）、正精进（ཡང་དག་པའི་རྩོལ་བ།）、正念（ཡང་དག་པའི་དྲན་པ།）及正定（ཡང་དག་པའི་ཏིང་ངེ་འཛིན།）。

大威德金刚护法是掌握三界（即欲界、色界、无色界）众生生死命运，裁决善恶、是非的阎罗法王。精修此法，上智之人在此身、中智之人临终之时、下智之人中阴（即死后到再次投生之间）定能成佛，是不需要等到后世即可成佛的无比殊胜大法。

就大威德金刚续的起源来讲，有多种不同版本的神话传说，在《拉卜楞寺志》中详细讲述了热（རྭ་ལུགས།）、觉（སྐྱོ་ལུགས།）、象（ཞང་ལུགས།）三派的说法，此处不再赘述，详见《拉卜楞寺志》（藏文版）第六章“大威德金刚密续的产生的内容”。此密续最初是由印度大成就者拉里达匝（ལླ་ལི་ཏ་བཛྲ།）传给大小东元多杰（དོན་ཡོན་རྡོ་རྗེ་ཆེ་ཆུང་།），到藏地是由印度的巴若传授给西藏的热译师多杰扎（རྭ་ལོ་ཙྪ་བ་རྡོ་རྗེ་གྲགས།），再传热区日布（རྭ་ཆོས་རབ།），直到后来的敦珠仁青（ཆོས་རྗེ་དོན་གྲུབ་རིན་ཆེན།），被传称是证得大威德秘法的大成就者，他传法给宗喀巴，到此大威德金刚密法成为格鲁派最重要密修之一，甚至有说法认为“不诵读宗喀巴的文集和大威德金刚密法就妄为格鲁派之僧”。

时轮金刚，藏文：དུས་འཁོར་རྡོ་རྗེ། 梵文：कालचक्र（Kalachakra vajrayana），属密续无上瑜伽部无二续中的主要本尊。其形象为四面二十四臂双足，头戴摩尼宝冠，顶髻有金刚杵为饰，身佩瓔珞臂钏腕镯，穿虎皮裙，主臂双手结“金刚红吽迦罗印”，交握金刚杵和金刚铃，右脚踏天神红肤欲神，左脚踏白肤大自在天，左腿屈膝，右腿伸直，站立在四色莲花台上，拥抱四面八臂黄色身的大手印明妃。本尊有三个脖子，分别呈蓝、白、红三色，蓝色象征人体中脉（气脉），即外时轮之罗睺通过的脉道；白色象征左脉（精脉），即月亮通过的脉道；红色象征右脉（血脉），即太阳通过的脉道。

图-24：大威德金刚

图-25：时轮金刚

本尊的蓝、红、白、黄四面分别代表了风、火、水、土四元素，又象征春夏秋冬四季。每一面上具三眼，额中央的那只为智慧之眼，也象征可以洞察过去、现在和未来三个时空中业障的能力。本尊有十二对臂膀，象征十二宫和一年有 12 个太阴月，二十四只手象征 24 个上弦月、下弦月和一年的 24 个节气。本尊有 360 个指节（24 只手×5 个指头×3 个指节）象征一年有 360 天。二十四手各执法器，右边白色手自上而下依次握有斧头、法杖、矛和法轮；红色手依次握有链子、人皮鼓、金刚钩和箭；蓝色手依次握有弯月刀、三叉矛、剑和金刚杵；左边白色手自上而下依次握有大梵天之首、金刚链、宝镜、海螺、莲花；红色手依次握有莲花、珠宝、绳索、弓；蓝色手依次握有盛满血的头盖骨、三叉卡章嘎杖、金刚盾和金刚铃。左腿呈白色象征左脉，右腿呈红色象征右脉。双脚踩踏大自在天和天母，象征征服贪欲及烦恼妄想两个业障。时轮金刚密续出现时间比较晚，是佛教在印度几近消亡之时出现的，也有人认为时轮密续是所有密续的集大成，是最完整的一部密续。无上瑜伽是密续中的最高层次，有五位本尊守护神，其中大威德金刚和密集金刚（གསང་འདུས། Guhyasamaja）属父续，胜乐金刚（བདེ་མཆོག Samvara）和喜金刚（ཀྱེ་རྡོར།Hevajra）属母续，时轮金刚属无二续，即同时注重父续与母续的修习方法，正因为如此，时轮金刚修行被称为是佛教密宗修行的最高仪轨。小堆夏巴曾说：“不懂时轮金刚密法，就不可能懂得密宗佛法。”而宗喀巴也曾说过类似的话：“懂得时轮金刚修行，就懂得一切密宗修行。”

普明大日如来（藏文ཀུན་རིག全称为ཀུན་རིག་རྣམ་པར་སྣང་མཛད།），梵文“摩诃毗卢遮那”（Mahavairocana），密宗认为摩诃毗卢遮那佛为至尊的唯一法身佛[①]，是金刚界的根本。藏密经典有事部（བྱ་རྒྱུད།）、行部（སྤྱོད་རྒྱུད།）、瑜伽部（རྣལ་འབྱོར་རྒྱུད།）、无上瑜伽部（རྣལ་འབྱོར་བླ་མེད་ཀྱི་རྒྱུད།）四部，行部又包括身、语、意三部，其中语部经典中有详细阐述一切行续的根本《毗卢遮那现证菩提续》，奉大日如来为本尊。毗卢遮那现证佛（རྣམ་སྣང་མངོན་བྱང་།），密宗行部（སྤྱོད་རྒྱུད།）中一本尊名。

---

① 佛教密宗认为佛有法身（ཆོས་ཀྱི་སྐུ།）、报身（ལོངས་སྤྱོད་རྫོགས་པའི་སྐུ།）、化身（སྤྲུལ་པའི་སྐུ།）三身，而大日如来是其中的法身佛。

图-26：普明大日如来

图-27：毗卢遮那现证佛

护法（མགོན་པོ།），梵文：མ་ཧཱ་ཀཱ་ལ།汉文通常译作“大黑天”或“玛哈嘎拉”，为观音的化身，据说玛哈嘎拉本是婆罗门教湿婆的变身，后来被佛教所吸收成为护法。有二臂、四臂和六臂三种样子[①]，这里是六臂护法（མགོན་པོ་ཕྱག་དྲུག），蓝色身，一面六臂二足三眼，五骷髅为冠，发向上，着虎皮，脖颈带挂黄色丝带，佩白色环形耳饰，戴五十人首项链，四臂缠有绿色和白色丝带，腰间缠绕白蛇。右腿弯曲状，踩踏白象的头部，左腿伸展状，踩踏天神的腿部，赤足，站立于莲花之上的太阳上，背照火焰，愤怒状，象征降服天神、龙王等。五骷髅头象征将五毒化为五智，穿虎皮象征净除一切贪念，蛇

---

① 二臂玛哈嘎拉为萨迦派护法，一面二臂，头戴五骷髅冠，须发赤红上扬，身蓝黑色，右手持金刚钺刀，左手持颅器；四臂玛哈嘎拉被认为是胜乐金刚的化身，身蓝黑色，持金刚杵、宝剑、三叉矛和嘎巴拉碗；六臂玛哈嘎拉有黑色和白色之分，黑色就是正文所述护法，是香巴噶举派和格鲁派的主要护法神；白色玛哈嘎拉为财神之一。

饰为净除嗔念，象皮则象征净除诸慢心。这位护法最大的特点就是有六只臂膀，象征六字真言，右臂自上而下分别握有骨念珠（རུས་ཕྲེང་བ།）、“扎玛茹”（ཌ་མ་རུ།）、金刚钺刀(གྲི་གུག)，左臂自上而下依次手执三叉矛（མདུང་རྩེ་གསུམ།）、套索（ཞགས་པ།）、盛满血的嘎拉巴碗（ཀ་པཱ་ལ།），最上方的双臂在手拿武器的同时撑开着一张象皮。

念珠，起源不详，琼那·诺布旺典在其著作《唐卡中的法器》中写到：“据说，最初印度的毗琉璃王请释迦牟尼佛开示消除烦恼，佛陀告诉一法门，即用菩提树的种子穿成珠串，持佛名号就可消除烦恼。”这更像是后来的佛教人士所杜撰出的，因为在佛教初创之时的律部经典中并无念珠的记载，“比丘十八物”（དགེ་སློང་གི་ཡོ་བྱད་བཅོ་བརྒྱད།）亦没有包括念珠，只是在后期的经典中多有出现。此外，很多传统宗教（如罗马天主教、伊斯兰教、印度教、佛教、锡克教等）中都使用念珠，只是念珠的形状、数目有所不同罢了。佛教与印度教中念珠的珠串数有 27 颗、108 颗和 60 颗三种。我认为前两种珠串数与印度的时轮历有密切关系，时轮历中对时间单位的划分是一周天被分作 27 份，也即是 27 宿（རྒྱུ་སྐར།），而每一份又被分作四步（རྐང་པ་བཞི།），也即是一周天等于 108 步（27×4=108）。而后者 60 颗的念珠本人推测认为可能跟时轮历中的 60 年一循环（རབ་བྱུང་།）有关。我之所以这样推测是基于两点原因：第一，念珠在密宗中使用较多。“在西藏密宗修行中，有息灾、增益、怀爱、降伏四法，所用念珠也不同，如怀爱灾法用白色念珠，修增益法用黄色念珠，修息灾法用红色念珠，修降伏法用蓝色念珠。菩提子念珠则修任何法都可通用。”第二，密宗修行的最高境界就是要达到气息、脉络、明点相通，并与宇宙天体的运转相合的天人合一的状态。这就是说密宗的修行和崇拜宇宙、天体密切关联。当然这并不是说念珠起源于某种宗教，念珠最早的雏形或许是古代的结绳记事法，逐渐演变，被各种宗教或文化所使用和完善。佛教所使用的念珠由一母珠和许多子珠组成，颜色多样，形状为圆形，象征修行的圆满果证，母珠之上有一上下圆面不等的小圆柱体，代表菩提塔，象征空性和认知空性的智慧。护法手持念珠象征其永不终止利益众生的事业。

“扎玛茹”是藏传佛教中乐器型的法器，形状短小，窄腰双面，鼓面是由一少男少女的颅骨制成，象征阴性和智慧，鼓槌和手柄由人骨制成，象征阳性与方便，手柄末端所系黑丝绒上绘有各种武器的图案。摇鼓时鼓槌击鼓面发出的声音象征方便与智慧相结合的空性。据说，扎玛茹最早是源自印度湿婆教的一种乐器。护法手持扎玛茹象征无限的无法力量。

“金刚钺刀”形如弯月的斧头，由刀柄和刀身组成，柄端露出半截金刚杵，刀身由蓝色带钩的刀面和“森布”（སྲིན་པོ།）[①]装饰组成。密宗中认为这种法器具有断除修行者内在的贪、嗔、痴、慢、疑、恶见的障碍，并调伏外在环境中所有的障碍的能力，常与代表智慧与空性的嘎巴拉碗成对出现。多为佛母所用，但此处是男性怒

[①] “森布”是印度神话传说中的神兽，拥有大象、狮子等多种动物的特征。时轮历中的十二宫之一就为森布，对应西方十二宫的摩羯座。

相神六臂玛哈嘎拉所用，象征着可以断灭一切惑障和智障的阴性智慧。

“三叉矛”由矛头和矛柄组成，矛头分三股叉，故名三叉矛，汉文中也被译作“三股叉”或“三叉戟”。有三股分叉象征佛法僧三宝，欲界、色界和无色界三界，过去、现在和未来三时，气脉、精脉和血脉三脉，贪、嗔、痴三毒，以及佛教中神的三位一体的体现；矛头中央的一股叉上带有火焰的股尖，象征中脉穿出的智慧之火；矛头外侧的两股叉的底部串有六只环，象征六度。矛头下方装饰有一骷髅骨和红色牦牛尾，分别象征下降的白菩提心露和上升的红菩提心露，进一步象征慈悲与智慧的结合。很多古代文化中都出现过三叉矛的兵器，多认为起源于渔民使用的鱼叉。印度婆罗门教中三叉矛（trishula）象征湿婆。

套索是一根绳索的两端分别系有半截金刚杵和一个铁钩的一种法器，怒相神所使用的套索多为绳、皮、蛇、蝎、尸体的毛发等材质，通常握在守护神的左手中，抛出套索的手呈期克印（སྡིག་མཛུབ། 梵文：tarjani），其食指上翘，套索在指尖缠绕。套索象征束缚住一切内在和外在的魔障，使修行者保持“正念”。

嘎巴拉碗即头盖骨制成的碗，中间有裂缝，象征慈悲与智慧的密不可分；碗内盛有甘露、血、金刚杵、宝瓶等，碗底镶嵌着三个骷髅头，象征对死亡、无常的体现。天杖（ཁ་ཊྭཾ་ག།）、扎玛茹和嘎巴拉三法器是佛教从印度教吸纳而来的，分别代表了守护神的身、语、意。

班丹拉姆（དཔལ་ལྡན་ལྷ་མོ།），汉语译作吉祥天女，是佛教中居首席位置的女护法神，几乎每个佛殿大门的两侧（室内）都绘有班丹拉姆，以示守护佛法。梵文中叫做 Lakṣmī，是婆罗门教和印度教中的幸福和财富之神。佛教中的班丹拉姆一首二臂双足，蓝色身，愤怒相，穿虎皮，头戴五骷髅头饰，须发上扬，发梢配半月及孔雀羽翎宝伞盖，佩戴耳饰，以游戏坐姿侧身跨坐在一匹黄色的骡子之上，赤足。骡子凌空飞奔于血海之中。“骡子屁股上另有两只眼睛，她骑着骡子走得飞快，飞行于三界：即天上、地上和地下。骡子上有鞍子，鞍子被妖怪（Srin-po 或 Raksasa）所覆盖。鞍前是妖怪的前额做的，鞍桥后面是用妖怪的下牙床做的。前额下面有两个骰子，红色骰子出来，预兆她要开杀戒；白色骰子出来，则是宽恕的象征。在下牙床下有两线球，碰着它就会害病。装着病和疫的袋子挂在安桥上。骡子的缰绳是用长蛇做的。”[①] 她发上有半月，象征她的方法是无上的；左耳戴蛇环，象征愤怒；右耳戴狮环，象征佛道；脖上挂有一串骷髅项链和一串人首项链，代表空性、无我的观念，也

[①] 李安宅：《藏族宗教史之实地研究》，上海：上海人民出版社，2005 年 5 月第 1 版：第 154-155 页。其中“飞行于三界：即天上、地上和地下。”这句恐误，因为佛教所指三界欲界、色界和无色界。天上、地上和地下的三界观是佛教之前的苯教或更为原始的思维中所认识的三界。

代表梵文中的元音和辅音，象征咒语；她右手执三叉矛，左手执嘎巴拉碗，象征意义同上所述（见六臂护法的形象描述）。班丹拉姆守护在丁科扎仓正殿大门的东侧。

四面吉祥护法，全称四面观世音护法（སྤྱན་རས་གཟིགས་ཞལ་བཞི་པ།），即四面观世音的愤怒相，一身四面四臂双足，蓝色身，腰间围虎皮，脖颈佩戴五十骷髅项链和五十人首项链，居中为蓝色面，左边为红色面，右边为白色面，居上为黑色面。每面都佩五骷髅冠，有三眼，须发上扬。一双手放在胸前，右手执金刚钺刀，左手执人头骨；另一双手，右手执匕首，左手执长枪。右腿屈膝，左腿伸直，站立在仰面的作恶者身上。四面护法守护在正殿大门的西侧。

阎罗王（ཆོས་རྒྱལ།）直译的话是法王的意思，但所指为阎罗王，所以此处汉语直接写作阎罗王。其形象、佩饰和站立姿势很像大威德金刚，蓝色身，长有两角，以五骷髅为冠，三只眼，须发上扬，佩戴骷髅项链，屈右膝，左腿伸直，站立状；所不同的是他只有一面双臂双足，座骑是一头蓝色的水牛，水牛下面压着一个男性做恶者，仰卧状。阎罗王的左右手分别执套索和骨架棒（ཁ་ཏམ་རྩེ་ལྔ།）。阎罗王本是婆罗门教和印度教中神祇阎摩（Yamaraja），佛教兴起后，被吸纳进来作为护法神之一，是地狱的主宰。

图-28：吉祥天姆图

图-28：阎罗王（ཆོས་རྒྱལ།）

黄财神（རྣམ་སྲས།），也即是北方多闻天王，黄色身，佩戴大耳环，骑在绿色鬃毛的狮子上，紧闭口，右手执宝伞，伞一转动，便产生珠宝，左手执猫鼬（ནེའུ་ལེ།），它是专吐财物的动物。

图-29：黄财神

图-30：罗睺

罗睺（ར་ཧུ་ལ།），早期是印度神话中的恶魔，被称为“黑暗星”或“流星之王”，后被佛教吸纳进来作为护法神，表现为愤怒相，九头九尾无身四臂，每头皆三目，怒目圆睁，全身长满眼睛，头戴五骷髅冠，尾巴皆是蛇身。一双手持弓箭，另一双，右手执“森布”法杖，左手执套索，材质为蛇索。罗睺在时轮经中是解释日、月食的重要星座，认为是有形无体的星座，在计算日月食时，要计算出罗睺头、罗睺尾所走过的时间，以进一步推算发生日月食的时刻、时长、方向等信息。佛教引入的罗睺护法的形象似乎与蛇、“森布”等“鲁”神有密切关系。

内殿紧贴正殿后墙，面宽 5 间，进深 2 间。沿面宽方向将内殿分成了东、西两室。西室面宽 1 间，为护法神殿，不允许女性进入。东室面宽 4 间，正中位置供奉着释迦牟尼及其七大弟子的塑像，左右两侧分别供奉着各位高僧大德的灵塔，右侧依次为香顿丹巴嘉措（ཞང་སྟོན་བསྟན་པ་རྒྱ་མཚོ།）、堪布阿旺格勒（མཁན་པོ་ངག་དབང་དགེ་ལེགས།）[1]和贡唐洛哲（གུང་ཐང་བློ་གྲོས་ཚང་།）的灵塔，左侧分别是恰格（ཁྲི་དགེ་ཚང་།）、第二世嘉木样久美洛哲（རྗེ་འཇིགས་མེད་བློ་གྲོས།）和河南亲王强隆多杰帕兰木（ཚང་ལུང་རྡོ་རྗེ་ཕ་ལམ།）的灵塔。

总之，正殿内的壁画主要是本尊神和护法神，护法的级别要比本尊低，但菩萨以上的护法也可以做本尊，护法中只有最低级的天神不能做本尊。护法神多是从婆罗门教或印度教吸纳进来的神，多

[1] 第五世嘉木样所增加的色赤（གསེར་ཁྲི།）之一。

表现为愤怒相，有三只眼，头戴五骷髅冠，颈项为五十骷髅头或五十人首，或二者均佩之，腰系虎皮围裙，手执各种法器。其功能为护佑佛法，断除一切障碍等。本尊神至少是菩萨以上的神，主要功能是供密修者冥想修炼时观想使用。此外，扎仓内的壁画并非随意绘制，除了一些普通的护法外，其他的神像均与扎仓的修习内容密切相关，多为扎仓主修课程相关的本尊神或护法神，或者说与扎仓所要进行的仪轨密切相关的神像。当然，如时轮佛塔、香巴拉王国图、时轮金刚等都与堆阔尔的密修内容密切相关。因此，可以说这些壁画的绘制既代表了扎仓的特点，又帮助僧侣们的修习，在每日的佛事活动中渐渐熟悉这些本尊、护法，为修习和观想奠定了基础。

第四章
扎仓的修习制度

田野工作中的困难与阻碍是无法预知的，尤其对我这位新人而言，事先我认为最容易的事情最后成了最难的工作。我的采访对象是堆阔尔扎仓的一位勤奋好学的僧人，他的自信和威严成了我这章内容的间接障碍。当我提出天文历算专业知识方面的问题时，哪怕他不懂也会表现出足够的热情和主动，但当我问及他最熟悉的相关内容时，如他们的日常佛事活动或堆阔尔扎仓的基本概况时，他却不屑回答，反问我为什么要问这些问题，这有什么用，这又不是学问。很遗憾，我真的不是一名合格的人类学调查者，因此，深深地体会到马林诺夫斯基派学者的不易和伟大的贡献。本章内容没有可资参考的文献资料，因此，虽然我是一个笨拙的调查者，但我仍依据田野调查工作中所获得的资料来撰写本章内容。

根据前一章的内容，我们大致可以掌握堆阔尔扎仓的地理位置、建筑结构等基本内容，这帮助我们从直观上了解堆阔尔扎仓的外形，留下足够的空间来想象它与佛教的关系，在当地的地位。这一章我们着重田野，事无巨细地了解堆阔尔扎仓的人事、组织和教育。

第一节　组织机构与管理体系

在拉卜楞寺兴盛时期，堆阔尔扎仓的僧人远超 200 名，经过二百多年的风霜洗礼，如今的堆阔尔扎仓虽不如从前，但规模依然壮大，僧人总人数近 150 名，其中在编（册）人数近 70 名。阿克罗桑告诉我当年（2012 年）僧人人数 143 人，去大经堂诵经的有六七十人。这里暗含的意思就是在编制内的僧人实为六七十人，其余僧人属非在编。这些非在编僧人可以在扎仓学习，但不能参与正式的活动，尤其不能参加每天在大经堂的诵经活动。

一个学僧要成为堆阔尔扎仓的正式学僧，首先要具备以下三个条件：第一，他已成为拉卜楞寺的正式学僧，换句话说就是他已经有资格到大经堂诵经。其次，要有长者把他引荐给扎仓的赤巴，征得赤巴的同意。第三，他要在金刚持师、掌堂师及经头前参加新生入学考试，考试内容是背诵《妙吉祥名号经》（འཇམ་དཔལ་མཚན་བརྗོད།）。三个条件都通过后，就正式进入堆阔尔扎仓学习。就在编学僧而言，其生源主要有两类，一是修习完显宗的僧人如果还想继续修习小王明，就会选择到堆阔尔扎仓进一步深造。但这样的学僧在格鲁派兴盛初期较多，现如今多是自幼进入堆阔尔扎仓的学僧。这似乎违背了宗喀巴大师所倡导的先显后密的修习次第。

扎仓就像一个学院，有其完整的组织机构和完善的管理体系。堆阔尔扎仓负责管理工作的僧人有六位，其中最高职位的是赤巴（ཁྲི་པ། 或称 སྡེ་རྣམས། 即法台，这里所说的赤巴相当于一个学院的院长），第一任赤巴是由创建该扎仓的二世嘉木样活佛担任，其后的赤巴均是由闻思学院挑选而出的杰出僧人。现任赤巴为玛曲楚库（ཁྲོ་ཀོ།）的丹增（45 岁）。赤巴以下有 “金刚持师”（བླ་མ་རྡོ་རྗེ་འཛིན་པ།）、僧官（དགེ་བསྐོས།也译作“掌堂师”）和经头（དབུ་མཛད།）。金刚持师，即密宗学院的根本上师（སློབ་དཔོན།）的称呼。金刚持师的职责是负责教授坛城的绘制（ས་ཚོག），并负责各门文化科的考试。现任金刚持师为“波热阿木去乎”（འབོ་ར་ཨ་མཆོག）的慈称（ཚུལ་ཁྲིམས། 62 岁）。僧官，主要职责是维持扎仓的学习纪律、指导生活、督促学习，任期一年。旧时三大寺的“贵格”（དགེ་བསྐོས།）汉语译作“铁棒喇嘛”。现任僧官为“桑科”（བསང་ཁོག）的土旦（ཐུབ་བསྟན། 36 岁）。经头的职责是引领僧众诵经，并负责扎仓的诵经考试，引领执行仪轨等。任期三年，于二月十一日开始。现任经头为“芒热”（མང་ར།）的“扎西嘉措”（བཀྲ་ཤིས་རྒྱ་མཚོ། 39 岁）。扎仓的教务工作主要由掌堂师负责，而教学工作主要由赤巴、金刚持师和经头负责，此外，还有“僧众代表”（རྒན་པ།）[1]也负责教学工作的授课任务。“僧众代表”即

---

[1] 是长者和管事的人，在拉卜楞寺通常理解为执事者，对学院和寺院的各类佛事活动进行管理和组织。

该扎仓的高年级学僧，主要任务就是给低年级的学僧教授“音律学”（དབྱངས།）。堆阔尔扎仓和喜金刚学院（ཀྱཻ་རྡོར་གྲྭ་ཚང་།）一样会挑选四名“僧众代表”，一般任期为一年半，没有固定的任期及期满时间，主要依授课情况而定。最后是管家（དཀོན་གཉེར།），专管财务，同时负责经堂的卫生、上供佛像等经堂里的琐碎事务。任期三年，由二月初开始，于三年后的同期卸职。在文革以前，扎仓还有三人一组的司库（སྤྱི་བ།）职位，主要负责重要仪式中僧众的伙食。每个人任期一年半，由十一月初一开始任职。其中管银员（དངུལ་གཉེར།）管理学院的财务；“具净司库”（ཀུན་བྱང་སྤྱི་བ།）负责念诵大日如来经及毗卢遮那现证佛经时的伙食；“妥聂”，（ཐོག་གཉེར།）主要管理学院的财务，并负责在集中讲经期（ཚེས་ཐོག）供给小麦粥。

第二节 班级制度及修习内容[①]

一、班级次第与修习内容

堆阔尔扎仓设有初级班（འདོན་གྲྭ་ཞོལ་མ།）、中级班（འདོན་གྲྭ་བར་མ།）和高级班（འདོན་གྲྭ་ཐོག་མ།或བཀའ་རམས་པ།）三个学级，但没有严格的学年限制，完全依照学僧自身的悟性而定，通常为十五年左右或更长

① 本节内容依据 2009 至 2012 年间多次访谈拉卜楞寺时轮学院学僧洛桑而完成的。阿克洛桑，藏，青海人，2012 年已入高年级，最终选择做一名历算师。

时间。因各年级只有一个班，故此处所指班级亦是年级之意。2012年，低级班大致有八九十人，中级班大致四五十人，高级班十人左右。

在我所能搜集到的几篇文章中都写到：“初级班主修《妙吉祥名号经》《无上供养经》《诸佛赞》、五大护法的《满足心愿经》《普济经简释》。中级班主修《时轮金刚经》《证菩提经》学习绘制时轮金刚坛城、普济佛坛城、证菩提佛坛城。高级班主修诗词、天文历算、梵文和藏文的正草书法，并研究时轮金刚和怖畏九首金刚的生起次第与圆满之道，广授灌顶、修行禅坐。”然而，我采访堆阔尔扎仓学僧得知，这三个年级从低年级到高年级分别主修《普明大日如来简释》（ཀུན་རིག་ཊཱིཀྐ་ཆུང་།即《普济经简释》）、《时轮生起次第》（དུས་འཁོར་བསྐྱེད་རིམ།）、《经部概论》（རྒྱུད་སྡེ་སྤྱི་རྣམ།）。这三个年级的名称也可以按主修科目的名称来命名，低年级叫“大日如来简释班”（ཀུན་རིག་ཊཱིཀྐ་ཆུང་གི་འཛིན་གྲྭ།），二年级叫“时轮生起次第班”（དུས་འཁོར་བསྐྱེད་རིམ་གྱི་འཛིན་གྲྭ），高年级叫“经部概论班”（རྒྱུད་སྡེ་སྤྱི་རྣམ་གྱི་འཛིན་གྲྭ）。除了主修科目之外，一年级的学生还要学习《时轮仪轨经》（དུས་འཁོར་ཆོ་ག）、《毗卢遮那现证佛仪轨经》（ མངོན་བྱང་ཆོ་

ག）、“五护法经文”（མགོན་ཆོས་ལྔ།）[1]，二年级的学僧还要学习《妙音声明论注疏》（དབྱངས་ཅན་སྒྲ་ཊཱི་ཀཱ ）、“央沃尔达”（དབྱངས་བར་ཏྭ།），三年级的学僧首先要给其他低年级的学僧当“音律师”（དབྱངས་དཔོན།），然后在新年过后做出选择，就像研究生选择自己的学习方向一样，要么当“历算者”（ལི་ཐོ་བ།），要么当“坛城者”（ས་ཆོག་བ།）。当然也有学僧可能会学习更高深的密宗修行，即修习生起次第（བསྐྱེད་རིམ། bskyed rim）和圆满次第（རྫོགས་རིམ།）。

此外，无论哪个年级的学僧，自进入寺院那一天起，就得学习藏语基础、文法、书法、诗歌、梵文、辞藻等，但这些课程与班级没有严格的匹配关系，学习内容的选后顺序并不按班级严格划分开来，按班级严格划分开来的主要是需要诵读和背诵的经文，而这些基础的学习科目依学僧自己的学习基础、学习能力以及学习条件而定，但这些基础学科也有一定的学习次序，以学习内容的次序而定。通常，首先学习藏语拼读、正字法（དག་ཡིག）、三十颂（སུམ་རྟགས།）、音势论（རྟགས་འཇུག）以及藏文的正楷（དབུ་ཅན།）和草体（དབུ་མེད།），

---

① 时轮学院的僧人通常把《时轮仪轨经》和《毗卢遮那现证佛仪轨经》简称为“时轮”（དུས་འཁོར།）和“毗卢遮那现证佛”（མངོན་བྱང་།），不能误认为是《时轮根本经》或《毗卢遮那现证佛经》。此外，这里所说的“五护法经文”是指六臂护法、阎罗王、四面吉祥护法、吉祥天女和财神五位护法神的供养经文，这五位护法也就是我们在前往中介绍的正殿壁画中的五位护法神。我认为《无上供养经》《诸佛赞》和五大护法的《满足心愿经》可能指的是同一回事，就是“五护法经文”（མགོན་ཆོས་ལྔ།）。

然后学习梵文的正楷（ལཉྫ།）和草体（ཝརྟུ།），再进一步学习梵文（སྒྲ།）、印度文法（དབྱངས་ཅན་སྒྲ་དེ་ཀཱ།）、诗歌（སྙན་ངག།）、辞藻学（མངོན་བརྗོད།）等，甚至有可能学习绘画或其他知识，这些科目的学习都要自己找老师学习，扎仓不会安排专门的老师教授，就如同攻读研究生时要选导师一样，学生首先要打听好老师的品性、知识等各种信息，然后再做选择，一旦选好后，就轮到老师选择学生了，如果老师愿意教授这个前来请教的学生才会授课，否则就得另寻他师。一旦选好之后，老师不会向学生索要任何授课费用，学生也一定要非常尊重老师，不能做损害老师的任何事情。这也就自然地形成了师生间如同父子或叔侄般的深厚情感，故在多思麦地区，人们通常称僧人为阿克（ཨ་ཁུ།），也与之有一定的关系。另一方面，这就导致另一种情况，也即是勤奋好学的学僧掌握了渊博的知识，几乎无所不知，但怠惰不上进的学僧就只能掌握几部经文的诵读或背诵，也就是每个班级所必须要求背诵的经文，他们甚至不一定懂得经文中所讲的具体内涵。[①]正如我在其他堆阔尔扎仓（如塔尔寺堆阔尔扎仓、夏琼寺

[①] 藏族传统的教育一方面要求先背诵、再学习理解内容；另一方面与大学的研究生教育有点相似，学僧要学习什么课程、选谁为自己的老师，老师是否原意教授此学生完全取决于双方的意愿。因此，存在这样的现象：堆阔尔扎仓的僧人不一定懂得天文历算的内容（事实上大多数僧人只会念经、吹奏乐器或绘制坛城），而其他扎仓的个别僧人有可能掌握有这门知识。

堆阔尔扎仓、天堂寺堆阔尔扎仓、郎木寺堆阔尔扎仓等）的调查的结果一样，现如今堆阔尔扎仓的绝大多数僧人只懂得诵读经文、吹奏乐器和绘制时轮坛城等，并不懂历算的内容，但不乏好学的僧人掌握这门知识，然而他们不一定是堆阔尔扎仓的学僧，如当代闻名的历算高僧桑智嘉措毕业于喜金刚学院。

拉卜楞寺堆阔尔扎仓各班级学习内容

<table>
<tr><th>班级</th><th>文献资料中所述修习内容</th><th>田野所获主修经文</th><th>田野所获必修经文</th><th>田野所获辅修内容</th></tr>
<tr><td>初级（大日如来简释班）</td><td>妙吉祥名号经、无上供养经、诸佛赞、满足心愿经、普济经简释</td><td>大日如来简释</td><td>时轮仪轨经、毗卢遮那现正佛仪轨经。五护法经文</td><td rowspan="3">藏文基础、文法、梵文、诗歌、辞藻、绘画等以个人学习基础、无严格的班级区分。</td></tr>
<tr><td>中级（时轮生起次第班）</td><td>时轮金刚经、证菩提经、时轮金刚坛城、普济佛坛城、证菩提佛坛城的绘制</td><td>时轮生起次第</td><td>妙音声明论注疏、央沃尔达</td></tr>
<tr><td>高级（经部盖伦班）</td><td>诗词、天文历算、梵文、藏文正草书法、时轮金刚、畏怖金刚的生起圆满次第等</td><td>经部概论</td><td>作音律师、选择学习方向</td></tr>
</table>

前文中我们提到高年级学僧主要选择当“历算员”或“坛城员”，扎仓每年只有六至八位“历算员”及八位“坛城员”的名额。此处当选为选择之意，并非推选，就如同现在高校中研究生选择研究方向一样，自己有选择权。原则上来讲，选择做“历算员”就不能做“坛城员”，反之亦然。但因历算的学习内容更具系统性，且是小五明之一，故部分“坛城员”也会根据自己的兴趣另寻老师学习天文历算。“坛城员”的主要任务是制作“彩绘沙坛城”（རྡུལ་ཚོན་དཀྱིལ་འཁོར།）。要学习“标尺法”（ཐིག་རྩ།）、“彩绘”（རྡུལ་ཚོན།）、“唐卡”（ལྷ་བྲིས།）及“兰杂”（ལཉྫ།），而大多数人可能在此之前就学过“兰杂”，但也有的学僧可能是成为“坛城员”后现学。堆阔尔扎仓的“坛城员”需要学习绘制三种不同的坛城：第一种是为农历三月份要举行的“时轮法会”（དུས་འཁོར།）而准备的坛城；第二种是为农历八月份的“毗卢遮那现证佛法会”（མངོན་བྱང་།）而准备的坛城；第三种就是为农历九月份的“大日如来佛法会”（ཀུན་རིག）而准备的坛城。这也是堆阔尔扎仓最重要的三个法会。至于乐器的学习主要是因为法会需要，所以会在法会前选择几个僧人担任不同的奏乐者进行培训。如每年的四月份会挑选几位学僧训练吹奏长号等。

图-31：拉卜楞寺堆阔尔扎仓的授课情景

图-32：2012 年拉卜楞寺堆阔尔扎仓全体僧人

第三节　修习方式与考核制度

一、修习方式——拜师与口传心授

寺院教学与学校教育的最大区别在于规模性与组织性。寺院教学多体现为个体行为。授课和求学的方式以拜师仪式伊始，学僧往往经熟人介绍或直接拜访老师求教，而非参加某个统一的考试，择优录取，统一安排课程。拜师仪式并不复杂，学僧只需带上一条洁白的哈达和虔信的心即可。因此，在规模上来说，就某一时期某一门课程的学习来说，学僧规模并不会很多，通常最多也不会超过五、六个人，同时，也体现了此过程的非组织性，人们也只是以约定俗成的方式自由进行此项活动，无人组织一个群体僧团一起进行整个教学过程。此外，这种拜师仪式中，最为强调师僧与学僧间的相互尊重与信任，所以拜师是双向选择，如同现代高等学府之研究生教育，导师与学生是相互选择。综合以上原因，最终导致教学时间与教学场所的自由安排。时间，一般根据师僧的时间而定，但师僧也会安排一个有规律的时间点，极少随意调整；地点，通常选择师僧的僧舍进行，因为没有专供教学的教室类场所，而经堂仅供集体诵经之用，并不用来教学。这也侧面反映了寺院教育乃是伴随宗教行为产生的附属事务，教育是间接途径，修行是直接途径，解脱轮回之困境是终极目的。

寺院传统的传承方式，或称教学方式与三四千年前吠陀圣典的学习不无二致，主要依靠严格训练的记忆来掌握和保存。背诵和记忆是学习的基础与核心。现代学校教学的课程设置和教学方式多以理解为主要目的，尤其理工科的学习，死记硬背往往是没有多大成效的，往往事倍功半。但藏语文、佛教经典等，凡在寺院中教授的课程都适宜强调背诵和记忆，许多经典的第一部分往往是口诀式的综述，后面的章节才是具体的学习内容，如果前面的口诀部分不能倒背如流、烂熟于心，会影响具体内容的学习与掌握。此外，僧人多在年幼之时进入寺院学习，这也是他们记忆和背诵的最佳时期，学僧们从小也养成了背诵的习惯，从未间断。这就为口传心授的教学方式打下了良好的基础。虽说口头传颂和口传心授是无文字时代学习、记忆和传承文化的一项技能，然后，在有文字、有手稿，甚至有了印制技术和现代化的打印机、复印机后的今天，口头传承并未消失，也丝毫没有改变僧侣们的学习方式。尽管藏传佛教僧侣们并未像婆罗门一样，把口头传授看成“伟大的祭祀”，但口头传授却依然变成了寺院教育、藏传佛教文化教育传承的传统和习俗。背诵被看做是学习的基本功。僧人在背诵和记忆经文时，计算的最小单位是页，而非行或段，且背诵必须达到准确无误，不可随意发挥，按藏文的说法，要做到没有疏漏、没有增加、没有错误。这就需要每天不停地重复背诵，把记忆强化到特定的程度。他们记忆的东西要和书本内容完全保持一致，等完成背诵，他们可以仅靠自己的大脑就能随意找到所需的某一部分，某个论断或某个词。我在田野工作之时，就有一位僧人曾这样告诉我：“你们的知识在图书馆，而我们的知识在大脑中。”这就是记忆的最高境界，也是口传心授的优势所在。

此外，我认为诵读时的音律规则也对记诵经文起到了非同寻常的作用。至于怎样发挥作用，这已超出了我的知识范围，不予赘述。然而，僧人们并不以为然，他们坚信音律规则或音韵学与记诵没有任何关系，是诵经的缓急、轻重之节奏与韵律规则，是集体诵经之需求，也是一门需要专门花时间学习的课程。并强调“诵曲调”（འདོན་ཏ་དབྱངས།）既是显密宗之分别，亦是密宗之轻重音之分别。至于诵经的方式（འདོན་ཚུལ།）在音韵学（དབྱངས་ཡིག）中有很多种。[①]

堆阔尔扎仓作为寺院机构之一，自然亦遵循寺院的教学传统——口传心授。然而，天文历算课程教学的不同理论知识，需要实际的演算练习。因此，学僧在学习时，需要随时带着沙盘（ས་གཞོང་།）演算。演算亦如反复的背诵，需要达到相当的熟练程度和高度的精准度。据说，布顿·仁青东珠因刻苦演算，用完了 17 支铁笔（ལྕགས་སྨྱུག）。可以说，这种教学方式充分开发了人的记忆和演算潜能。用沙盘演算出的结果的准确度也让人惊讶不已，望尘莫及，往往与计算机或其他尖端仪器的演算相媲之。

[①] 采访拉卜楞寺医学院（སྨན་པ་གྲྭ་ཚང་།）阿克久美（ཨ་ཁུ་འཇིགས་མེད།）僧人，2011 年 3 月 16 日。

随着学校教育的普及和寺院传统教育的衰微，现今精通天文历算的高僧已不多见。为了复兴和巩固此文化传统，拉卜楞寺丁阔扎仓邀请扎什伦布寺精通天文历算的高僧远赴拉卜楞来传授此门功课，并且，于2007年创办了培训班专门教授天文历算。培训班在形式上效仿学校教育机构的做法：有专供上课的教室，采取集中教学，即一个老师在同一时段针对二十人左右的学僧进行教学，利用黑板供集体上课时展示演算过程。但在课程的教授过程中仍沿袭传统教育的方法，以背诵、讲授和演算为重要环节。

二、考核制度——考试与实践

考核部分的内容，我主要采访了两位僧人。一位是前文提到的阿克落桑，另一位是阿克尊哲。后者我并不认识，是经夏河县文化馆馆长介绍接受访谈的。但不得不说，非常感谢阿克尊哲对我的帮助，能明显地看出，他在整个过程中都积极地配合我的访谈，尽他所能地回答我提出的各种问题。然而，可能是因为僧人们与我们的学习传统不一样，思维方式有所差异，造成采访的结果需要反复斟酌和仔细整理。为了能让读者显而易见地读懂扎仓的考核制度，同时又不失当地人，或者说僧人们表述的思维方式，做到兼顾二者，我将总结归纳的内容与采访的内容穿插放在此处。

与学校的考核不同，堆阔尔扎仓的考核方式自由，内容丰富，考核形式多以背诵为主。根据访谈结果，我将扎仓的考核分成四种类型，即班级考核或称法事诵经与仪轨考核、文化课考核、天文历算的考核、实践考核。

班级考核，均以背诵为主。前文已经说明堆阔尔扎仓的三个班级分别都有自己的主修课程和必修课程，这些课程的考核与班级晋升有必然联系。考试时间通常固定在每年的二月、五月、八月、十一月，但在每个固定的考试时间里考试内容并无先后顺序，可以根据自己的意愿进行选择。负责考试的老师为“多杰增巴”（རྡོ་རྗེ་འཛིན་པ།）、“格贵”（དགེ་བསྐོས།）和精通历算的长者（རྒན་པ།）。在规定的考试时间，是否参加考试，依自己的情况而定，如果自己对所学内容没有把握，可以不参加考试，待精熟后再参加考试。因此，聪慧勤奋的学僧在每个规定月份参加多门课程的考试，短期内就升入高年级；而愚笨懒惰之人就有可能需要花上十几年的功夫才能升入高年级。

“旧社会时，58 年文革以前，每个月需要念诵‘月诵经’（གཟའ་ཆོས།），月诵经有四次；之后是‘年中诵经’（བར་ཆོས།），再之后有十次‘辩经期’（ཆོས་ཐོག），如果在堆阔尔扎仓呆的话就要学习‘年诵经’（ལོ་ཆོས།），这些都需要考试。现如今音韵方面的考试、文化课方面的考试，各种各样的都有。此外，还有‘法事诵经’（ཆོས་སྤྱོད།）的考试和仪轨经文的考试，比如时轮（དུས་འཁོར།）、大日如来（ཀུན་རིག）、毗卢遮那现正佛（མངོན་བྱང་།），这三个仪轨比较长。这些需要一一考试。仪轨只需要文字考试，不需要考文化内容。这些都考完后，有扎仓的考试，低级班最后需要考试的经文是《大日如来简释》，考完后就可以升入中级班。《大日如来简释》就是《大日如来经》（ཀུན་རིག）的解释，《大日如来经》就是大日如来的仪轨，也就是大日如来的经部（རྒྱུད་སྡེ།）。ཊཱི་ཀ是简单的解释之意，是印度语。首先，要将仪轨牢牢记在心里，然后按照各自不同的诵经方式诵读，仪轨就是修行时候的程式，心中观想的时候就需要看仪轨的解释。如果要诵经的话，在学习时轮生起次第的基础上，还要学习圆满次第，除此之外，仪轨都是一模一样的。心中观想的时候能按固定的程式都清晰地浮现在心中，那么就是所谓的生起次第和圆满次第。”

显然，阿克尊哲为了能让我对他们的考试内容有所了解，用最浅显的语言解释了相关术语。不难看出，诵经与仪轨的考试是僧院考核的重点，也是必修的内容。这与僧院的主要功能是不可分割的。僧院的一切教育都是为宗教活动服务的，所以诵经与仪轨是日常所需，也是节庆所需，而像文化课、天文历算等学科性知识是基础，亦是为了更好地诵经与完成仪轨。此外，《妙音声明论释》与“央沃尔达”这些与诵经方式息息相关的课程也是考试内容。我在调研期间请教过两三个僧人，他们对音律学的解释都不能满足我的期待，他们仅简单地解释说是诵经的快与慢的区别，只是有的念得快一些，有的念得慢一些。但我认为一定有更复杂更细微的规则，或许他们不想说得太过复杂，生怕我这个外行人听不懂。

文化课考核包括正字法、三十颂、音势论、书法、梵文、诗歌、辞藻等。这些都是藏语文的基础知识。这些科目的考核与年级没有直接联系，且并未规定考试的先后顺序，就依据自己的学习和掌握程度来决定考试的科目与时间。

天文历算的考核主要针对浦派历算。此门功课的学习既是在自愿选修的基础之上，故其考核也是与学习交叉进行的。首先是各种口诀的背诵，然后陆续考核每一部分演算内容。因为学习天文历算的目的之一就是编纂历本，因此最终的考核也以编纂历本作为考核的标准。但并非独立编纂，是在老师的带领下集体推算每一个所需数据，再按老师的分派完成综述和相关图案、表格的绘制。因此，天文历算的考核以团队形式进行考核。既是考核亦是实践演练。作为“历算员”，以六到八人组成一个团队，其主要职责就是要推算手写一本藏式传统的历书（即以霍尔月三月一日起始的长条历书），于农历三月初一敬献给嘉木样活佛，并要将日月食的预报表（日月食的推算主要是推算出每月 15 日及 30 日的具体数据），其中的每一个内容都要历算员们亲自推算、校对，每一个图案都要他们亲自绘制，有些字体还需用金汁来书写，并在三月初一的三四天前制作一张整年历概说贴在大经堂大门侧面。

“书写历本时全都要手写，因此这些‘历算员’需要通过考试，方能参与编纂任务。但也有一些思维敏捷、文字功底好、知识渊博的学僧也可以没有参加考试就参与其中的。完成一本历本，除了会推算外，还要懂文字的书写，书写佛历还需擅长诗歌体，此外，要会画画，懂一些唐卡的绘画技能。”僧院的考试，不论经文、仪轨、文化课均以背诵为考核方式，所以书写技能需进一步强化训练。

实践考核。正如前文所述，天文历算与绘制坛城亦是实践考核的内容。但除此之外，实践考核主要体现在重大的法事活动中，有扎仓组织的也有寺院组织的，寺院组织的活动，仅挑选扎仓内优秀的学僧参加。

第四节　集会制度

法会，藏语叫做“却措”（ཆོས་ཚོགས།），是僧众的集体活动，期间有诵经、辩论考试、跳金刚法舞、绘制坛城等多种不同的活动和庆典仪式，也可以把法会理解为大型的宗教节日，几乎每个月都有一场法会。拉卜楞寺的法会似是在第二世嘉木样时期开始的，首先是自正月初三至正月十七为期十五天的祈愿大法会（སྨོན་ལམ་ཆེན་མོ།）。祈愿大法会起源于 1409 年宗喀巴在拉萨举办的祈愿法会。该法会的内容包括六次诵经大会，对包括“然江巴”（རབ་འབྱམས་པ།）和“多仁巴”（རྡོ་རམས་པ།）学位的学僧进行辩论考试，正月初八的放生（ཚེ་ཐར།），正月十三的晒佛（གོས་སྐུ།），正月十四的金刚法舞，正月十五的酥油花供灯会（མེ་ཏོག་མཆོད་མཇལ།），正月十六的转弥勒（བྱམས་པ་གླིང་སྐོར།）等。其中最引世人瞩目的就是正月十四的金刚法舞活动。“正月法舞是第二世嘉木样活佛时期自扎什伦布寺引进的，嘉木样从班禅学习密法，成为拉卜楞寺以后建立法舞表演的契机。”[①] 起初，祈愿大法会引到了拉卜楞寺堆阔尔扎仓，但因该扎仓人员有限，所以隶属于大经堂，以后逐渐演变成了由各个学院共同参与的整个寺院的法会。相关正月十四的金刚法舞的文章较多，所以本书不再详述。

现今，堆阔尔扎仓自己举办的法会有三月份的时轮法会（དུས་འཁོར་བདག་འཇུག）、八月份的毗卢遮那现证佛菩提护摩法会（མངོན་བྱང་བདག་འཇུག）、九月份的普明大日如来护摩法会（ཀུན་རིག་བདག་འཇུག）以及十一月的冬至法会（ཉི་ལྡོག་ལུགས་སྙིང་།）。其中只有时轮法会有金刚法舞表演，而时轮法会、大日如来法会及毗卢遮那现证佛法会都需要绘制各自的金刚沙坛城。

藏传佛教中密宗的学习，均谢绝外人观看，堆阔尔扎仓也是这样，尤其是法会中的舞蹈，绝对谢绝外宾观看。堆阔尔扎仓所举办的四个法会中冬至法会因与佛教修行无关，所以可以观看外，其他三个法会中总有不允许外宾观看的内容，其中八月份的毗卢遮那现证佛菩提护摩法会和九月份的普明大日如来护摩法会更是谢绝他人观看。因此，我在调研中跑了数次都没有问到蛛丝马迹，曾托人找到堆阔尔扎仓懂得相关知识的僧人采访，最后还是婉言谢绝，说密宗的东西不得外宣，否则对他自己和对听众或观众都有极大的伤害。

[①] 才让《藏传佛教格鲁派金刚法舞研究—以拉卜楞寺正月法舞为例》，北方民族大学学报，2010 年第 1 期：第 98 页。

屡遭拒绝之后，我只好作罢。故此处，只对三月的时轮法会和十一月的冬至法会做以介绍。

一、三月时轮护摩法会

时轮护摩法会是为了纪念释迦牟尼在吉祥哲蚌佛塔前第一次宣讲时轮经而举办的。有释迦牟尼成佛前的三月十五日和成佛后的三月十五两种不同的说法。拉卜楞寺堆阔尔扎仓在每年的三月份都会举办时轮护摩法会，包括七天的准备期和八天的正式法会期，共需十五天时间。准备期从三月初六的中午开始到三月十四号的中午结束，主要任务是绘制时轮金刚沙坛城。

2012年3月28日，阿克洛桑带我们朝拜和参观堆阔尔扎仓。他告诉我们用塑料布围的地方，僧人们正在制作沙坛城（རྡུལ་ཚོན།），[①]是不让人参观的。我想这大概是在为即将到来的时轮法会做准备。2011年8月～10月我在河南县尕藏藏医职业技术学校的老师阿克金巴（ཨ་ཁུ་སྦྱིན་པ།）跟前学习藏传天文历算时，老师也跟我提过制作坛城和灌顶的仪式是不许人看的，就是被灌顶者也只能在诵经灌顶的时刻才能看，所以一般被灌顶者都要在头上绑一条红布用来遮眼。

---

① རྡུལ།是“微尘”之意，这里沙坛城使用微尘之词，很有佛教宇宙观的深刻用意。佛教认为宇宙是一个无限大的空间，在这个空间里存在着如同恒河中的沙粒一样形状各异、体积不同、数量繁多的天体，这些天体都在经历着成、住、毁、空的过程。人类居住的这个世界属于婆娑大千世界也称（三千大千世界），婆娑大千世界中共有十亿颗地球一样的器世界，一万亿个三千大千世界组成一个华藏世界天体系，而华藏世界天体系也只是更大宇宙天体系的一个微尘团。

他们认为，如果提前看了坛城或者是不该看的人看了坛城，会给他们自己带来伤害。

坛城是梵文“曼陀罗”（mandala）的意译，藏语称作“吉库尔”（དཀྱིལ་འཁོར།）。梵文“曼陀罗”最初的意思似乎是“圆形的”“环形的”或“圆形的区域”“圆形的物体”等。发展到后来的密宗中，就成为密宗中辅助修行的一个用来观想、证悟的场所。“曼陀罗”就有了“获得证悟”之意，所以也被称作“圆轮具足”。就“曼陀罗”的产生可以追溯到前佛教期，人们对世界空间结构的认识。然而独立的世界结构图形“曼陀罗”的出现及兴盛要归宿到公元六七世纪。“在早期佛教和以龙树（约公元二世纪人）、世亲（三至四世纪人）为代表的早期大乘佛教中，是不使用曼陀罗的，也没有产生运用曼陀罗的理论根源。但到六七世纪后，随着密宗的兴起壮大，曼陀罗逐渐成为佛教和印度教的一种流派……”[①] 曼陀罗是在印度早期的宇宙空间结构（器世间）的观念之下，逐渐发展完善而成的。曼陀罗的基本结构是由外圆内方的图形绘制而成，内部居住着各样的佛与菩萨。如果说圆形和方形象征世界的结构，那么诸佛、菩萨象征着世界的组成部分。“在早期的佛教和早期的大乘佛教中，把世界看成是‘世俗’的东西而拒绝承认……但到曼陀罗开始引人注

[①] [日]立川武藏著，熊文彬译：《曼陀罗（坛城）的结构和功能》，《国外藏学译文集-第13辑》，拉萨：西藏人民出版社，1997年：第362页。

目的时候，它不再被看成是‘世俗’的东西。佛教观念中的‘世界’也逐渐代替了《奥义书》中看作是‘神圣’东西的宏观世界。”[①]

时轮沙坛城的绘制方法也被称为“干绘画”，其特点就是不需要水分调湿配色。其原料是各种矿物粉末，故名“沙画”。绘制一幅坛城所需的主要工具有模板、细绳、钢锥、刮刀等。绘制时首先在模板上勾勒出“坛城沙画”的基础框架图；然后从中心位置开始起画，逐渐向外延伸。每一步局部的绘画都需先描轮廓，再填充上色，绘本尊、菩萨、火焰等各种图案。由于是干绘画，所以上色的工作难度较高，每个绘制者都需戴口罩或用一块三角形的布来遮住口和鼻，以防呼吸所产生的气流吹散沙粒。具体绘制时用刮刀连续磨刮钢锥，使事先灌入钢锥中的彩沙一点点抖落在需要填充的框线图中。这个工作需要屏住呼吸、全神贯注和熟练而精准的技能才能顺利完成，否则一旦画错一处就会前功尽弃了，需重新绘制。一般情况，由达赖喇嘛主持的时轮灌顶法会中，时轮金刚坛城的中心位置是由达赖喇嘛亲自起画，拉卜楞寺堆阔尔扎仓的时轮金刚坛城是由六至八为“坛城者”共同绘制而成。

常见的时轮金刚沙坛城是由十四种不同颜色的细沙颜料绘制而成。主色为蓝（蓝黑或黑色）、白、红、黄四色。从外到内依次由火焰轮、金刚杵轮、风轮、火轮、水轮、土轮及四方形的身觉悟坛城、语觉悟坛城、意觉悟坛城、智慧觉悟坛城和大乐觉悟坛城组合

[①] [日]立川武藏著，熊文彬译：《曼陀罗（坛城）的结构和功能》《国外藏学译文集-第 13 辑》，拉萨：西藏人民出版社，1997 年：第 364 页。

而成。最外层的火焰轮由绿、红、蓝、黄四色组成，分别象征着土（ས།）、水（ཆུ།）、火（མེ།）、风（རླུང་།）四元素。《时轮经》中所说的四元素与古希腊关于宇宙的物质组成之四元素学说十分相似。公元前五百年，古希腊哲学家恩培多克勒（Empedocles，前490年～前430年）承袭了赫拉克利特（Heraclitus，约公元前530年～前470年）的火元素是世界本源的论点，又借鉴了巴比伦人和埃及人把水、空气和土看成是世界的主要组成元素的论点，综合基础上提出水、气、火、土四元素是世界本源的观点。到亚里士多德（Aristotle，前384年～前322年）时期又增加了以太元素，认为土是最重的，其次是水、比水轻的是气、再次是火，最后是以太，但因以太和其他四元素明显不同，所以常常省略不说。就像《时轮经》中常说的土、水、火、风四元素实指土、水、火、风、空（མཁའ།）五元素，而空元素常被省略不提，这里的风相当于“气”，空相当于“以太”。古希腊学者和《时轮经》中对世界组成元素的说法中唯一的不同之处在于，古希腊学者认为火比气轻，所以把火排在气的后面，而《时轮经》中显然把风排在火的后面。《时轮经》中的四元素说或许就是源自古希腊的哲学观点。我们知道，直到17世纪后半叶英国化学家波义耳（Robert Boyle）对四元素学说提出质疑以前，四元素学说一直统治着西方思想界。所以在《俱舍论》和《时轮经》中主张四元素说，而不是东方的五元素说（金、木、水、火、土），很有可能就是接受了古希腊的四元素说之观点。但断代为公元前2000年到公元前800年间成书的《梨俱吠陀》中也经常提到地、水、火、风及空五种物质元素，并用这种四元素说（或称五元素说）来阐释他们的朴素哲学观点。认为“生物的肉体，特别是人的肉体，实际上是一个物质的复合体，由地、水、火、风、空五大原素构成；肉体死亡后，尸体被分解或火化，复归于本来所属的原素，即还归于五大元素。”①

火焰轮之内为金刚杵串联组成的绿色之轮，绿色象征空元素，金刚杵象征坚固和永恒。然后依次为黑色的风轮、红色的火轮、白色的水轮和黄色的土轮。风轮和火轮之间绘有一圈由法轮和兰杂字体相间的图案。土轮上绘有“雍仲”字符串，象征爱与安宁。土轮之内是五重坛城，由土轮和身觉悟坛城所截成的四个月牙形花园，代表对本尊的供养。五重坛城自两条对角线分割成四等分，分别以本尊面部的蓝、红、白、黄四色为主色。“坛城中共有722位本尊，都是时轮金刚诸尊的化现，每一位都代表时轮金刚觉悟本质的不同方面。除时轮金刚外，所有本尊都用其梵文种子字或小点来代表。722位本尊在外相上代表不同的行星和世界，在内相中代表不同的气脉明点，至于密层则是本尊清净无染的本质。”② 身觉悟坛城居住有536位本尊，语觉悟坛城居住有116位本尊，意觉悟坛城居住有70位本尊，智慧觉悟坛城居住有16位菩萨，而大乐觉悟坛城的中央位置居住着时轮金刚佛父佛母。

---

① 巫白慧：《梨俱吠陀》神曲选，北京：商务印书馆，2010年9月第1版：第25页。

② 琼那·诺布旺典：《唐卡中的天文历算》，西安：陕西师范大学出版社，2007年11月第1版：第144页。

为期七日的准备活动（绘制时轮金刚沙坛城）结束后，于农历三月十五日这一天正式表演法舞。十六名僧人化装成姑娘，头戴五佛冠，身穿女人服，跳十分雅致的舞，以取悦于佛。这虽然不是大规模的舞蹈，但十分特殊，因为在所有的法舞表演中，这是惟一取悦于人而不令人感到畏惧的舞蹈。法舞在该学院院内举行，但一般观众可以进去参观，相信每个跳舞的人，死后都重生在时轮金刚城内。[①] 十五号之后一共七天时间内为“护摩节”（བདག་འཇུག་དངོས།），主要是念诵护摩经。之后，二十二日为“火棍节”（སྦྱིན་སྲེག），二十三日为“鲁供”（ཀླུ་ཚོག）。

图-33：时轮金刚

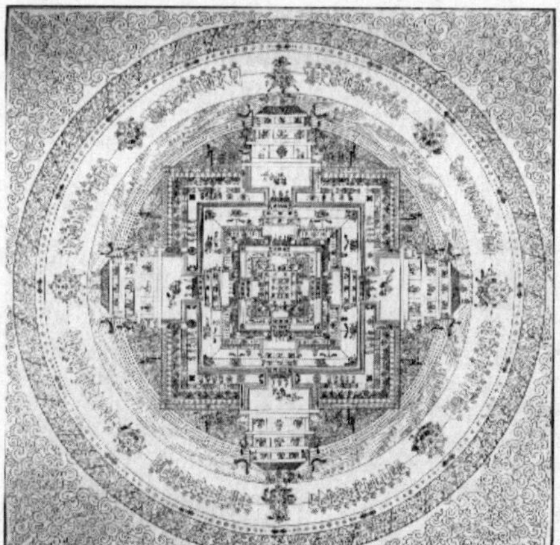

图-34：时轮彩绘坛城

二、十一月的冬至法会

拉卜楞寺每年都会举行二至法会（夏至法会和冬至法会），夏至法会由“吉都尔扎仓”（喜金刚学院）负责举办，冬至法会由堆

① 李安宅：《藏族宗教史之实地研究》，上海：上海人民出版社，2004年：第188页。

阔尔扎仓负责。这两个法会与其他法会截然不同，追根溯源，它们并不与某个重要的佛教节日相关，似乎是某个原始的本土宗教，反映人们对季节变化规律的掌握和对自然规律的崇拜。冬至日在阳历12月21日到23日之间，农历十一月中旬。在冬至之前的三天内，堆阔尔扎仓的僧人要念诵六臂护法（Mahakala）经。冬至日那天，全寺每一个学院都将三角供从嘉木样活佛的公馆和堆阔尔扎仓的院子里抬出，送到河边，然后焚烧火化，向空中鸣枪。与此同时，重新更换寺院屋顶各个玛尼旗杆上的经幡。用这样的方式来表达消除厄运，重新迎接新的好运程之意。早期，人们观察到了冬至日之后太阳逐渐向北移动，白昼越来越短，夜晚越来越长。认为冬至日后恶神就会跟随而至，所以举行一些仪式来驱赶恶神，消除厄运。

图-35：冬至法会

图-36:冬至法会

第五章
扎仓研习的天文历算

第一节　选用的教材与工具

一、教材的选用

拉卜楞寺堆阔尔扎仓中天文历算的教学和研究主要以《时轮历算精要》为基本教材。[①]《时轮历精要》又称《白琉璃论•日光论二书要义诀窍》，系商卓特•颂热于1827年结合第司•桑杰嘉措所著《白琉璃论》和敏珠译师达摩师利所著《日光论》的要点而成，又名《商卓特•桑热历书》。除此之外，还参阅或学习以下基本参考书目：《时轮根本续》、《时轮摄略经》、《韵律占星续》（དབྱངས་འཆར་གྱི་རྒྱུད།）、《历算综论》（རྩིས་གཞུང་ཀུན་ལས་བཏུས་པ།）、《时轮经无垢光释庄严疏》（དུས་འཁོར་སྒྲི་དོན་དྲི་མེད་འོད་རྒྱན།）、《白琉璃论》(ཕུག་ལུགས་རྩིས་ཀྱི་ལེགས་བཤད་བཻཌཱུར་དཀར་པོ་བཞུགས་སོ།)、《嘎丹心算母子篇》（དགེ་ལྡན་རྩིས་གསར་མ་བུ།）、《供奉法胤光》（རིགས་ལྡན་མཆོད་པའི་འོད་སྣང་།）、《音韵释疏》（དབྱངས་

---

① 在拉卜楞寺时轮学院和喜金刚学院都要学习历算，所不同的是时轮学院主要研习时轮历，以《时轮历算精要》为基础教材，而喜金刚学院主要研习时宪历，现以当代藏历学家桑智嘉措所著《历算运算大全》为基本教材。

ཙན་སྒྲ་འདི་ཀ།）。现今，拉卜楞寺堆阔尔扎仓的学僧在使用规定教材的同时，也使用喜金刚学院的基本教材，即阿克桑智嘉措所撰写的《历算运算大全》（སྐར་རྩིས་ཀུན་བདུས་ནོར་བུ།）为基础教材。

二、传承工具

萨雄（ས་གཞོང་།）

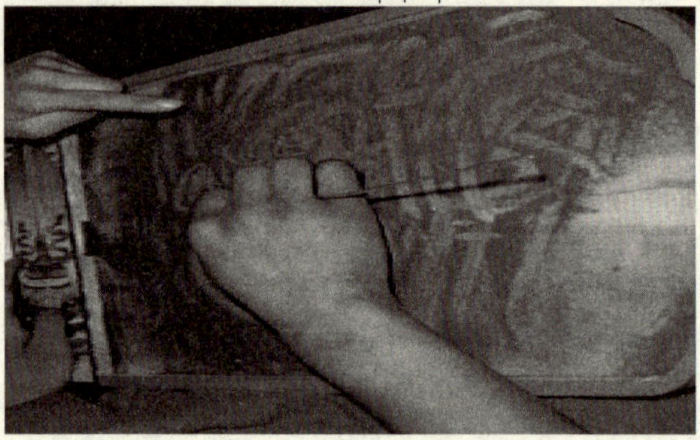

图-37：历算沙盘[①]

工具是人类生产生活不可或缺的东西，大到重工业机械设备，小到日常生活用具都离不开形形色色的工具。藏族历算学者们传统上使用的是一种简单而独特的历法演算工具—“萨雄”即沙盘（ས་གཞོང་།），也叫“历图萨雄”（ལི་ཐོ་ས་གཞོང་།）或“孜雄”（རྩིས་གཞོང་།）。它一般是用核桃木制成的长 80 厘米，宽 40 厘米的长方形木盘，萨雄头有暗格用来盛放沙土，在暗箱朝里一侧的中间有一方形小孔，是沙子的进入口，平时这个方形孔被一小方形木塞塞住，防止沙子遗漏。木塞中央有一条竖槽，平时可以把“孜鑰”（རྩིས་ཐིག，即算笔）

---

① 图片由拉卜楞希日（ཤེས་རབ།）于 2009 年 11 月 17 日拍摄。

插在上面。“孜鑰”一般是由一根很细的金属制成，和毛衣钳子差不多粗细，长约 27 厘米。扁菱形铲刀状一端为笔根，圆锥形尖锥状的一端为笔尖，在靠近笔根的地方铸有各种花纹装饰。使用时将木盘倾斜倒出沙土，然后，就在沙盘上演算，用完再将沙土流进暗格中。

藏人使用的“萨雄”有两种，一种是孜雄，专为历算学者推算和演练天文数据而用；另一种叫“扎雄”（སྒྲ་གཞོང་།），专为学习梵文者书写梵文使用。通常前者要比后者大得多。在演算书写时，孜雄将“孜雄头”置于右手侧，而扎雄要将“扎雄头”置于右手侧。“孜鑰”的拿法也是非常讲究的，左手扶住沙盘暗箱处，右手大拇指与食指握住“孜鑰”靠近笔尖的一端，大拇指在下方，食指在上方，中指轻松地搭在笔之上，紧随食指，并不握笔，无名指和小拇指放在“孜鑰”的下方。通常手握在离算笔尖三指或四指处，藏语中将这种拿法形象地比喻为：“རྩམ་ཐར་སྒོ་གསུམ་མཚོན་བྱེད། རྩམ་ཐར་སྒོ་བཞི་མཚོན་བྱེད།”。书写数字时右手大拇指和食指向下倾斜，擦涂数字时无名指和小拇指向下倾斜，用无名指来擦除写在“萨雄”上的数字。“萨雄”运算是口算、书写和心算相结合而同时进行的一种计算，所以“萨雄”运算者必须背诵所有运算口诀，在计算时书写新数字和擦涂已算过的数字几乎是同时进行的，所以不需要留计算过程，算完一组数据后，留在“萨雄”上的便是最终答案。“萨雄”运算者需勤学苦练，达到相当熟练的程度，才能迅速准确地计算出结果。我的历算老师阿克金巴（ཨ་ཁུ་སྦྱིན་པ།）告诉我：“藏族著名的天文历算学家噶玛让俊多吉（ཀརྨ་རང་བྱུང་རྡོ་རྗེ།）自幼喜欢天文历算，在学习演练天文数据的过程中，曾用坏了七根‘孜鑰’”。[①]

据说，萨雄历史悠久，源远流长，约有一千年的历史。古印度人曾经使用一种类似萨雄的工具学习文字，而藏人正是借用和模仿了他们学习文字的工具，结合藏人的学习内容，逐渐地发明出了书写梵文的扎雄和演练历算的孜雄。但我认为，或许扎雄就是古印度人所使用的学习文字的那种工具，但很显然，扎雄用来计算冗长的天文数据是无法实现的，所以在扎雄的基础上修改制作成能写下 30 位数据的孜雄。

在简易的孜雄上面可以计算天文历算中所需的所有数据，比如 28 星宿的运转步数及方向、日月食、五曜的运行轨迹等等。一位能熟练使用孜雄的人在孜雄上计算这些天文数据时甚至比计算器、计算机的速度要快，且计算要更准确。用拉卜楞僧人的话来讲，萨雄有三大特点值得继续让它发挥作用：第一，沙盘演算要比计算器精确。由于计算器用小数表示除法结果，且只能显示有限的数字，所以计算器在计算历算数据时往往存在较大的误差。第二，节约。自人类发明纸张以来，无论东方还是西方，大都在使用纸张来演算推理，但纸张的不可恢复性导致我们必须砍伐树木等来满足我们的需要，然而这个小小的沙盘，它除了其少量的固定成本之外不会造成

[①] 地点：青海省河南县，时间：2010 年 9 月 17 日下午。我在河南县尕布藏传统藏医职业技术学校（སྐལ་བཟང་སྲོལ་རྒྱུན་ལག་རྩལ་ལས་རིགས་སློབ་གྲྭ）跟卡尔冈・金巴老师（ཁ་སྐྱང་བློ་བཟང་སྦྱིན་པ།男，今年 47 岁）学习历算时老师所讲内容，授课语言：藏语。

任何浪费。第三，无辐射。现代计算机设备可以计算历算数据，而且方便快捷，但是计算机的辐射和浪费是我们无法避免的缺陷。

算盘（ཕྲེང་རྩིས།）

随着汉藏文化的交流日渐频繁，藏人也引进了汉人的算盘来计算。虽然算盘要比“萨雄”干净，不会有沙土染在手指上，但算盘的位数有限，遇到冗长数据时，还是只能用“孜雄”。此外，藏传天文历算在推算时经常需要预存数据，如下位的计算结果要加到上位时，算盘就无法实现此功能，只能先在纸上写下上位数据，然后一个一个加上去，一次一次重新计算。因此，算盘只能协助孜雄工作，并不能替代它。

图-38：算盘

2010 年 3 月初，我认识了塔尔寺的阿克罗桑东珠（བློ་བཟང་དོན་གྲུབ།），在他的引荐下，拜阿克格勒（དགེ་ལེགས།）为师学习藏传天文历算。据阿克洛桑东珠介绍认为阿克格勒精通历算，也曾编制过历书。在第一节课时，格勒老师并没有教我历算，而是让我去买算盘和计算器。他告诉我：“‘萨雄’用起来手容易脏，不方便，现在我们可以用算盘和计算器来算。”他要求我算盘要买十七档的，但现在市场上销售的都是十三档的算盘，我找遍了西宁的大街小巷，也没能买到十七档的算盘，幸好妈妈赶去家乡的老屋找出了当年爷爷用过的算盘，正好十七档。尽管有了十七档的算盘和电子产品计算器，但是在具体演算时，时不时会遇到数位较大的数据，需要借用纸和笔来演算做补充；此外，在计算五要素时，常常遇到预存数据的时候，也需要借用纸笔来记录一些数据。

计算器及计算机

2010 年 4 月下旬，因格勒老师带菩提小组到外地讲学，无法授课，所以我只好另请老师教我历算。机缘巧合，恰在这时，夏琼寺的舅舅来家中做客，他告诉我在河南县有一位很好的老师，只要学生爱学习，好好学，这个老师细心认真，真得非常好。于是我请求舅舅帮我介绍认识了金巴老师。联系好以后，金巴老师让我在八月底开学时到河南县学习，但在去之前要买一个 16 位，有两个存储功能键的计算器。又是忙了几天到处找计算器，均为 14 位的，很难找到 16 位的，在我心灰意冷之际，发现了一家卖 16 位计算器的卖家，店主告诉我现在这种计算器都很少有人用，他们这也是存货。

河南县尕布藏藏医职业技术学校的僧人老师们和拉卜楞寺的僧人一样，在采用传统计算工具“萨雄”的同时，选用计算器来校验计算结果，并不采用算盘。

计算器的优点是方便快捷，也有数位存储功能，但要按照藏传天文历算的步骤进行计算，计算器的数位依然有限，这种 16 位，有两个存储功能键的计算器也只能在大多数情况下推算所需数据。然而，在使用计算器计算时，也不能不假思索地直接代入公式计算，为了快捷准确方便地计算这些天文数据，藏传天文历算的继承者们重新思索，编写出了一套算法。总而言之，计算器要比算盘更适用一些。能在更多的时候协助“孜雄”工作。

如果能实现用计算机来计算藏传天文历算的数据，当然既迎合了时代的需求，更方便了初学藏传天文历算者，但在计算机上实现这些计算功能，并不是一件容易的事，必须要有专业的计算机编程人员针对藏传天文历算中的每个公式进行编程，编制出一套完整而全面的程序语言才行。这也是藏传天文历算学者正在摸索和未来改进藏传天文历算系统要走的第一步。

第二节　传承内容

一、独特的运算规则及丰富的辞藻

拉卜楞寺堆阔尔扎仓的天文历算教学主要是针对白算而言，也包括黑算和音韵学。一般情况下想要成为“堆阔尔瓦”或想要学习天文历算的学僧会系统的学习白算内容，然后依自身的情况而定，继续学习黑算或转而学习其他的“明”（学科），如果机缘成熟，幸运的话可能会遇到一位懂得音韵占算学的老师，并且愿意教授才有机会学习音韵学。但现如今，精通音韵学的人可谓凤毛麟角，少之又少，几乎没有这种机会获得此知识，就算能找到相关音韵学的书籍，也只能了解一些皮毛，不能深入学习和掌握，就更谈不上精通了。

基础运算（དགུ་མཐའ།）

白算的教学系统完善。初学者首先要学习基础运算方法，尤其是乘法运算，并需要花费长时间的运算演练，直至达到纯熟的阶段才能进入下一阶段的学习内容。藏语中把基础运算的乘法运算称作“古塔”（དགུ་མཐའ།），但该词也可代称“基础运算”。从本质上来讲，乘法口诀跟我们从小所学的口诀是一样的，但形式上而言，藏式的乘法口诀是从九乘九一直排到一乘一的，并且每一句乘法口诀中同时出现被乘数和乘数互换位置的形式，也就是说在口诀中体现了乘法运算具有可交换的性质。

དགུ་གཅིག་གཅིག་དགུ་དགུ་རང་ཡིན།། དགུ་གཉིས་གཉིས་དགུ་བཅོ་བརྒྱད་ལ།། དགུ་གསུམ་གསུམ་དགུ་ཉེ་ཤུ་བདུན།། དགུ་བཞི་བཞི་དགུ་སུམ་ཅུ་དྲུག། དགུ་ལྔ་ལྔ་དགུ་བཞི་བཅུ་ལྔ།། དགུ་དྲུག་དྲུག་དགུ་ལྔ་བཅུ་བཞི།། དགུ་བདུན་བདུན་དགུ་དྲུག་ཅུ་གསུམ།། དགུ་བརྒྱད་བརྒྱད་དགུ་བདུན་ཅུ་གཉིས།། དགུ་དགུ་བརྒྱད་ཅུ་གྱ་གཅིག་གོ། ……གཉིས་གཅིག་གཅིག་གཉིས་གཉིས་ཡིན་ལ།། གཉིས་གཉིས་བཞི་ཏུ་ཤེས་པར་བྱ།། གཅིག་གཅིག་གཅིག་ཉིད་ཐིག་ལེ་སྟོང་།།

译文：九一一九九得九/九二二九得十八/九三三九得二十七/九四四九得三十六/九五五九得四十五/九六六九得五十四/九七七九得六十三/九八八九得七十二/九九得八十一……二一一二得二/二二得四/一一得一零归零。

传统的运算过程中一定要一边默念口诀一边用手在沙盘上演算，这样出错的几率较小。除了我们熟知的乘法口诀外，还需要记忆一些运算顺序及运算技巧的口诀。

འབྲི་བགྲང་སྟོན་པ་རང་གི་གཡས།། བསྒྱུར་བགོད་འཕྲི་བ་གཡོན་ནས་བརྩམས།། སྒྱུར་བྱེད་མཐའ་ཡི་ཐིག་ལེ་རྣམས།། བསྒྱུར་བྱ་དེ་ཡི་གྲལ་མཐར་དགོད།། བགོད་བྱེད་ཐིག་ལེས་མ་མཐའ་བཀག། བསྒྱུར་བྱ་སྟོང་པར་བསྒྱུར་རྒྱུ་མེད།། སྒྱུར་བྱེད་སྟོངས་ན་བསྒྱུར་གཞི་དབྱི།། བསྒྱུར་བའི་དོན་ནི་གང་ཡིན་པ།། གང་བསྒྱུར་གྲངས་སུ་སྤེལ་བའོ།། གཅིག་བསྒྱུར་བ་ལ་མང་ཉུང་མེད།། གཉིས་བསྒྱུར་ལ་སོགས་གོང་དུ་འཕེལ།། བསྒྱུར་བགོད་བར་སྟོངས་ཐིག་ལེས་འཛིན།། བགོད་བྱེད་མཐའ་དབུས་ཐིག་ལེ་ནི།། རང་གནས་འཛིན་ལས་བགོད་ནུས་མེད།། མ་ཐོབ་ནོར་སྐལ་ཐིག་ལེ་བྱིན།། བགོད་ལ་རྐྱང་པ་སྤྲགས་མ་གཉིས།། རྐྱང་བགོད་ཇི་ཙམ་ཐོབ་ཐོབ་ཕྱིར།། སྤྲགས་བགོད་ལ་ནི་འོག་མ་གཙོ།། བགོད་པའི་དོན་ནི་བགོད་བྱེད་ཀྱི།། གྲངས་སུ་སྦྱུད་པའི་ཆོ་ག་ཡིན།། གོང་དུ་གཅིག་འཕར་བཅུར་འགྱུར་ཏེ།། བརྒྱ་སོགས་རིག་པས་ཤེས་པར་ནུས།། གསིལ་དུས་བཅུ་སོགས་རིམ་པར་ཕབ།། ལྷག་དེ་རང་རང་གནས་སུ་བཞག། ཐིག་ལེ་གྲལ་འགོར་འབྱུང་མི་སྲིད།། རབ་འབྱམས་ཤེས་བྱ་ཀུན་བརྩེ་ཡང་།། བསྒྱུར་བགོད་ཐམས་ཅད་དེ་དང་འདྲ།།

译文： 书写数字及加法自右向左/乘除减法自左向右/乘数尾数的各位零/全部排在被乘数的后面/除数末尾的零挡在被除数的尾端/被乘数为零无需乘/乘数为零被乘数要擦除去/乘法的目的/是让被乘数增加乘数倍/乘一时既不变多也不变少/乘以二以上者被乘数成倍增长/被乘数和被除数的中间零位用作记位/除数中尾的零/只记位不起除法的作用/不够除时商位放零/除法有单位除法和多位除法/单位除法商几上几/多位除法以低位为主/除法的意思是以除数陪递减的算法/上进一位增加十/增加百等同理/均以十进制递增/余数

都放在自己的位数下/零在首位无意义/要知更多计算知识/乘除法全都同上理

实践练习中，乘数为一位数的乘法口诀：123456789×9÷9=123456789 分三步完成，第一步为乘法运算口诀，第二步为加法运算口诀，第三步为除法运算和减法运算的口诀。

第一步：འབྲི་བགྲང་སྟོན་པ་རང་གི་གཡས། བསྒྱུར་བགོད་འཕྲི་བ་གཡོན་ནས་བརྩམས། དགུ་གཅིག་གཅིག་དགུ་དགུ་རང་ཡིན།། དགུ་གཉིས་གཉིས་དགུ་བཅོ་བརྒྱད། བཅུ་གོང་། བརྒྱད་རང་ཡིན།། དགུ་གསུམ་གསུམ་དགུ་གཉིས་ཤུ་བདུན། གཉིས་ཤུ་གོང་། བདུན་རང་ཡིན།། དགུ་བཞི་བཞི་དགུ་གསུམ་ཅུ་དྲུག གསུམ་བཅུ་གོང་། དྲུག་རང་ཡིན།། དགུ་ལྔ་ལྔ་དགུ་བཞི་ཅུ་ལྔ། བཞི་བཅུ་གོང་། ལྔ་རང་ཡིན།། དགུ་དྲུག་དྲུག་དགུ་ལྔ་ཅུ་བཞི། བཅུ་གོང་། བཞི་རང་ཡིན།། དགུ་བདུན་བདུན་དགུ་དྲུག་ཅུ་གསུམ། བཅུ་གོང་། གསུམ་རང་ཡིན།། དགུ་བརྒྱད་བརྒྱད་དགུ་བདུན་ཅུ་གཉིས། བཅུ་གོང་། བདུན་རང་ཡིན།། དགུ་དགུ་བརྒྱད་ཅུ་གཅིག བཅུ་གོང་། གཅིག་རང་ཡིན།།

第二步：བརྒྱད་དང་གཉིས་བསྡེབས་བཅུ། བཅུ་གོང་། ཐམ་པའི་གནས་སུ་ཐིག། གཅིག་དང་བདུན་བསྡེབས་བརྒྱད། བརྒྱད་དང་གསུམ་བསྡེབས་བཅུ་གཅིག བཅུ་གོང་། གཅིག་རང་ཡིན།། གཅིག་དང་དྲུག་བསྡེབས་བདུན། བདུན་དང་བཞི་བསྡེབས་བཅུ་གཅིག བཅུ་གོང་། གཅིག་རང་ཡིན།། གཅིག་དང་ལྔ་བསྡེབས་དྲུག དྲུག་དང་ལྔ་བསྡེབས་བཅུ་གཅིག བཅུ་གོང་། གཅིག་རང་ཡིན།། གཅིག་དང་བཞི་བསྡེབས་ལྔ། ལྔ་དང་དྲུག་བསྡེབས་བཅུ་གཅིག བཅུ་གོང་། གཅིག་རང་ཡིན།། གཅིག་དང་གསུམ་བསྡེབས་བཞི། བཞི་དང་བདུན་བསྡེབས་བཅུ་གཅིག བཅུ་གོང་། གཅིག་རང་ཡིན།། གཅིག་དང་གཉིས་བསྡེབས་གསུམ། གསུམ་དང་བརྒྱད་བསྡེབས་བཅུ་གཅིག བཅུ་གོང་། གཅིག་རང་

ཡིན།། གཅིག་དང་གཅིག་བསྡོམས་གཉིས། གཉིས་དང་དགུ་བསྡོམས་བཅུ་གཅིག བཅུ་གོང་། གཅིག་རང་ཡིན།།

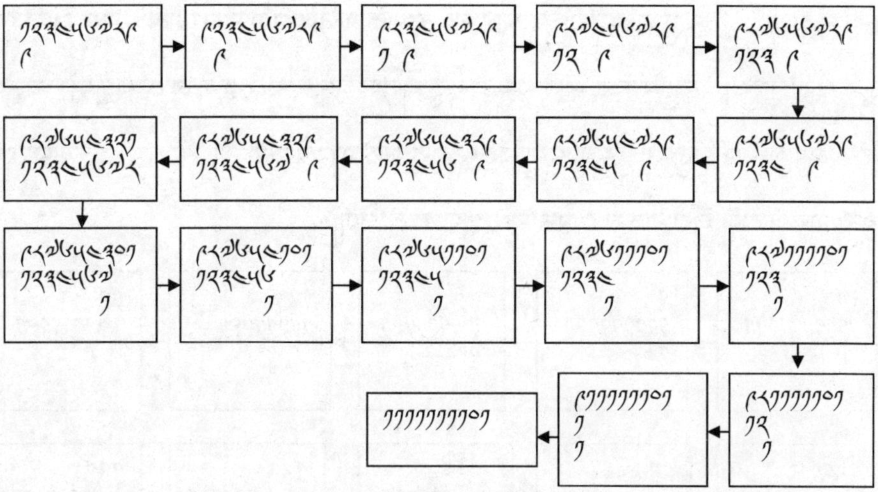

第三步： དགུ་གཅིག་གཅིག་དགུ་དགུ་འཁོར་བ་ལ་མ་འདང་གོང་ནས་བཅུ་ཐོབས། བཅུ་ལས་དགུ་འཁོར་བའི་ལྷག་མ་ནི་གཅིག གཅིག་དང་གཅིག་བསྡོམས་གཉིས།། དགུ་གཉིས་གཉིས་དགུ་བཅོ་བརྒྱད་འཁོར་བ་ལ་མ་འདང་གོང་ནས་གཉིས་ཤུ་ཐོབས། གཉིས་ཤུ་ལས་བཅོ་བརྒྱད་འཁོར་བའི་ལྷག་མ་ནི་གཉིས། གཉིས་དང་གཅིག་བསྡོམས་གསུམ།། དགུ་གསུམ་གསུམ་དགུ་གཉིས་ཤུ་བདུན་འཁོར་བ་ལ་མ་འདང་གོང་ནས་གསུམ་བཅུ་ཐོབས། གསུམ་བཅུ་ལས་གཉིས་ཤུ་བདུན་འཁོར་བའི་ལྷག་མ་ནི་གསུམ། གསུམ་དང་གཅིག་བསྡོམས་བཞི།། དགུ་བཞི་བཞི་དགུ་གསུམ་བཅུ་དྲུག་འཁོར་བ་ལ་མ་འདང་གོང་ནས་བཞི་བཅུ་ཐོབས། བཞི་བཅུ་ལས་གསུམ་བཅུ་དྲུག་འཁོར་བའི་ལྷག་མ་ནི་བཞི། བཞི་དང་གཅིག་བསྡོམས་ལྔ།། དགུ་ལྔ་ལྔ་དགུ་བཞི་བཅུ་ལྔ་འཁོར་བ་ལ་མ་འདང་གོང་ནས་ལྔ་བཅུ་ཐོབས། ལྔ་བཅུ་ལས་བཞི་བཅུ་ལྔ་འཁོར་བའི་ལྷག་མ་ནི་ལྔ། ལྔ་དང་གཅིག་བསྡོམས་དྲུག། དགུ་དྲུག་དྲུག་དགུ་ལྔ་བཅུ་བཞི་འཁོར་བ་ལ་མ་འདང་གོང་ནས་དྲུག་བཅུ་ཐོབས། དྲུག་བཅུ་ལས་ལྔ་བཅུ་བཞི་འཁོར་བའི་ལྷག་མ་ནི་དྲུག དྲུག་དང་གཅིག་

བསྒྲེས་བདུན།། དགུ་བདུན་བདུན་དགུ་དྲུག་བཅུ་གསུམ་འཕྲོར་བ་ལ་མ་འདང་གོང་ནས་བདུན་བཅུ་ཐོབས། བདུན་བཅུ་ལས་དྲུག་བཅུ་གསུམ་འཕྲོར་བའི་ལྷག་མ་ནི་བདུན། བདུན་དང་གཅིག་བསྒྲེས་བརྒྱད།། དགུ་བརྒྱད་བརྒྱད་དགུ་བདུན་བཅུ་གཉིས་འཕྲོར་བ་ལ་མ་འདང་གོང་ནས་བརྒྱད་བཅུ་ཐོབས། བརྒྱད་བཅུ་ལས་བདུན་བཅུ་གཉིས་འཕྲོར་བའི་ལྷག་མ་ནི་བརྒྱད། བརྒྱད་ཐིག་ལ་ཞུགས་པའི་བརྒྱད།། དགུ་དགུ་བརྒྱད་བཅུ་གཅིག་འཕྲོར་བ་ལ། བརྒྱད་བཅུ་གོང་ནས་འཕྲོར། གཅིག་མགོ་ཐོག་གནས་འཕྲོར་བའི་ལྷག་མ་ནི་ཐིག།

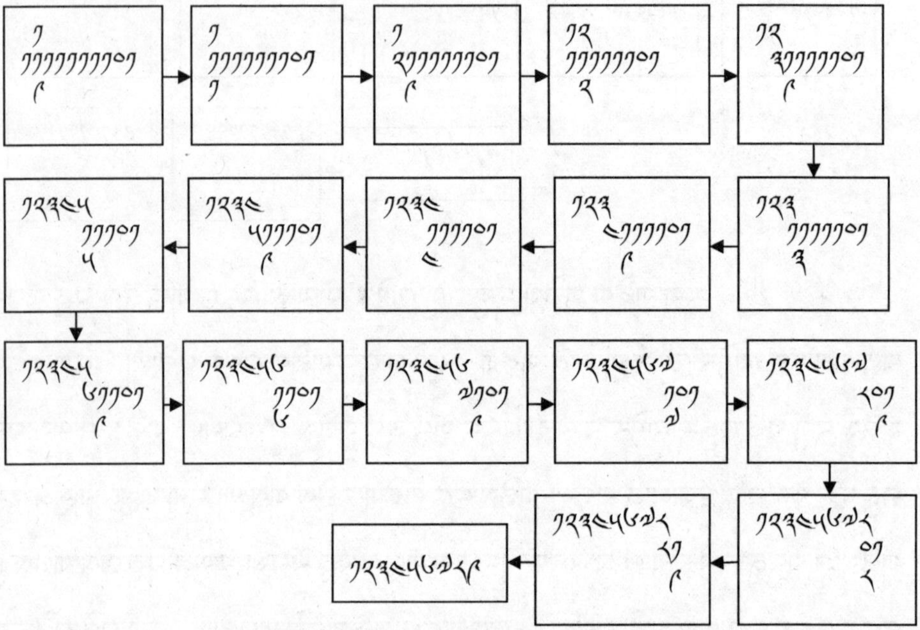

与以上算法类同，接下来需要反复练习 12345678×8÷8=12345678，1234567×7÷7=1234567……12×2÷2=12，1×1÷1=1。当遇到除数乘以商数后所得结果，即减数的个位数为零，例如 11÷5=2 余 1 时的运算口诀为ལྔ་གཉིས་གཉིས་ལྔ་བཅུ་འཕྲོར་བ་ལ། བཅུ་གོང་ནས་འཕྲོར། ཐམ་པ་ལ་ནི་

ཁྱེར་རྒྱུ་མེད།། 熟悉了乘数为一位数的乘法之后，要进一步学习乘数为两位数及两位数以上的多位数乘法运算。

例一：要计算三年有多少个小时？ 3 年×12 月×30 天×24 小时=25920 小时时，运算步骤如下：

1. 3×12

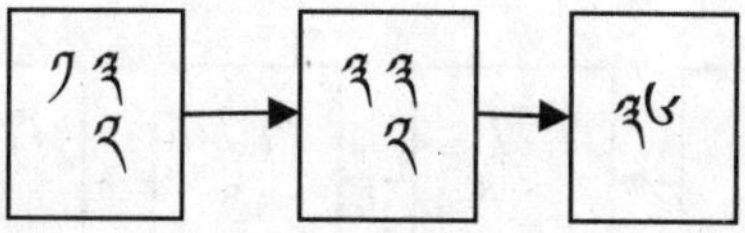

运算口诀：འབྲི་བགྲང་སྟོན་པ་རང་གི་གཡས། བསྒྱུར་བགོད་འཕྲི་བ་གཡོན་ནས་བརྩམས། གསུམ་གཅིག་གཅིག་གསུམ་གསུམ་རང་ཡིན། གསུམ་གཉིས་གཉིས་གསུམ་དྲུག་རང་ཡིན།

2. 3×30

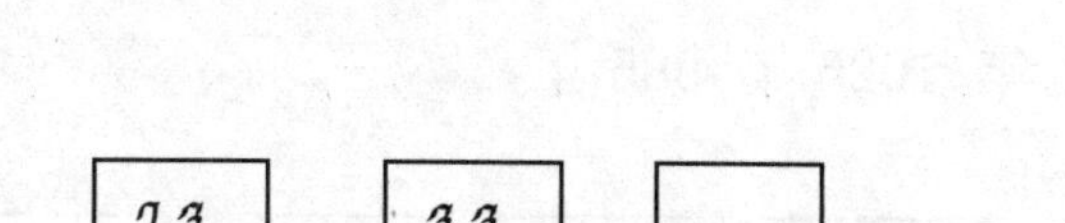

运算口诀：འབྲི་བགྲང་སྟོན་པ་རང་གི་གཡས། བསྒྱུར་བགོད་འཕྲི་བ་གཡོན་ནས་བརྩམས། སྒྱུར་བྱེད་མཐའ་ཡི་ཐིག་ལེ་རྣམས། བསྒྱུར་བྱ་དེ་ཡི་གྲལ་མཐར་དགོད། གསུམ་གསུམ་དགུ་རང་ཡིན།། དྲུག་གསུམ་གསུམ་དྲུག་བཅོ་བརྒྱད་བཅུ་གོང་། བརྒྱད་རང་ཡིན།། གཅིག་དང་དགུ་བསྡེབས་བཅུ། བཅུ་གོང་། ཐམ་པའི་གནས་སུ་ཐིག།

3. 1080×24

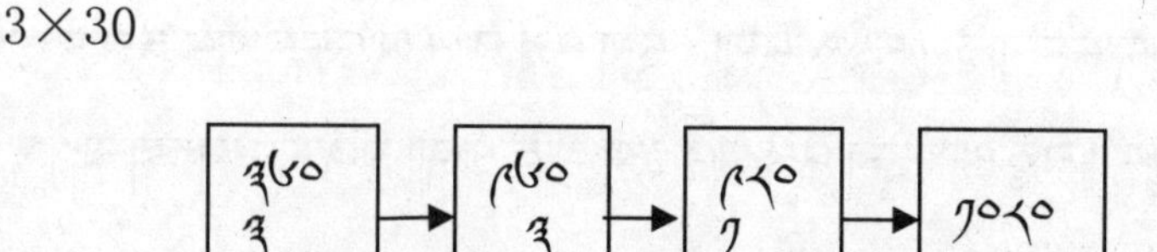

运算口诀：འབྲི་བགྲང་སྟོན་པ་རང་གི་གཡས། བསྐྱུར་བགོད་འཕྲི་བ་གཡོན་ནས་བརྩམས། གཉིས་གཅིག་གཅིག་གཉིས་གཉིས་རང་ཡིན།

例二：如果已知公历年份推算藏历饶迥年。已知公历 2011 年，求藏历第几饶迥第几年？

1. 2011 年-1026 年=985 年

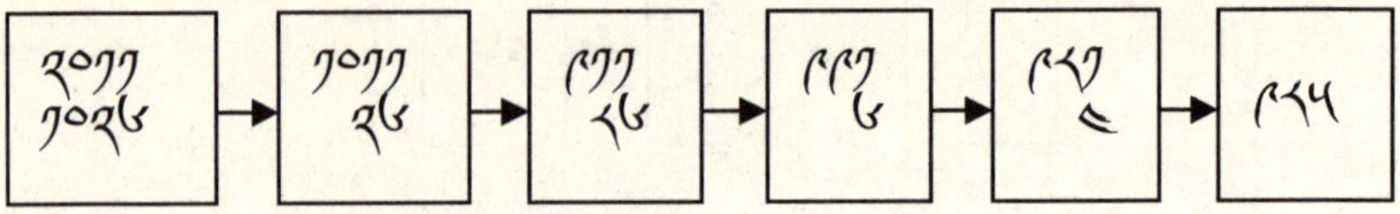

运算口诀：འབྲི་བགྲང་སྟོན་པ་རང་གི་གཡས། བསྐྱུར་བགོད་འཕྲི་བ་གཡོན་ནས་བརྩམས། གཅིག་འགོ་ཐོག་ནས་འཕྲི་བའི་ལྷག་མ་ནི་གཅིག། ཐིག་ལ་འཕྲི་རྒྱུ་མེད།། གཉིས་འཕྲི་བ་ལ་བཅུ་དོན་དུ་བརྒྱ་ཕབས། དགུ་བཅུ་ལམ་དུ་ལུས།། བཅུ་ལས་གཉིས་འཕྲི་བའི་ལྷག་མ་ནི་བརྒྱད།། བརྒྱད་དང་གཅིག་བསྡོམས་དགུ། དྲུག་འཕྲི་བ་ལ་མ་འདང་གོང་ནས་བཅུ་ཕབས་པའི་ལྷག་མ་ནི་བརྒྱད།། བཅུ་ལས་དྲུག་འཕྲི་བའི་ལྷག་མ་ནི་བཞི།། བཞི་དང་གཅིག་བསྡོམས་ལྔ།།

2. 985÷60=16……25

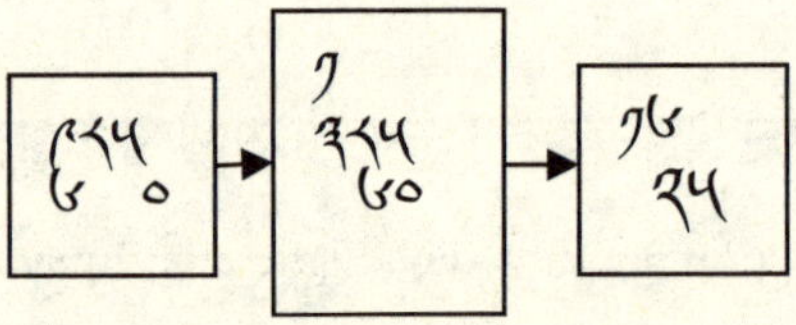

运算口诀：འབྲི་བགྲང་སྟོན་པ་རང་གི་གཡས། བསྐྱུར་བགོད་འཕྲི་བ་གཡོན་ནས་བརྩམས།། བགོད་བྱེད་ཐིག་ལེས་མ་མཐའ་བཀག བསྒྲུགས་བགོད་ལ་ནི་འོག་མ་གཙོ། ཐོག་སྐལ་གཉིས། ཐོག་ནོར་གཅིག དྲུག་གཅིག་གཅིག་དྲུག་དྲུག་འགོ་ཐོག་ནས་འཕྱིར་བའི་ལྷག་མ་ནི་གསུམ།། དྲུག་དྲུག་སོ་དྲུག་གསུམ་བཅུ་གོང་ནས་འཕྱིར། དྲུག་འགོ་ཐོག་ནས་འཕྱིར་བའི་ལྷག་མ་ནི་གཉིས།།

3. 16+1=17

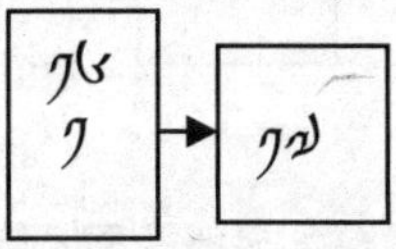

运算口诀：འབྲི་བགྲང་སྟོན་པ་རང་གི་གཡས། བསྒྱུར་བགོད་འཕྲི་བ་གཡོན་ནས་བརྩམས། གཅིག་དང་དྲུག་བསྲེས་བདུན།།得出，公历 2011 年对应着藏历第 17 饶迥第 25 年。

例三：由藏历第 17 饶迥第 25 年推算公历 2011 年。

1. 17-1=16

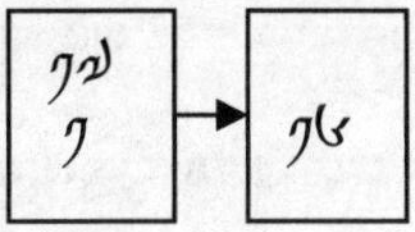

运算口诀：འབྲི་བགྲང་སྟོན་པ་རང་གི་གཡས། གཅིག་འགོ་ཐོག་ནས་འཕྲི་བའི་ལྷག་མ་ནི་དྲུག།

2. 16×60=960

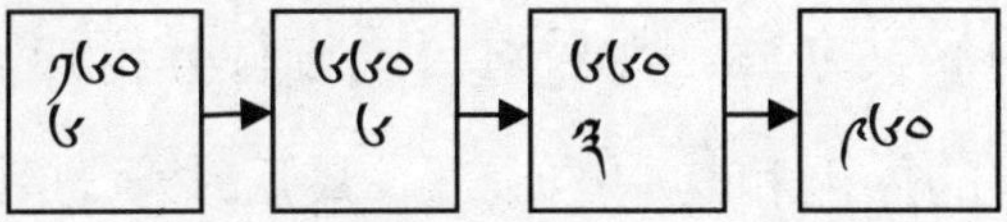

运算口诀：འབྲི་བགྲང་སྟོན་པ་རང་གི་གཡས། བསྒྱུར་བགོད་འཕྲི་བ་གཡོན་ནས་བརྩམས། སྒྱུར་བྱེད་མཐའ་ཡི་ཐིག་ལེ་རྣམས། བསྒྱུར་བྱ་དེ་ཡི་གྲལ་མཐར་དགོད།། དྲུག་གཅིག་གཅིག་དྲུག་དྲུག་རང་གནས།། དྲུག་དྲུག་སོ་དྲུག་གསུམ་བཅུ་གོང་། དྲུག་རང་གནས།། གསུམ་དང་དྲུག་བསྲེས་དགུ།

2. 960+25=985

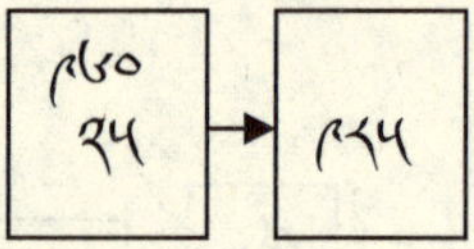

运算口诀：འབྲི་བཀྲང་སྟོན་པ་རང་གི་གཡས། ལྔ་ཐིག་ལ་ཞུགས་པའི་ལྔ། གཉིས་དང་དྲུག་བསྡེབས་བརྒྱད་རང་གནས།།

4. 985+1026=2011

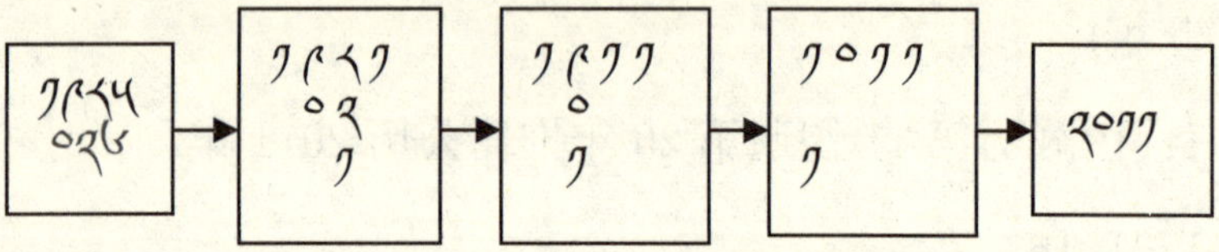

运算口诀：འབྲི་བཀྲང་སྟོན་པ་རང་གི་གཡས། དྲུག་དང་ལྔ་བསྡེབས་བཅུ་གཅིག བཅུ་གོང་། གཅིག་རང་གནས།། གཅིག་དང་གཉིས་བསྡེབས་གསུམ། གསུམ་དང་བརྒྱད་བསྡེབས་བཅུ་གཅིག བཅུ་གོང་། གཅིག་རང་གནས།། གཅིག་ཐིག་ལ་ཞུགས་པའི་གཅིག གཅིག་དང་དགུ་བསྡེབས་བཅུ། བཅུ་གོང་། ཐམ་པའི་གནས་སུ་ཐིག གཅིག་དང་གཅིག་བསྡེབས་གཉིས།།

基础知识（སྔོན་འགྲོ）

在学校教育中，理科教学往往都是首先解释概念，从理论上理解某个概念的涵义之后，然后对公式进行分析，理解某个公式之所以建立成那样的原因和其中的道理，最后才学习其演算过程。然而，藏传天文历算在教学时继承了寺院教育的特点。主要分五个步骤完成整个学习过程，第一步为基础运算的演练学习；第二步是背诵阶段，主要背诵历算中所需各种名词、相应辞藻以及运算方法的口诀；第三步学习佛历；第四步为历算的核心内容，以演算形式一步一步学习；最后一步才是对相关概念的解释和分析。

十进制的 60 个数位（གནས་གྲངས།）的名称

个位 10^{0} གཅིག；十位 10^{1} བཅུ།；百位 10^{2} བརྒྱ།；千位 10^{3} སྟོང་།；万位 10^{4} ཁྲི།；十万 10^{5} འབུམ།；百万 10^{6} ས་ཡ།①；千万 10^{7} བྱེ་བ།；亿 10^{8} དུང་ཕྱུར།②；十亿 10^{9} ཐེར་འབུམ།；百亿 10^{10} ཐེར་འབུམ་ཆེན་པོ།；千亿 10^{11} ཁྲག་ཁྲིག；兆 10^{12} ཁྲག་ཁྲིག་ཆེན་པོ།；十兆 10^{13} རབ་བཀྲམ；百兆 10^{14} རབ་བཀྲམ་ཆེན་པོ།；千兆 10^{15} གཏམས།；京 10^{16} གཏམས་ཆེན་པོ།；十京 10^{17} དཀྲིགས།；百京 10^{18} དཀྲིགས་ཆེན་པོ།；千京 10^{19} མི་འཁྲུགས།；垓 10^{20} མི་འཁྲུགས་ཆེན་པོ།；十垓 10^{21} ཁྲུང་འབྱིན།；百垓 10^{22} ཁྲུང་འབྱིན་ཆེན་པོ།；千垓 10^{23} ཐྲང་རྟེན།；秭 10^{24} ཐྲང་རྟེན་ཆེན་པོ།；十秭 10^{25} དེད་འདྲེན།；百秭 10^{26} དེད་འདྲེན་ཆེན་པོ།；千秭 10^{27} མཐའ་སྣང་།；穰 10^{28} མཐའ་སྣང་ཆེན་པོ།；十穰 10^{29} རྒྱུ་རིགས།；百穰 10^{30} རྒྱུ་རིགས་ཆེན་པོ།；千穰 10^{31} འོད་མཛེས།；沟 10^{32} འོད་མཛེས་ཆེན་པོ།；十沟 10^{33} དབང་པོ།；百沟 10^{34} དབང་པོ་ཆེན་པོ།；千沟 10^{35} ལེགས་ཕྱིན།；涧 10^{36} ལེགས་ཕྱིན་ཆེན་པོ།；十涧 10^{37} རྟོགས་འགྲོ；百涧 10^{38} རྟོགས་འགྲོ་ཆེན་པོ།；千涧 10^{39} འབྱིན་རྟུལ།；正 10^{40} འབྱིན་རྟུལ་ཆེན་པོ།；十正 10^{41} རྒྱ་རྟགས།；百正 10^{42} རྒྱ་རྟགས་ཆེན་པོ།；千正 10^{43} སྟོབས་འཁོར།；载 10^{44} སྟོབས་འཁོར་ཆེན་པོ།；十载 10^{45} བརྡ་ཤེས།；百载 10^{46} བརྡ་ཤེས་ཆེན་པོ།；千载 10^{47} རྣམ་འབྱུང་།；极 10^{48} རྣམ་འབྱུང་ཆེན་པོ།；十极 10^{49} སྟོབས་མིག；百极 10^{50} སྟོབས་མིག་ཆེན་པོ།；千极 10^{51} བྱམས་པ།；恒沙河 10^{52} བྱམས་པ་ཆེན་པོ།；十恒沙河 10^{53} སྙིང་རྗེ།；百恒沙河 10^{54} སྙིང་རྗེ་ཆེན་པོ།；千恒沙河 10^{55} དགའ་བ།；

---

① 民间常把 ས་ཡ། 这一位数称作 བྱེ་བ་ཕྲང་བ། 把后一位的 བྱེ་བ། 称做 བྱེ་བ་ཆེན་པོ། 民间百姓，尤其是老人们多在诵经（མ་ཎི་འདོན།）时需要数到如此庞大的数字。藏人普遍相信诵经次数达到一亿（དུང་ཕྱུར།）就能长一颗新牙齿，这个新牙齿被叫做 དུང་སོ།。

② 从个位（གཅིག）到亿位（དུང་ཕྱུར）的这九个数位叫做孤数（དགུ་པོ་རྐྱང་བའི་གྲངས།）。

阿僧只10^{56} དཀའ་བ་ཆེན་པོ།; 十阿僧只10^{57} བཏང་སྙོམས།; 百阿僧只10^{58} བཏང་སྙོམས་ཆེན་པོ།; ① 千阿僧只（无量数）10^{59} གྲངས་མེད། ②。

天文历算中常用数字（གྲངས།）的辞藻

数字 1 的辞藻有：རང་བཞིན།（自性）；གཟུགས།（形）；བསེ་རུ།（犀牛）③；ཟླ་བ།（月亮）；འོད་དཀར།（月亮）；རི་བོང་ཅན།（月亮）。

数字 2 的辞藻有：མིག（眼睛）；ཟུང་།（双）；བགྲོད་པ།④（南北回归）；ཐབས་ཤེས།（方便智慧）；འཁྲིག་སྦྱོར།（交媾）；གཤིན་རྗེ།（阎罗）⑤；མཚེ་མ།（孪生）。

数字 3 的辞藻有：འཇིག་རྟེན།（世界）⑥；ཚ་བ།（热）①；ཡོན་ཏན།（知识）②；མེ།（火）；སྲིད་པ།（世间）；རྩེ་མོ།（三股矛）③。

---

① 从十亿（ཐེར་འབུམ།）到百阿僧只（བཏང་སྙོམས་ཆེན་པོ།）共五十个位数称作叠数（ཕྲུག་པའི་གྲངས།）。

② 三无数大劫（བསྐལ་ཆེན་གྲངས་མེད་གསུམ།），古印度六十位数字计算法的最后一位，名叫无量数，三倍无量数又叫三无数大劫。

③ བསེ་རུ།（犀牛）一词用作“一”的辞藻是因为两点原因：一是犀牛中有独角犀牛，二是因为犀牛且喜欢独居。

④ 地球公转时，太阳直射点在南北回归线之间来回移动，夏至时太阳直射点在北回归线上，冬至时在南回归线上，春分和秋分时在赤道上。当太阳从夏至点（དབྱར་ཉི་ལྡོག 藏历和农历在五月份，公历 6 月 22 日）移动到冬至点（དགུན་ཉི་ལྡོག 藏历和农历在十一月份，公历 12 月 22 日）时（六个月的时间），就是向南回归，藏语称为 ལྷོ་བགྲོད། 当太阳从冬至点移动到夏至点时（六个月的时间），就是向北回归，藏语称为 བྱང་བགྲོད། བགྲོད་པ། 即向南北两个方向回归之意，所以被用来当做数字 2 的辞藻。

⑤ 佛教观点认为人死后，根据自己所造之业有善趣和恶趣两种去向，如果在生前做的善事比较多，就会进入善趣（人界、神界或阿修罗界），否则会进入恶趣（牲畜道、饿鬼道或地狱道）。阎罗是善业和恶业（ལས་དཀར་ནག）的评判者。所以用阎罗一词借指善业和恶业的最终趋向，故可作为数字 2 的辞藻。

⑥ 世界被认为是由三界组成的。原始宗教（或许是本教）认为由 ལྷའི་འཇིག་རྟེན།（神界）、མིའི་འཇིག་རྟེན།（人界）、ཀླུའི་འཇིག་རྟེན།（鲁界）三界组成；佛教认为由无色界、色界和欲界组成，故将 འཇིག་རྟེན།一词当做数字 3 的辞藻。当然，除此之外，也有世界七道的说

数字 4 的辞藻有：རྒྱ་མཚོ།（大海）④；ཆུ་གཏེར།（水库）；ཆུ་བོ།（河流）⑤；

法，即人道（མིའི་ལམ།）、神道（ལྷའི་ལམ།）、阿修罗道（ལྷ་མ་ཡིན་གྱི་ལམ།）、饿鬼道（ཡི་དྭགས་ཀྱི་ལམ།）、地狱道（དམྱལ་བའི་ལམ།）、畜生道（དུད་འགྲོའི་ལམ།）及中阴道（བར་དོའི་ལམ།），故藏人死后，总会诵经 7 天，或 14 天，最多 49 天，认为最多在 49 天内一定得完成转生。

① ཚ་བ། 有三种：一是火之热，二是太阳之热，三是南瞻部洲的海边上有一座巨大的火山，是火山之热，这座火山看似像一匹红马的马头，故被称为 རྟ་གདུང་། 或 རྒོད་མ་ཁ།。藏医学上也有三种热，叫做 ཙ་ཚ་བ་གསུམ། 即生姜（སྒ་སྐྱ།）、荜拔（པི་པི་ལིང་།）、胡椒粉（ཕོ་བ་རིས།）合名三辛，故 ཚ་བ། 作 3 的辞藻。

② 这里所指为外道（ཕྱི་རོལ་རིག་བྱེད།）的说法，认为有三种知识，即 འདོད་ཀྱི་ཡོན་ཏན། མིན་པའི་ཡོན་ཏན། སྙིང་སྟོབས་ཀྱི་ཡོན་ཏན།。

③ ལྷ་དབང་ཕྱུག་ཆེན་མོ། 右手手执为三股矛（རྩེ་མོ་གསུམ་གྱི་མདུང་།）。

④《俱舍论》中讲到须弥山的周围被分成四个洲，东胜神洲由水晶（ཤེལ་རྡོ།）构成，映射在海中使海水显现出白色；南瞻部洲由蓝琉璃（བཻཌཱུརྱ་སྔོན་པོ།）构成，所以映射在大海中使海水呈现出蓝色；西货牛洲由红宝石（པད་མ་རཱ་ག）构成，使海水呈现出红色；北俱芦洲由黄金构成，映射在海中使海水呈现黄色。须弥山周围的海水呈现出四种不同的颜色，所以用“大海”作为数字 4 的辞藻。

⑤ ཆུ་བོ་བཞི། 也称 ཁ་འབབ་བཞི།，分别为狮泉河（སེང་གེ་ཁ་འབབ།）、象泉河（གླང་ཆེན་ཁ་འབབ།）、孔雀河（རྨ་བྱ་ཁ་འབབ།)及马泉河（རྟ་མཆོག་ཁ་འབབ།），系古印度境内的སིནྡྷུ།（印度河）、སི་ཏཱ།（溪多河）、གངྒཱ།（恒河）及པཀྵུ།（缚刍河）四大河的源头，位于今西藏阿里的冈底斯神山（གངས་ཏི་སེ།）附近。佛教认为四条河均流自冈底斯山神附近的玛旁雍措（也叫 ཆུ་མ་དྲོས་པ།或མ་དྲོས་མཚོ།，世界上平均海拔最高的淡水湖，平均海拔 4,556 米），自此湖旋转流出，狮泉河自北面流出，象泉河自西北方向流出，马泉河自西南方向流出，孔雀河自南面流出。其中狮泉河与象泉河属印度河水系，孔雀河属恒河水系，马泉河属雅鲁藏布江水系。据说，最为神圣的河水具有八种宝贝（ཆུ་བོ་ཡན་ལག་བརྒྱད།或称ཆུ་བོ་བརྒྱད་དང་ལྡན་པ།），即具备香甜（མངར་བ་དང་།）、清凉（བསིལ་བ།）、光滑（འཇམ་པ།）、轻盈（ཡང་བ།）清澈（དྭངས་པ།）、干净（གཙང་བ།）、不伤喉（མགྲིན་པ་ལ་མི་གནོད་པ།）、不伤腹（ལྟོ་བ་ལ་ཕན་པ་སྙེ་བརྒྱད།），而玛旁雍措就是这样一种湖，自它流出的这四条河也被认为是非常殊胜的。印度人最崇尚是的恒河，古代印度有四大种姓，分别为婆罗门（བྲམ་ཟེའི་རིགས།）、刹帝利（རྒྱལ་རིགས།） 吠舍（རྗེ་རིགས།）、首陀罗（འབངས་མི་སེར།），首陀罗中最下等的为戍陀罗（དམངས་རིགས། 或称 གདོལ་པའི་རིགས།）。种姓之间界限极其严格，禁止相互向往、共同居住、饮食和通婚。尤其是婆罗门非常爱干净，认为自己是最为高贵、最为干净的

བདུད།（妖魔）①；རིག་བྱེད།（吠陀）②；སྡེ་བ།（村落）③；ཟུང་ལྡན།（双双）。

数字 5 的辞藻有：འདོད་ཡོན།（妙欲）④；ཉེར་སྤྱོད།（受用品）⑤；ཕུང་པོ།（蕴）⑥；མདའ།（箭）⑦；འབྱུང་བ།（五行）⑧；དབང་པོ།（根）⑨。

人，而下等的戌陀罗最不干净。一旦婆罗门被戌陀罗碰过，哪怕是一个手指的碰触，都认为是玷污了他们，就跑去恒河里洗涤七天才算干净，这一方面反映了古印度森严的种姓制度，一方面反映了他们对恒河的崇拜，认为恒河是最殊胜的河流，可以洗涤所有的一切污秽。藏人认为玛旁雍措也像印度的恒河一样，是最为殊胜的，最为洁净的湖水。

① 即天子魔（ལྷའི་བུ་བདུད།/བདུད་དགའ་རབ་དབང་ཕྱུག\欲天王）、死魔（འཆི་བདག་གི་བདུད།）、蕴魔（ཉོན་མོངས་པའི་བདུད།）、烦恼魔（ཕུང་པོའི་བདུད།）。其中天子魔有五箭（མདའ་ལྔ།），即能醉（མྱོས་བྱེ།）、能爱（སྲེད་བྱེད།）、能愚（རྨོངས་བྱེད།）、能瘦（སྐེམ་བྱེད།）、能缚（འཆིང་བྱེད།）；死魔即人人都逃不脱死亡之魔，只有成佛才能逃脱生死之轮回；蕴魔有三种，即贪（འདོད་ཆགས།）、嗔（ཞེ་སྡང་།）、痴（གཏི་མུག）；烦恼魔主要源自五蕴，即色（གཟུགས་ཀྱི་ཕུང་པོ།）、受（ཚོར་བའི་ཕུང་པོ།）、想（འདུ་ཤེས་ཀྱི་ཕུང་པོ།）、行（འདུ་བྱེད་ཀྱི་ཕུང་པོ།）、识（རྣམ་པར་ཤེས་པའི་ཕུང་པོ།）。

② 吠陀，也称明论，主张有四明，即祭祀（མཆོད་སྦྱིན།）、文法（ངེས་བརྗོད།）、诗歌（སྙན་ཚིག）、政治（སྲིད་སྐྱོང་།）。

③ སྡེ་བ། 表数字 4 有两种说法：一种认为古印度佛教分上座部（གནས་བརྟན་པ།）、说一切有部（ཐམས་ཅད་ཡོད་པར་སྨྲ་བ།）、正量部（མང་པོས་བཀུར་བ།）、大众部（ཕལ་ཆེན་པ།）四根本部（རྩ་བའི་སྡེ་བ་བཞི།）；一种认为藏文字母分成四组，即ཀ་ཁ་ག་ང་། 四组，故表数字 4。

④ འདོད། 表数字 13，ཡོན། 表数字 3，但 འདོད་ཡོན། 表数字 5。五妙欲指色（གཟུགས།）、声（སྒྲ）、香（དྲི）、味（རོ།）、触（རེག་བྱ།）。通常用镜子（མེ་ལོང་།）、琵琶（པི་ཝང་།）、香（སྤོས།）、水果（ཤིང་ཏོག）和哈达（ཁ་བཏགས།）五种图案来表示五妙欲。

⑤ 供佛用品有“两水五供音乐等”（ཆུ་གཉིས་ཉེར་སྤྱོད་རོལ་མོ་དང་བཅས་པ།），其中五供就是文中提到的受用品，即花（མེ་ཏོག）、香（སྤོས།）、灯（མར་མེ།）、香水（དྲི་ཆབ།）古代是用檀香树的树枝蘸水涂在身上）、食物（ཞལ་ཟས།）。藏地常用粮食代替五供。

⑥ 五蕴，见妖魔的注释。

⑦ 同上

⑧ 土水火风空（ས་ཆུ་མེ་རླུང་ནམ་མཁའ།）。

⑨ 眼根（མིག་གི་དབང་པོ།）、耳根（རྣ་བའི་དབང་པོ།）、鼻根（སྣའི་དབང་པོ།）、舌根（ལྕེའི་དབང་པོ།）、身根（ལུས་ཀྱི་དབང་པོ།）。

数字6的辞藻有：རོ།（味）①；དུས།（时）②；བྲོ་བ།（味道）；མཚམས།（时界）。

数字 7 的辞藻有：རིན་ཆེན།（宝）③；ས་འཛིན།（持地）④；ཐུབ་པ།（能）⑤；གླིང་།（洲）；དྲང་སྲོང་།（仙人）⑥；རེས་གཟའ།（七曜）；རྟ།（马）⑦。

数字8的辞藻有：ལྷ།（神）①；ཀླུ།（鲁）②；བཀྲ་ཤིས།（吉祥）③；གདེངས་ཅན།（蛇冠）④；སྦྲུལ།（蛇）⑤；ལྟོ་འགྲོ（蛇）；ནོར་ལྷ།（财神）⑥；ནོར།（财）；དབྱིག（财物）。

---

① རོ། 和 བྲོ་བ། 均指六味，即酸（སྐྱུར་བ།）、甜（མངར་བ།）、苦（ཁ་བ།）、涩（བསྐ་བ།）、辣（ཚ་བ།）、咸（ལན་ཚྭ་བ།）。

② 一天六时，一年六季。故表 དུས། 和 མཚམས། 均指数字 6。一天为六时，叫做昼夜六时（ཉིན་མཚན་ཐུན་དྲུག），即早（སྔ་དྲོ།）、中（ཉིན་གུང་།）、晚（ཕྱི་དྲོ།）、黄昏（སྲོད་དུས།）、午夜（ནམ་གུང་།）、黎明（ཐོ་རེངས།）。这种记时方法很有可能是源自古印度的时间单位。在古印度，一时(कल kala)相当于现在的四个小时，所谓“昼夜六时”就是日三时（ཉིན་ལམ་གསུམ།）、夜三时（མཚན་ལམ་གསུམ།）。古印度一年分为六季，即春（དཔྱིད།）、春夏（སོས་ཀ།）、夏（དབྱར།）、秋（སྟོན།）、早冬（དགུན་སྟོད།）、晚冬（དགུན་སྨད།）。

③ 金轮宝（འཁོར་ལོ།）、神珠宝（ནོར་བུ།）、玉女宝（བཙུན་མོ།）、主藏臣宝（བློན་པོ།）、白象宝（གླང་པོ།）、绀马宝（རྟ་མཆོག）、将军宝（དམག་དཔོན།）被称为世间七珍宝。

④ 山的异名，《俱舍论》中所指须弥山周围的七金山，即持双山、持轴山、担木山、善见山、马耳山、象鼻山、持边山。

⑤ 妙观（རྣམ་གཟིགས།）、顶髻（གཙུག་ཏོར།）、一切救（ཐམས་ཅད་སྐྱོབ།）、毁轮回（འཁོར་བ་འཇིག）、羯诺迦牟（གསེར་ཐུབ།）、迦叶（འོད་སྲུང་།）及释迦牟尼（ཤཱཀྱ་ཐུབ་པ།）为七佛。

⑥ 把北斗七星的七颗星想象成七位仙人，并取了相应的名称，分别为具光（འོད་ཟེར་ཅན།）、太阳（ཉི་མ།）、常识（རྒྱུན་ཤེས།）、泛光（འོད་ཡངས།）、降非天（ལྷ་མིན་འཛོམས།）、祭司（མཆོད་སྦྱིན་ཅན།）、置位（གནས་འཛོག），故用“仙人”作数字 7 的辞藻。

⑦ 佛教中把太阳比喻成一位女神，认为她坐在一辆七匹马拉着的木车中，故“马”又是太阳的异名，也是数字 7 的辞藻。

数字9的辞藻有：སྲིན་པོ།（罗刹）[⑦]；བུག（空穴）[⑧]；གཏེར།（库）[⑨]；རྩ།（脉）[⑩]。

数字10的辞藻有：འཇུག་པ།（入）[①]、ཁྲོ་བོ།（忿怒）[②]、སྒྲ་སྒྲོགས།（声响）[③]、ཕྱོགས།（方位）[④]、འབྱོར་པ།（圆满）[⑤]、སྟོབས།（力量）[⑥]、སོར་མོ།（手指）。

---

① 八天神（ལྷ་ཆེན་བརྒྱད།），即大自在（དབང་ཕྱུག་ཆེན་པོ།）、帝释天（བརྒྱ་བྱིན།）、梵天（ཚངས་པ།）、遍入天（ཁྱབ་འཇུག）、他化自在天（འདོད་པའི་དབང་ཕྱུག）、象鼻天（ཚོགས་བདག）、卜加哩（བྷྲིངྒི་རི་ཊི།）、六面童天（གཞོན་ནུ་གདོང་དྲུག）。

② 指八大鲁王（ཀླུ་ཆེན་བརྒྱད།），即广财鲁王（ནོར་རྒྱས།）、莲花鲁王（པད་མ།）、力游鲁王（སྟོབས་རྒྱུ།）、安止鲁王（འཇོག་པོ།）、大莲鲁王（པད་མ་ཆེན་པོ།）、护贝鲁王（དུང་སྐྱོང་།）、具种鲁王（རིགས་ལྡན།）、无边鲁王（མཐའ་ཡས།）。

③ 指吉祥八宝（བཀྲ་ཤིས་རྟགས་བརྒྱད།），即吉祥结（དཔལ་བེའུ།）、妙莲（པད་མ།）、宝伞（གདུགས།）、右旋海螺（དུང་།）、法轮（འཁོར་ལོ།）、胜利幢（རྒྱལ་མཚན།）、宝瓶（བུམ་པ།）、金鱼（གསེར་ཉ།）。

④ 同“鲁”。

⑤ 同上

⑥ 八财神指水神（ཆུ་ལྷ།）、世界神（བརྟན་པ།）、月神（ཟླ་བ།）、持神（འཛིན་བྱེད།）、风神（རླུང་།）、火神（མེ།）、黎明之神（ནམ་ལངས།）、光神（འོད་བྱེད།）。

⑦ 一说南瞻部洲有一小洲名叫“阿亚琳”（ཨ་ཡར་གླིང་།），那里居住着很多罗刹，其中最主要的有九位罗刹；一说九库（གཏེར་དགུ）各有一守库罗刹，也称库主（གཏེར་བདག），总数为九；一说罗刹九城（ལྷའི་གྲོང་ཁྱེར་དགུ）之主，有九罗刹。

⑧ 双眼（མིག་ཟུང་།）、双耳（རྣ་ཟུང་།）、两个鼻孔（སྣ་ཁ་གཉིས།）、肚脐（ལྟེ་བ།）、尿道（ཆུ་ལམ།）、肛门（བཤང་ལམ།）。

⑨ 藏地有九大库藏，分别是“莲花”（པདྨ་ཅན།）、“海螺”（དུང་ཅན།）、“巨莲花”（པདྨ་ཆེན་པོ་ཅན།）、“水怪”（ཆུ་སྲིན་ཅན།）、“海龟”（རུས་སྦལ་ཅན།）、“俱缩尾”（ཛ་ཡབ་ཅན།）、“俱喜”（དགའ་བ་ཅན།）、“青蓝”（སྔོན་པོ་ཅན།）、“施物”（སྦྱིན་བྱེད།）。藏人认为这些库藏是不能被开采挖掘的，否则会触犯神灵，带来灾祸。

⑩ 人体的左脉（རོ་མ།）、中脉（དབུ་མ།）、右脉（རྐྱང་མ།）三大脉管及根轮（སྤྱི་བོ་བདེ་ཆེན་འཁོར་ལོ།）、生殖轮（གསང་གནས་བདེ་སྐྱོང་འཁོར་ལོ།）、脐轮（ལྟེ་བ་སྤྲུལ་པའི་འཁོར་ལོ།）、心轮（སྙིང་ག་ཆོས་ཀྱི་འཁོར་ལོ།）、喉轮（མགྲིན་པ་ལོངས་སྤྱོད་འཁོར་ལོ།）、顶轮（གཙུག་ཏོར་དྲི་མེད་འཁོར་ལོ།）六大脉轮，共有九大脉。（见附录图8）

① 十入是婆罗门的说法,指遍入天(ཁྱབ་འཇུག)的十大贡献,即遍入天变幻成鱼（ཉ།）、龟（རུས་སྦལ།）、野猪（ཕག་རྒོད།）、狮首人身（མིའི་སེང་གེ）、矮子（མིའུ་ཐུང་།）、然玛那（ར་མ་ན།）、黑（ནག་པོ།）、释迦牟尼（ཤཱཀྱ་ཐུབ་པ།）、法胤（རིགས་ལྡན།）、格的子（ཀླྀཧྲི་ཀྱི།）这十种不同的幻象所做的事情。据传，在吠陀时期，四部吠陀本集，即《梨俱吠陀》《娑摩吠陀》《夜柔吠陀》《阿闼婆吠陀》不慎落入了大海中，于是遍入天就变幻成鱼，把这些落入海中的书送到了海岸上；为防止地球沉入大海,他又变幻成海龟托起了地球;变幻成野猪按住梵天以下的世界；阿修罗界有一王叫འགྲོ་སྐྱོབ་གསེར།，他既杀不了人，也杀不了牲畜，白天宰杀的能力，夜晚更是没有，他既没有能力在有光的地方宰杀，也不能在有影的地方宰杀，在房子里面也杀不了，房子外面也杀不了，为了满足他这不能实现的愿望，于是遍入天自己幻化为下身为人上身为狮的样子，在半阴的地方站着让他宰杀，于是他终于将其剖腹宰杀；他又层幻化做矮人让阿修罗多旦（སྟོབས་ལྡན།）只用了三步便追到了；印度有两位然玛那（ར་མ་ན།），其中一位是国王（ཛ་སྣང་ཨསྒྲ།）的大儿子，其父在临终前给他娶了一位妃子。这位名叫斯达（སི་ཏཱ།）的妃子貌美如仙，为了避免妃子被他人抢夺，夫妻双方就离开了城市，跑到深山中度日，后来然玛那的弟弟羡慕哥哥可以游走山水间，也追随而去。有一天一魔王朗咖轸巨（ལིངྐ་མགྲིན་བཅུ།）在山林中觅食，见到斯达便想抢走她，但知道然玛那是神箭手（མདའ་འཕོང་འཕོང་པོ་མི་ཁེས་ཀྱི་མེད། ཁེས་ཁེས་ཀྱི་མི་གསོད་ཀྱི་མེད།），不可能从他手中夺走其夫人，于是他用调虎离山之计抢走了斯达。然玛那再去营救妻子的途中遇到了聪慧的猴王哈呐曼塔（ཧྲིའུ་ཏ་ནུ་མནྟ།），然玛那帮助哈呐曼塔打败了他的敌手，而哈呐曼塔帮助然玛那找到了魔王的居所，并营救了然玛那的妻子。这位然玛那被视为是遍入天的化身;印度曾有一肤色黝黑的人知识渊博,教会了人们很多知识,此人也被认为是遍入天的化身;释迦牟尼也被认为是遍入天的化身;未来还有一位婆罗门教的子嗣名叫格德孜（ཀླྀཧྲི་ཀྱི།），他会重新给人们弘法，也是遍入天的化身。

② 藏传佛教的神灵有愤怒神（ཁྲོ་བོ།）、喜神（ཞི་མ།）和介于中间的既不愤怒又不喜悦的神（ཞི་མ་ཁྲོ།）三种，其中愤怒神有俱损（གནོད་མཛེས།）、阎王（གཤིན་རྗེ་གཤེད།）、无敌（གཞན་གྱིས་མི་ཐུབ་པ།）、马头明王（རྟ་མགྲིན།）、甘露漩（བདུད་རྩི་འཁྱིལ་བ།）、欲王（འདོད་པའི་རྒྱལ་པོ།）、持青棍（དབྱུག་སྔོན་ཅན།）、大力（སྟོབས་པོ་ཆེ།）、稳居（མི་གཡོ་བ།）、顶髻之王（གཙུག་ཏོར་འཁོར་ལོས་བསྒྱུར་བ།），共十位。

③ 指十首魔王（སྲིན་པོ་ལིངྐ་མགྲིན་བཅུ།）。

④ 十个方向指四面八方以及上下两个方向共十个方向。

⑤ 十圆满，即生为人(མི་ཡིན་པ།)、生于中土(ཡུལ་དབུས་སུ་སྐྱེ་བ།)、诸根全具(དབང་པོ་ཚང་བ།)、未犯无间(ལས་མཐའ་མ་ལོག་པ།)、敬信佛教(གནས་ལ་དད་པ།)、值佛出世(སངས་རྒྱས་འཇིག་རྟེན་དུ་བྱོན་པ།)、值佛说法(དེས་དམ་པའི་ཆོས་སྟོན་པ།)、佛法住世(བསྟན་པ་གནས་པ།)、入佛法(བསྟན་པའི་རྗེས་སུ་ཞུགས་པ།)、有善师（མཐུན་རྐྱེན་དགེ་བའི་བཤེས་གཉེན་ཡོད་པ།）。

数字 11 的辞藻有：དྲག་པོ།（勇武）；དབང་ཕྱུག（自在天）；བདེ་བྱེད།（能安）；བདེ་འབྱུང་།（乐源）；འཕྲོག་བྱེད།（能夺）。[②]

数字 12 的辞藻有：ཉི་མ།（太阳）[③]；རྟེན་འབྲེལ།（因缘）[④]；ཁྱིམ།（宫）。[⑤]

数字 13 的辞藻有：གདུགས་རིམ།（伞层）[①]；སྣ་ཚོགས།（各种）；ལུས་མེད།（五身）；འདོད་པ།（贪欲）；མྱོས་བྱེད།（能醉）[②]。

---

① 指佛祖（སངས་རྒྱས།）的十明，即（གནས་དང་གནས་མིན་པ།）（ལས་ཀྱི་རྣམ་པར་སྨིན་པ།）（མོས་པ་སྣ་ཚོགས་པ།）（ཁམས་སྣ་ཚོགས་པ།）（དབང་པོ་མཆོག་དང་མཆོག་མིན་པ།）（ཐམས་ཅད་དུ་འགྲོ་བའི་ལམ།）（ཀུན་ནས་ཉོན་མོངས་པ་དང་རྣམ་པར་བྱང་བ།）（སྔོན་གྱི་གནས་རྗེས་སུ་དྲན་པ།）（འཆི་འཕོ་བ་དང་སྐྱེ་བ།）（ཟག་པ་ཟད་པ་བཅས་མཁྱེན་པ།）。

② དྲག་པོ། བདེ་བྱེད། བདེ་འབྱུང་། འཕྲོག་བྱེད། 都是ལྷ་དབང་ཕྱུག（自在天）的辞藻名。刹增（མ་སྐྱེས་རྐང་གཅིག་འཕེལ་བ།）、夸赞（བསྟོད་པ།）、怒（དྲག་པོ།）、俱勤奋（བརྩོན་འགྲུས་ལྡན།）、弥者（འཕྲོག་བྱེད།）、悦者（བདེ་བྱེད།）、极乐（བདེ་འབྱུང་།）、三眼（སྤྱན་གསུམ།）、胜他（གཞན་ལས་རྒྱལ་བ།）、自在（དབང་ལྡན།）、第三地（ས་གསུམ་པ།）是自在天的十一种不同的名字，故代表数字十一。

③ 太阳代表数字 12 的主要原因是认为十二宫在风轮的带动下自西向东旋转，在旋转过程中每个宫总会与太阳处于同一条直线，就认为太阳总是经过十二宫，每到十二宫时就给它起一个名字，故太阳也有十二个名字，这十二个名称分别为王者（དབང་པོ།）、施动者（བྱེད་པོ།）、指路（ལམ་སྟོན།）、下雨（ཆར་འབབ།）、赞颂者（བསྟོད་བྱེད།）、青眼（སྔོན་མིག）、青圣（སྔོན་འཕགས།）、晰名色（མིང་གཟུགས་གསལ་བྱེད།）、遍入（ཁྱབ་འཇུག）、俱光（འོད་ཅན།）、鲁神（ཆུ་བདག）、阎王（གཤིན་རྗེ།）。

④ 十二因缘指无明（མ་རིག་པ།）、行（འདུ་བྱེད།）、识（རྣམ་ཤེས།）、名（མིང་གཟུགས།）、处（སྐྱེ་མཆེད།）、触（རེག་པ།）、受（ཚོར་བ།）、爱（སྲེད་པ།）、取（ལེན་པ།）、能（སྲིད་པ།）、生（སྐྱེ་བ།）、老死（རྒ་ཤི།）。

⑤ 十二宫名称的由来有两种解释：一种认为太阳绕须弥山旋转时，须弥山山顶所显现的十二种样子；一种认为当白羊宫值日即三月份，是羊的繁殖期；公牛宫即四月份，是牛犁地时；双子宫即五月份，是牲畜繁殖时期；巨蟹宫即六月份，是青蛙出现在陆地时；狮子宫即七月份，是狮子的生育期；处女宫即八月份，是女孩最美丽的时候；天秤宫即九月份，是农牧民在市场交易货物时期；天蝎宫即十月份，是蝎子入洞准备冬眠时；射手宫即十一月份，是弓变硬时期；摩羯宫即十二月份，是水怪的生产期；水瓶宫即元月份，是酒酿味道最佳时期；双鱼宫即二月份，即鱼繁殖时期。

数字 14 的辞藻有：མ་ནུ།（人的类别）；ཤེད་བུ།（初人）[3]；ཡིད།（心意）[4]；སྲིད་པ།（世间）；སྲིད་པའི་གནས།（有处）[5]。

数字 15 的辞藻有：ཚེས་ཞེས་བྱ་བ།（太阴日）[6]。

数字 16 的辞藻有：ཆ་ཤས།（部分）；རྒྱལ་པོ།（王）；མི་བདག（主人）。

数字 18 的辞藻有：ཉེས།（罪孽）；སྐྱོན།（缺陷）；ཁམས།（界限）。

数字 25 的辞藻为：དེ་ཉིད།（自性）。

数字 27 的辞藻有：སྐར་མ།（星）；འཁོར་ལོ།（周期）。

数字 32 的辞藻有：སོ།（牙齿）；གཉིས་སྐྱེས།（重生）。

数字 0 的辞藻有：སྟོང་པ།（虚空）；ནམ་མཁའ།（天空）；ཐིག་ལེ།（圆点）。

---

① 佛塔有十三层，故代表十三。

② སྣ་ཚོགས། ལུས་མེད། འདོད་པ། སྨོས་བྱེད། 等是བདུད་དགའ་རབ་དབང་ཕྱུག所能的十三种变化之术名。

③ མ་ནུ། 是梵文，ཤེད་བུ། 是藏文，即印度经典所叙述的瓦尔那（verna），也可以理解为种姓制度，是否洁净是种姓制度的核心观念。古印度种姓制度以婆罗门为中心，划分出许多以职业为基础的内婚制群体，主要分为四大种姓，即分为婆罗门（བྲམ་ཟེ་རིགས།）、刹帝利（རྒྱལ་རིགས།）、吠舍（རྗེ་རིགས།）、首陀罗（དམངས་རིགས།）四大种姓。婆罗门又分为隐居森林者（ནགས་གནས།）、居家者（ཁྱིམ་གནས།）、苦修者（དཀའ་ཐུབ་པ།）三个种姓；刹帝利又分为步行者（རྐང་ཐང་།）、骑马者（རྟ་པ།）、骑牛者（གླང་ཆེན།）、乘车者（ཤིང་རྟ།）四种姓；吠舍分为文人（ཡིག་མཁན།）、商人（ཚོང་པ།）、医生（སྨན་པ།）三种姓；首陀罗分为农民（ཞིང་རྨོ་བ།）、牧民（བ་གླང་སྐྱོང་བ།）、匠人（འཛིམ་ལས་པ།）、佣人（ཁྱིམ་གནས་བྱེད་པ།）四种姓。

④ 十四种人有十四种想法。

⑤ སྲིད་པ། 和 སྲིད་པ་གནས། 指六欲天、色界、无色界、人界、地狱以及畜生的四种空间，共十四界。

⑥ 太阴月将月亮从朔到望变化的十五日称为白分，自望到朔的变化的十五日又称为黑分，故用太阴日一词代表数字 15。

数字的辞藻在实际应用中非常重要，首先在书写中不易出错，易辨认，其次，是传送密信、密报的一种方式，如果敌方不懂得历算，不懂得数字的辞藻是无法破解信件的。

举例说明：

རི་སྡེའི་ཆུ་བོར་དབྱངས་ཀྱི་ཡོན་ཏན་ལྡན།།

དེ་ལ་མཐའ་རྟེན་རོ་དང་ས་ཡིས་བརྒྱན།།

གཉིས་པའི་མིག་ལ་དབྱངས་མཚོ་ང་ཡིས་སྐྱོར།།

བྱ་ལ་དབྱངས་བདུད་མཐའ་རྟེན་སོར་མོས་བཀག།

这样一首诗其实是要表达“请小心”（སེམས་ཆུང་བྱོས།）之意。

十曜（གཟའ།）的辞藻

（太阳）ཉི་མ། 的辞藻：ཚ་ཟེར།（日光）、སྣ་ཚོགས་ཤིང་རྟ།（众车）、མི་སྦྱིན་སྐྱེས་པ། པད་མའི་གཉེན།（莲亲）、དུས་ཀྱི་བདག་པོ།（时间之主）、མུན་པའི་དགྲ（黑暗之敌）、འཇིག་རྟེན་མིག（世间眼）、བཅུ་གཉིས་བདག（十二之主）、འགྲོ་བའི་སྒྲོན་མེ།（众生之灯）、ཀུ་མུད་དགྲ（睡莲敌）、ཉིན་མོར་བྱེད་པ།（白昼开）、ནམ་མཁའི་ནོར།（天空之宝）、རྟ་ལྗང་ཅན།（青马）、འོད་སྟོང་འབར།（耀千光）、ནམ་མཁའི་ཏོག（天空之顶）、འོད་བརྒྱ་བ།（百光）、ནམ་མཁའི་ཐིག་ལེ།（天空之圆团）、སྣ་ཚོགས་འོད།（众光）、རྟ་བདུན།（七马）。

月亮（ཟླ་བ་）的辞藻：རི་བོང་ཅན།（兔）、བདུད་རྩིའི་འོད།（甘露光）、དགྲ་བོའི་གཙུག་རྒྱན།（大自在天）、ག་བུར་འཛིན།（凉王）、མཚན་མོའི་བདག（夜主）、རྒྱ་མཚོ་སྐྱེས།（生海）、གཉིས་སྐྱེས།（重生）、རྒྱལ་པོ།（王）、རི་བོང་འཛིན།（持兔）、རི་དྭགས་རྟགས་ཅན།（兽影）、བདུད་རྩི་སྦྱིན།（喜甘露）、

མཚན་མོའི་མགོན་པོ།（夜怙）、ཀུ་མུད་གཉེན།（睡莲亲）、རྒྱུ་སྐར་མུ་ཁྱུད།（绕星宿）、རྒྱུ་སྐར་བདག་པོ།（星宿主）、པད་མའི་དགྲ（莲花敌）。

火星（མིག་དམར།）的辞藻：བཀྲ་ཤིས།（吉祥）、ལུས་དམར།（红体）、ས་ཡི་བུ།（土之子）、གཞོན་ནུ།（青年）、ས་སྐྱེས།（土生）、ཡན་ལག་དམར།（红支体）、འོད་ཟེར་དགུ་པ།（九光）、ཆུ་སྟོད་སྐྱེས།（箕宿生）、རྩིབས་ལྡན།（具占）、ས་འབྱུང་།（土生）、མཁའ་སྟེང་འགྲོ（空行）、དམག་དཔོན།（将军）。

水星（ལྷག་པ།）的辞藻：ཟླ་སྐྱེས།（月生）、ཟླ་བུ།（月子）、ལུས་གཅིག（一体）、མཛའ་ལྷའི་གྲོགས་པོ།、སྔོ་བསངས་ལུས།（青身）、སྣར་མ་ལྷ་མཚམས་སོ་སོར་སྐྱེས།（毕宿、房宿等生）、རྒྱལ་པོའི་བུ།（王嗣）、གསལ་ལྡན།（具凉）、ཐོས་ལྡན་སྐྱེས།（智者生）、ཆོས་བྱེད་སྐྱེས། མཁས་པ།（能者）。

木星（ཕུར་བུ།）的辞藻：སྨྲ་མཁན།（擅语者）、བློ་ལྡན།（智者）、མེ་བཞི་སྐྱེས།（四火生）、ཚིག་བདག（愤怒之主）、སྨྲ་མཁས།（能言者）、ལྷའི་སློབ་དཔོན།（神之规范师）、སྣ་ཚོགས་གཙུག་ཅན།（众顶）、རིག་བྱེད་བདག（吠陀主）、གྲེ་སྐྱེས།（喉咙生）、འཚོ་བྱེད།（生计）、སྨྲ་མཁས།（能语）、བཅུ་གཉིས་འོད་འཕྲོ།（十二余光）、ཉི་རིགས་སྐྱེས།（日中生）、མཐོ་རིས་ཐོབ།（入人神二善趣）、འབར་བ་ལྡན།（具闪）、རྩུབ་ལྡན།（粗鲁）、ཤིན་ཏུ་གསལ་བའི་གཅུང་།（极凉之兄）、ཚིག་ལྡན།（愤怒）、མིག་ལྡན།（具眼）、དཔྱོད་ལྡན།（明察者）、ལྷ་ཡི་བླ་མ།（神之上师）。

金星（པ་སངས།）的辞藻：སྙན་ངག་མཁན་པོ།（诗人）、ངན་སྤོང་བུ།（去恶之子）、ལྷ་མིན་བླ་མ།（非天上师）、མཆུ་ལས་སྐྱེས།（星宿生）、ལྷ་མིན་བདག་

པོ།（非天主）、ངན་སྤོང་འཛིན།（持去恶）、ངན་ལས་རྒྱལ།（恶之王）、ཚིག་བརྒྱའི་དབང་།（百相怒）、བཅུ་དྲུག་འོད་ལྡན།（十六光者）、དཀར་པོ།（白色）、ཁུ་བ།（液体）。

木星（ཕྲིན་པ།）的辞藻：ཉི་མའི་བུ།（日子）、དལ་བར་འགྲོ（慢行）、ཉི་སྐྱེས།（日生）、ཚངས་སྐྱེས།（梵天生）、རྗེས་སུ་སྐྱེས།（后生）、འོད་ཟེར་བདུན་པ།（第七光）、མི་བཟང་མིག（善人眼）、གཤིན་རྗེའི་བདག་པོ།（阎罗王）、དབྱེ་བའི་བུ།（分离之子）、འཁྱོག་འགྲོ（曲行）、གོས་སྔོན།（青衣）。

劫火（མཇུག་མ།）的辞藻：མིག་སྨན་མདོག་ཅན།（暗色）、ཉི་ཟླ་ཟ།（食日月）、དུས་ཀྱི་མེ།（时间之火）、སྤྱང་ཀི（狼）、སྣ་ཚོགས་མདོག་ཅན།（众色）。

罗睺（སྒྲ་གཅན།）的辞藻：བསོད་ནམས་ལྡན་པ།（幸福者）、མུན་ཅན།（黑暗）、མཐོ་རིས་སྣང་བྱེད།（照二善趣）、གཟའི་རྣ་བ།（曜耳）、མགོ་ཟླུམ།（秃头）、ལམ་ནག（恶趣）、ཟླ་བའི་དགྲ（月之敌）、སེང་གེ་མོའི་བུ།（母狮之子）、ཟླ་བ་འཇོམས།（月降服）、ཉེ་བར་འཕར་འགྲོ（近跃行）、ཤ་ཟ།（食肉）、སྤྲིན་ལས་རྣམ་རྒྱལ།（云中胜）、བྲ་ཉེ་སྐྱེས།（胃宿生）、ཁམས་གསུམ་རྣམ་རྒྱལ།（三贤胜）。

长尾（དུ་བ་མཇུག་རིང་།）的辞藻：ཐོད་ཅན།（可能）、མཇུག་ཐོད་ཅན།（究竟）、གཙུག་ཕུད་ཅན།（发髻）、སྦྲུལ་ཅན།（蛇）、སྐག་ལས་སྐྱེས།（柳宿生）、སྐྲ་གཉིས་པ།（第二发）。

二十七星宿（རྒྱུ་སྐར།）[①] 及十二宫（ཁྱིམ།）

0. 娄宿（ཐ་སྐར། ）、1. 胃宿（བྲ་ཉེ།）、2. 昴宿（སྨིན་དྲུག）、3. 毕宿（སྣར་མ།）、4. 觜宿（མགོ）、5. 参宿（ལག）、6. 井宿（ནབས་སོ།）、7. 鬼宿（རྒྱལ།）、8. 柳宿（སྐག）、9. 星宿（མཆུ།）、10. 张宿（གྲེ）、11. 翼宿（དབོ།）、12. 轸宿（མེ་བཞི།）、13. 角宿（ནག）、14. 亢宿（ས་རི།）、15. 氐宿（ས་ག）、16. 房宿（ལྷ་མཚམས།）、17. 心宿（སྣྲོན།）、18. 尾宿（སྣྲུབས།）、19. 箕宿（ཆུ་སྟོད།）、20. 斗宿（ཆུ་སྨད།）、21. 牛宿（གྲོ་བཞིན།）[②]、22. 虚宿（མོན་གྲེ）、23. 危宿（མོན་གྲུ）、24. 室宿（ཁྲུམས་སྟོད།）、25. 壁宿（ཁྲུམས་སྨད།）、26. 奎宿（ནམ་གྲུ）。

0. 白羊宫（ལུག་གི་ཁྱིམ།）、1. 金牛宫（གླང་གི་ཁྱིམ།）、2. 双子宫（འཁྲིག་པའི་ཁྱིམ།）、3. 巨蟹宫（ཀར་ཀ་ཊ་ཡི་ཁྱིམ།）、4. 狮子宫（སེང་གེའི་ཁྱིམ།）、5. 室女宫（བུ་མོའི་ཁྱིམ།）、6. 天秤宫（སྲང་གི་ཁྱིམ།）、7. 天蝎宫（སྡིག་གི་ཁྱིམ།）、8. 人马宫（གཞུ་ཡི་ཁྱིམ།）、9. 摩羯宫（ཆུ་སྲིན་གྱི་ཁྱིམ།）、10. 宝瓶宫（བུམ་པའི་ཁྱིམ།）、11. 双鱼宫（ཉ་ཡི་ཁྱིམ།）。

---

① 28 星宿的每一宿后面都尾随着一些小星，这样的小星共有两亿八千五百万（2，8500，0000）ཉེར་བདུན་ཡིན་ནོ་རྒྱུ་སྐར་རེར།། སྐར་ཆུང་རེ་ཡི་རྗེས་འབྲང་བཅས།། དེ་ཡང་ཐལ་བའི་སྐར་མ་ལ།། དུང་ཕྱུར་གཉིས་དང་བྱེ་བ་བརྒྱད།། ས་ཡ་ལྔ་དང་བཅས་པ་ཡོད།།

② 27 星宿再加牛宿后面的女宿（བྱི་བཞིན།）共为 28 星宿，但牛宿和女宿只占一宿的幅度，所以在时轮历中主张宿数为 27。

一周天被等分成 27 份，每一份又被均分成 60 等份，每一份的单位为“弧刻”（ཡུལ་གྱི་ཆུ་ཚོད།）。二十七分之一份如果被分成四等份的话，每一份名为“宿步”（རྒྱུ་སྐར་རྐང་པ།），那么每一宿步占 15 弧刻。每一星宿占四个宿步，每一宫占 9 个宿步。娄宿、胃宿及昴宿的一步共九步，相应于白羊宫；昴宿的三步、毕宿及觜宿的两步共九步，相应于金牛宫；觜宿的另外两步、参宿及井宿的三步共九步，相应于双子宫；井宿的一步、鬼宿及柳宿共九步，相应于巨蟹宫；星宿、张宿及翼宿的一步共九步，相应于狮子宫；翼宿的三步、轸宿及角宿的两步共九步，相应于室女宫；角宿的另外两步、亢宿及氐宿的三步共九步，相应于天秤宫；氐宿的一步、房宿及心宿共九步，相应于天蝎宫；尾宿、箕宿及斗宿的一步共九步，相应于人马宫；斗宿的三步、牛宿及虚宿的两步共九步，相应于摩羯宫；虚宿的两外两步、危宿及室宿的三步共九步，相应于宝瓶宫；室宿的一步、壁宿及奎宿共九步，相应于双鱼宫。

27 个会合（སྦྱོར་བ།）、“十一个作用”（བྱེད་པ།）及十二因缘（རྟེན་འབྲེལ་བཅུ་གཉིས།）

“十一个作用”中，前七个作用在上玄月初一后分（后半天）起到二十九日前分（前半天）之间轮流循环，故称为“阔贝切巴”（འཁོར་བའི་བྱེད་པ།）；后四个是固定在二十九日后分到下一个初一的前分，故称为“德贝协巴”（རྟག་པའི་བྱེད་པ།）。十二因缘中的无明月为太阳在摩羯宫之月，形月为太阳在宝瓶宫之月，其余以此类推可知。

会合 སྦྱོར་བ།								
0. 除治 སེལ་བ། ༣	1. 亲和 མཛའ་བོ།	2. 具寿 ཚེ་ལྡན།	3. 良缘 སྐལ་བཟང་།	4. 善贤 བཟང་པོ།	5. 隆肿 ཤིན་ཏུ་སྐྲངས། ༤	6. 善业 ལས་བཟང་།	7. 执持 འཛིན་པ།	8. 痛楚 ཟུག་རྔུ། ༥
9. 肿胀 སྐྲངས། ༤	10. 增长 འཕེལ་བ།	11. 决定 ངེས་པ།	12. 遍摧 ཀུན་འཇོམས། ༦	13. 喜悦 དགའ་བ།	14. 金刚 རྡོ་རྗེ། ༦	15. 成就 དངོས་གྲུབ།	16. 深堕 ཤིན་ཏུ་ལྟུང་། ×	17. 殊胜 མཆོག་ཅན།
18. 全摧 ཡོངས་འཇོམས། ×	19. 寂静 ཞི་བ།	20. 完成 གྲུབ་པ།	21. 工作 བསྒྲུབ་བྱ།	22. 妙善 དགེ་བ།	23. 太白 དཀར་པོ།	24. 梵净 ཚངས་པ།	25. 帝释 དབང་པོ།	26. 仇恨 འཁོན་འཛིན། ×

作用 བྱེད་པ།							
1 施放 གདབ་པ།	2 孺童 བྱིས་པ།	3 贵种 རིགས་ཅན།	4 捣麻 ཏིལ་རྡུང་།	5 家生 ཁྱིམ་སྐྱེས།	6 商贾 ཚོང་པ།	0 毗支 བིཥྚི	轮流七作用 འཁོར་བས་འཕོ་བྱེད་བདུན།
吉祥 བཀྲ་ཤིས།	四足 རྐང་བཞི།	鲁 ཀླུ།	不美 མི་སྡུག་པ།	固定四作用 རྟག་པའི་བྱེད་པ་བཞི།			

十二因缘 རྟེན་འབྲེལ་བཅུ་གཉིས།					
无明 མ་རིག་པ།	行 འདུ་བྱེད།	识 རྣམ་ཤེས།	名色 མིང་གཟུགས།	处 སྐྱེ་མཆེད།	触 རེག
受 ཚོར།	爱 སྲེད།	取 ལེན་པ།	有 སྲིད་པ།	生 སྐྱེ།	老死 ཀ་ཤི།

运算符号的名称及辞藻

加法：བསྲེ་བ། སྙེར་བ། ཕུལ་བ། སྦྱིན་པ། འབུལ། ཁན་པ། བསྣན་པ། བསྣོན་པ། ནོར་དུ་འགྱུར། ལྡན་པ།

减法：འཕྲི། སྤྱང་། འཕྲོག་པ། ཞུ། འཕྲུལ། དོར་བ། འབྲིད་པ། དམན་པ། བུ་ལོན་འགྱུར། དབེན་པ།

乘法：བསྒྱུར། བསྣུན། སྤེལ་བ། བསྒྲེས། གསེལ།

除法：བགོ། ཕྱེ། བསལ་བ། བཅད་པ།

擦除：ཕྱིས་པ། དབྱེ་བ། བསུབས། དོར་བ།

商：　སྙེད་པ། ཐོབ་པ། ནོར།

二、体系派的五要素推算

五要素（གྲུབ་རྩིས་ཀྱི་ལྔ་བསྡུས།）又分为体系派的五要素和作用派的五要素。体系派在计算五要素时可依据四部经典，分别是《亲教白莲》（པད་དཀར་ཞལ་ལུང་།）、《贤者心要》（མཁས་པའི་སྙིང་ནོར།）、《具喜新算》（དགའ་ལྡན་རྩིས་གསར།）、《再照明灯》（ཡང་གསལ་སྒྲོན་མེ།）、《通算》（བྱེད་མཐུན།）。《亲教白莲》是第八饶迥火兔年（1447）由普巴・伦珠嘉措所著；《贤者心要》是第十三饶迥火龙年（1796）由土观・却吉尼玛撰写而成；《具喜新算》是第十三饶迥火兔年（1747）由松巴・益西班觉所著；《再照油灯》是第十三饶迥火猪年（1767）由蒙古贤者国师不动金刚（སོག་པའི་མཁས་པ་གོ་ཤྲི་མི་འགྱུར་རྡོ་རྗེ།）所著。《通算》的作者不详，根据其内容，我认为可能是《马杨汉要旨》。其中，《白莲亲教》是流传和普及最广的一部，后续出现的诸多著作都是依照《白莲亲教》所著。当然，这些典籍在整体的理论上都是一致的，只是在具体的算法上有些微的差别，所以只要你学会了其中一部的算法，其他算法也就很容易学会，但在实践应用中《白莲亲教》的算法更加普及。本书就简要介绍《白莲亲教》中计算五要素的步骤。

五要素指曜（གཟའ།）、日期（ཚེས།）、星宿（རྒྱུ་སྐར།）、会合（སྦྱོར་བ།）及作用（བྱེད་པ།）五要素，也称作五支（ཡན་ལག་ལྔ།）。曜指定曜，即太阴日结束的准确时刻；日期就是我们平素常说的日期，比如 3 月初八的初八就是日期，藏历中习惯将日期与喜（དགའ།）、善（བཟང་།）、胜（རྒྱལ།）、空（སྟོང་།）、满（རྫོགས།）结合使用；星宿是指太阳日的月宿；会合是由定日和月宿和合而成；作用指作用的前后分。

求曜

求积月（ཟླ་དག）

“积年”（འདས་ལོ།），也称“入历年数”，指已过年数，即从最新历元起算，到所求年之间所积累的年数。积月即入历月数，即入历年数乘以月数 12，再加上入年月数所得值。

算法：积年乘以 12，加上入年月数（自所求当年角宿月起已过的月数），将此数值上下写两遍，下位乘以 2，恒加算余 0，除以 65，以其商数加于上位，得到朔望月的积月。上位加 1 下位加 2 得下一个月的积月和闰余。

上位：（积年×12月+入年月数）+下位商数=积月

下位：（积年×12月+入年月数）×2÷65=商……闰余

例1：求第十七饶迥水龙年角宿月（ནག་ཟླ།）十五日（ཚེས་ཤ།）的积月

第一步：藏历第十七饶迥水龙年对应的是公历2012年，我们又知道藏历第十七饶迥的历元在公元1987年，通过两个年数之差可以推知积年为25年；

2012-1987=25

第二步：因为是角宿月，即三月份，所以入年月数（འདས་ཟླ།）为0，即3-3=0。

第三步：25×12+0=300，这是不算入闰月的“积累月数”。

第四步：300×2÷65=9余15，其中商数9代表的是自1987年至2012年所设的闰月总积累数。藏历在安排闰月时，是满65个月设2个闰月，也就是在32年和33年间交替设置一闰月。在这个公式中先乘以2再除以65也是这个原因。

第五步：第三步的结果+第四步的商数即为所求积月(ཚེས་ཟླ་དག།简称 ཟླ་དག།)，即300月+9月=309月。

补充：四月份氐宿月的积月为309+1=310，闰余为15+2=17。

求曜基数

积月写六位，自上而下，曜位（གཟའ།）乘以1、漏刻位（ཆུ་ཚོད།）乘以31、漏分位（ཆུ་སྲང་།）乘以50、息位（དབུགས།）乘以0、第五位子位（རི་རོའི་ཆ་ཤས།）乘以 45、第六位子位（རི་མཁའ་རིའི་ཆ་ཤས།）乘以

345，再分别加 3、11、27、2、31、327，然后自下而上分别除以 707、67、6、60、60、7，每一位的商加入上位再进行除法运算，所得余数为曜基数（གཟའ་ཡི་རྩ་བ་རྣམ་པར་དག简称 གཟའ་རྩ།）。

例 2：已知第十七饶迥水龙年角宿月十五日的积月为 309，求其曜基数。

[（309×1+3）+164]÷7=68……0

[（309×31+11）+257]÷60=164……7

[（309×50+27）+2]÷60=257……59

[（309×0+2）+210]÷6=35……2

[（309×45+31）+151]÷67=210……17

（309×345+327）÷707=151……175

得曜基数为曜位 0，漏刻位 7，漏分位 59，息位 2，第五位 17，第六位 175。

“整数”（རིལ་པོ།）和“零数”（ཆ་ཤས།）

积月写两位，上位乘以 2，下位乘以 1，然后上位加 21，下位加 90，除以 126，商数加到上位再除以 28，上位余数为“整数”，下位余数为“零数”。

例 3：已知第十七饶迥水龙年角宿月十五日的积月为 309，求“整数”和“零数”。

[（309×2+21）+3]÷28=22……26

（309×1+90）÷126=3……21

求太阳基数（ཉི་རྒྱ།）

积月写五位，宿位（སྐར་མ།）乘以 2，弧刻位（ཆུ་ཚོད།）乘以 10，弧分位（ཆུ་སྲང་།）乘以 58，息位乘以 1，第五位乘以 17；自上而下加恒加数（རྟེས་འཇོག།）24、59、6、1、41；再自下而上依次除以 67、6、60、60、27，余数为所求太阳基数。

求“中曜”（གཟའ་བར།）和“中日”（ཉི་བར།）

以 59 漏刻 3 漏分 4 息 16/707 乘以所求之日的序数，再加曜基数，得“中曜”；以 4 弧刻 21 弧分 5 息 43/67 乘以所求之日序数，再加太阳基数的“中日”。

月离步数表（ཟླ་རྐང་།）

	检步序数 ཁྱ་ར།（རྐང་འཛིན།）	损益率 གདོང་།（སྒྱུར་བྱེད།）	盈缩积 སྡོམ།
前步 སྔ་རྐང་།	1	5	5
	2	5	10
	3	5	15
	4	4	19
	5	3	22
	6	2	24
	7	1	25
后步 ཕྱི་རྐང་།	8	1	24
	9	2	22
	10	3	19
	11	4	15
	12	5	10
	13	5	5
	0	5	0

求曜净行（གཟའ་ཀང་རྣམ་དག）

置“整数”，加所求日数，除以 14，所得商数如果为 1、3，表示均衡，如果是 0、2、4，表示不均衡。均衡要顺序，不均衡要逆序。将此商数圈定，以其余数查月离步数表之第二列，即检步序数列，查得位置后将此书擦除，将相应的盈缩积一列的数值写在弧刻位上。再用旁下部损益率乘“零数”。上面以 14 除得的余数如果为 0，其盈缩积也是 0，其下步损益率则用表中前步的第 1 行的数值。

求半定曜（གཟའ་ཕྱེད་དག་པ།）

曜净行弧刻位等，如果盈缩积是前步，就与之相加，如果是后步，就与之相减，得半定曜数值。

日躔步数表（ཉི་ཀང་།）

	引检步 ཁྱུ་ར།	损益率 གདོང་།	盈缩积 སྡོམ།
前步 སྔ་ཀང་།	1	6	6
	2	4	10
	3	1	11
后步 ཕྱི་ཀང་།	4	1	10
	5	4	6
	0	6	0

求太阳净行（ཡང་རྒྱུའི་ཆུ་ཚོད།）

置中日，记两行。其一减 6 宿 45 弧刻，不够减时加 27 宿再减；差数如果满半周，即 13 宿 30 弧刻就减去，不够减就不减，是否减要记录下来。减余的宿数要乘以 60，加上减余的弧刻数，除以 135，以所得商数作为检步序数，查日躔步数表，查得的盈缩积数值写在弧刻位上，用查得的损益率遍乘弧刻至子位各数值，乘得之积自下而上按各自的分母67、6、60进位，然后除以135，商数为太阳净行数。

求定曜、定日（གཟའ་དག ཉི་དག）

太阳净行的弧刻及以下各位，如果查得盈缩积为前步，与之相加，为后步，与之相减，得定步（རྐང་ལོངས་དག）。以之分别与“半定要”、“中日”的刻以下各位相加减，已减半周者加，未减半周者减，得定曜，定日。

求太阳日月宿

置定日，写两行，另置54，乘以日期，除以60，商数为宿，余数为弧刻；以之加于定日的宿位，得太阴日月宿（ཚེས་འཁྱུད་ཟླ་སྐར།）。体系派和作用派都是这样。太阴日月宿减去定曜，得曜伴月宿，也叫太阳日月宿。

求“会合”

曜伴月宿与定日，从宿位起到子位，同位相加，按67、6、60、60进位，得“会合”数值。

求“作用”

以日期乘2，减1，除以7，余数为“作用”的后分，其前分可以间接推知。11个“作用”由初一的后分起至二十九的前分止，按以下七个轮流，叫做轮流七作用（འཁོར་བས་འཕོ་བྱེད་བདུན།）：1.施放

（གདབ་པ།）；2. 孺童（བྱིས་པ།）；3. 贵种（རིགས་ཅན།）；4. 捣麻（ཏིལ་རྡུང་།）；5. 家生（ཁྱིམ་སྐྱེས།）；6. 商贾（ཚོང་པ།）；7. 毗支（བིཥྚི།）。

29日的后分名为吉祥（བཀྲ་ཤིས།），30日的前分名为四足（རྐང་བཞི།），30日的后分名为鲁（ཀླུ།），初一的前分名为不净（མི་སྡུག་པ།）。这四个固定不轮流，叫做固定四作用（ཏག་པའི་བྱེད་པ་བཞི།）。这就是历算中非常重要的五要素的算法，五要素，又叫五支，五括。分别指曜（གཟའ།）、日期（ཚེས།）、宿（སྐར།）、会合（སྦྱོར་བ།）、作用（བྱེད་པ།）。曜指定曜，即太阴日结束的准确时刻；日期与喜、善、胜、空、满五种名称配合；宿指太阳日月宿；会合就是定日和月宿和合而成的数值，在历算中通过会合还可以看出日子的吉凶；作用指作用的前后分。

三、日月食的计算

在天文学研究中，有很多数据都需要通过日月食的预报和实测记录来不断地进行修正，从而提高其准确程度，因此，日月食预报的准确程度便被公认为是验证一种历法好坏的标准。藏族历法提出太阴日这个特殊的概念，为其日月食的推算带来了极大的便利，因为它是月亮朔或望的真时刻，所以不必像其他历法一样另外推算食甚[①]的时刻。

[①] 食甚，是天文学用词。此术语有三种指向，一指发生日食和月食过程中，太阳被月球遮盖最多或月球被地球阴影遮盖最多时的自然想象；二指上述现象发生时两个星球之间的位置关系；三指发生上述位置关系的时刻。

藏历中并不像我们现在所知道的，认为日月食是由地球、月球的掩盖而形成的，而是认为存在一个假想的天体罗睺（སྒྲ་གཅན།）。它有数无像，反向运动，有自己的周期，周期为6900个太阴日退行一周（合6792.04太阳日），即每个太阴日退行14漏分12/23息。罗睺有罗睺头（སྒྲ་གཅན་གདོང་།）与罗睺尾（སྒྲ་གཅན་མཇུག），前者相当于现代天文学上的黄白升交点，后者等同于黄白降交点。

推算日月食时，第一步求积月。在历元年为1987年（第十七个绕迴年）的情况下，若Y表示积年，即公历纪元年数与历元年之间的差额；A表示年初以来至所求日前一个月为止的总月数；M表示积月，即历元时至所求月之间的总月数。

那么，$M=(12Y+A)+(12Y+A)\times 2/65=(12Y+A)(1+2/65)$

第二步，以积月值除以罗睺周期，商余化成日数，推算月食时加上15日，推算日食时加上30日（原因在于月食发生在15日晚，日食发生在30日）。

第三步，用第二步的数值乘以罗睺每日的行度，得到罗睺距白羊宫反向运动的位置，以27宿相减，便得到罗睺头的数值（罗睺尾的数值以半周相加而得）。

第四步，用太阳、月亮的黄经值与罗睺头、罗睺尾最接近的数值相减，差数便可判断有无交食的数据。

求太阳的黄经值首先要求得其平黄经值，即以积月值乘每月日数30，再加所求日期数，最后乘以每日太阳的行度（0宿4弧刻2

弧分 5 又 43/47 息）。其次，求其正黄经，用太阳的平黄经值加上太阳实际比平行多行或少行的改正值。求月亮的黄经值时首先要得知太阳的真黄经值，然后加上每个太阴日中月亮比太阳多行的 54 弧刻，即得月亮的真黄经值。

四、拉卜楞（多思麦地区）天文历算的特点

许多著作和论文中只要涉及到拉卜楞寺的天文历算都讲到三种日的概念、日月位置的推算和五星位置的推算。然而，这是藏传天文历算的特点，并非某一地区或某一寺院独享的特点。此处，本人根据多年的田野工作与学习研究，总结了多思麦与拉萨在编纂历本时的特点。

拉卜楞天文历算（多思麦地区）[①]与拉萨天文历算（卫藏地区）在理论上都依循浦派（ཕུག་ལུགས།）理论[②]与算法，但二者在编制历法时有四点区别。

（一）在计算汉历与黑算内容时岁首的安排不同。虽然二者都以春季（དཔྱིད་ཟླ།）所在虎月（སྟག་ཟླ།即孟春）为岁首（རྩིས་མགོ），但拉

---

① 多思麦地区现有寺院的堆阔尔扎仓多已衰败，只有拉卜楞寺堆阔尔扎仓等为数不多的寺院的堆阔尔扎仓如今还保持着传统的教育。现今，多思麦地区懂天文历算的人绝大多数都是拉卜楞寺桑智嘉措的学生，学习历算所使用的教材也是桑智嘉措编著的历算书。所以在本书中以拉卜楞天文历算为典型案例以代表多思麦地区的历算特点。

② 早期藏族的天文历算在具体计算方法方面各成体系，直至 15 世纪中叶开始出现明显的两派，即蒲派和粗朴派。浦派是由蒲巴·楞智嘉措创建的，以其著作《白莲亲教论》（1447 年）为主要依据。粗朴派是由端智唯色继噶玛巴·计傍多吉而创立的学派，此派现已失传。

卜楞以霍尔历正月为虎月，拉萨以霍尔历十一月为虎月[①]。正因为此，在具体涉及到春牛图（སླང་ལོ་ཐོ།）、八卦（སྤར་ཁ།）、九宫（སྨེ་བ།）、土地神（ས་བདག）、生肖（ལོ་རྟགས།）、五行算（འབྱུང་རྩིས།）、节气（བདུགས་སྐང་།）、（གནམ་སྒོ་གཅིག་གསུམ།）等时，结果差异较大。拉卜楞因采用了霍尔历正月为岁首，所以需要重新计算以上数据，而拉萨地区在计算这些数据时直接照搬第司·桑杰嘉措（སྡེ་སྲིད་སངས་རྒྱས་རྒྱ་མཚོ།）的《白琉璃论》第 154-173 页中的数据。

（二）在每月详说中，拉卜楞只写了体系派的定曜、太阳日月宿、定日、会和、真宫（ངོན་ཁྱིམ།）等数据，而拉萨不仅写出了体系派数据，还写出了作用派的太阳日月宿数据。

（三）在遇到缺日（ཆད་རྩིས།）时，拉萨（卫藏地区）的历本中并没有写出缺日的五要素（除日期“孜”རྩིས།外）的数据，而拉卜楞（多思麦地区）具体表示出了该日的五要素数据。

（四）拉萨（卫藏地区）编制的历本中汉历日期只表示出了每月初一的日期，而拉卜楞（多思麦地区）编制的历本中详细标出了每日的汉历日期。其原因在于，多思麦地区所有节日，包括宗教节日都是按农历推算，至于多思麦地区从何时开始逐渐普及了农历，有待进一步考证。拉萨地区现在的节庆日都按霍尔月（藏月）来推算。

[①] 多思麦历本与拉萨历本在计算汉历日期时都采用了孟春为岁首，但拉萨历本中却以霍尔历十一月为岁首，多思麦历法中以霍尔历一月为岁首。我采访桑智嘉措老师的学生洛桑金巴得知，现今汉历（农历）历法的岁首与霍尔月正月为岁首恰好吻合，而拉萨使用的霍尔月十一月为岁首的安排是早期汉历历法中的计算方法。

第三节　精通历算的高僧与学者

一般认为只有在堆阔尔扎仓教授和研究，但事实上，在拉卜楞大寺，其喜金刚学院也修习天文历算，曼巴扎仓的学僧也多少学习和懂一点天文历算方面的知识。拉卜楞寺作为一所综合性的僧院高等学府，制度健全、治学严谨，高僧学者辈出，在其 300 年的历史上，培养了数以千计的包括历算学者在内的知识分子，在藏地传统知识方面现在还没有任何一所大学，包括东西方那些最有名的高等学府可望其项背。下面我们只列举一些学者作为例子。

智观巴·贡却乎丹巴饶吉（བྲག་དགོན་པ་དཀོན་མཆོག་བསྟན་པ་རབ་རྒྱས།）（1801 年——?），5 岁时由第三世嘉木样洛桑图旦久美嘉措认定他是智贡巴·洛桑希日布(བྲག་དགོན་པ་བློ་བཟང་ཤེས་རབ།)的转世灵童，入拉卜楞寺堆阔尔扎仓。6 岁时在阿莽班智达（དབལ་མང་པཎྜི་ཏ།）[①]跟前剃度入沙门。后来跟随德普央增益希嘉措（སྟག་ཕུ་ཡོངས་འཛིན་ཡེ་ཤེས་རྒྱ་མཚོ།）等三十多位高僧大德学佛，尤其是从九岁至三十五岁期间跟随阿莽班智达·贡确坚赞认真静修，成为伟大的学者。[②]曾两次赴拉萨学习佛学经典及天文历算学、哲学等，精于藏族历史及藏族的天文历算

[①] 按普通藏语拼读法译出，按多思麦话 dbal mang，b 可弱读为 w，由此 dbal mang 可汉译为哇茫或哇莽，但奇怪的是有人将之译为阿莽，且在讲汉语的人口中流传甚广，已不好纠正过来。

[②] 采访科旦（མཁོ་བསྟན།）所得笔录，略作修改。

学。1865 年编著《多思麦政教史》，另著有《历算智者供奉之光》等许多作品，其中《历算智者供奉之光》成为拉卜楞寺、甚至整个多思麦地区天文历算学者的必修教科书。

俄琪·嘉央勒谢（ཨོ་འཁྱིལ་འཇམ་དབྱངས་ལེགས་བཤད།）（1881 年-1950 年），自幼入拉卜楞寺堆阔尔扎仓为僧，曾拜著名藏医、天文历算学者曼巴东周（སྨན་པ་དོན་གྲུབ།）为师，学习天文历算学知识，后广招学徒、传授知识，为甘、青、川地区的寺院培养了许多天文历算学和声明学人才，如毛儿盖·三木旦、桑珠嘉措、希日群培等。[①]

朗木·洛桑慈智嘉措（ལྷ་མོ་བློ་བཟང་ཚུལ་ཁྲིམས་རྒྱ་མཚོ།）（1889 年-1958 年），14 岁入拉卜楞寺喜金刚学院，先后拜著名天文历算学高僧乔吾西·仲周热吉巴、乔吾西·罗桑嘉措为师，学习天文历算学、声明学等知识，学识渊博，广招门徒，培养了一批远近闻名的天文历算学高僧和佛学家。[②]

宗哲嘉措（དུས་འཁོར་པ་བརྩོན་འགྲུས་རྒྱ་མཚོ།）（1902 年-1962 年），8 岁入拉卜楞寺堆阔尔扎仓，20 岁担任编写《历书》的主编，后远赴拉萨哲蚌寺学习天文历算学，学成回来后，曾为贡本（塔尔寺）阿嘉活佛、却西活佛、嘉雅活佛等讲授天文历算及时轮祭祀供施等经典。其高深的天文历算学知识，享誉整个多思麦。

---

① 丹曲：《拉卜楞时轮学院概述》，西藏研究，1999 年第二期，82 页。

② 丹曲：《拉卜楞时轮学院概述》，西藏研究，1999 年第二期，82 页。

曼苏·巴赞慈成（སྨད་སོག་བཟོ་ཚུལ་ཁྲིམས།）1918 年出生在内蒙古嘉茹（ཀྱུ་རོད།）地区，父亲巴特，母亲潘丽。幼年时期，父母双亡，巴赞慈成在其父亲的弟弟南杰尼智巴（རྣམ་རྒྱལ་དངོས་གྲུབ།）的关怀下成长。7 岁时出家到蒙古桑俄热杰寺（གསང་སྔགས་རབ་རྒྱས་གླིང་།），拜天文学曼苏达瓦（སྨད་སོག་ཟླ་བ།）学习星算、黑算、央恰尔等诸多学问。1938 年，他刚满 21 岁，在拉卜楞活佛喇嘛彭措处受比丘戒。1941 年 11 月入拉卜楞寺丁科扎仓学习，曾先后拜俄琪·杰嘉央勒谢嘉措、贡却桑智为师，学习梵文、诗歌、星算、三十颂、黑算、时宪历算法和密宗等，他刻苦钻研、勤奋学习，成为多思麦地区有名的学者。学生们非常崇拜他，评价说:尽管老师左手写字、右脚微跛，但是堪称班智达。1994 年，巴赞慈成花费十万多元进行了一次时轮灌顶。1999 年，巴赞赴果洛拉加（ར་རྒྱ།）久美坚参学校（འཇིགས་མེད་རྒྱལ་མཚན་སྒེར་བཙུགས་སློབ་གྲྭ）教授梵文。后成为《多思麦藏族历书》的主要执笔人和主编，并完成了《智者供奉之光》的缩编。在他有生之年所做的最后一件大事是勾勒出了世界上最长的唐卡《中国藏族文化艺术彩绘大观》中坛城部分的底稿，而这幅长达 618 米的唐卡现就陈列在西宁的金诃藏医药文化博物馆中。

桑智嘉措（བསམ་འགྲུབ་རྒྱ་མཚོ།）1923 年出生在传统上属卓尼王领地的迭部。据传说桑智幼年时，曾有一天跟随父亲外出，在途中捡到僧人使用的腰带一条，在藏族人眼中，这样的事情是出家的征兆，所以 11 岁那年桑智入拉卜楞寺喜金刚学院为僧。拜著名天文历算学家俄琪·嘉央勒谢为师，刻苦钻研天文历算学知识。约岁 17 岁时在卫地哲蚌寺深造，经过 13 年的潜心学习和刻苦钻研，逐渐成为蛮声多思麦藏地的天文历算学家。80 年代后，桑珠常被应邀至青海、云南、拉萨、北京等地讲授藏族天文历算，他与时俱进，注重对传统天文历算方法的革新，引入计算机运算方法，并将传统的单种日推进演算革新为三中日齐同积年的演算法，以达到快速准确地测算出各种星体运动变化的目的。专著有《略谈藏族天文历算之源流》《汉历文殊生悦之著》，并完成了《历算再生之光》和《智者心宝》的校订。①

图-39：曼苏·巴赞慈成②

图-40：希日群培③

① 采访西北民族大学付千吉教授所得笔录，稍作整理。

② 图片由何晶勃于 2009 年 11 月 19 拍摄。

③ 图片由何晶勃于 2009 年 11 月 19 拍摄。

希日群培(ཤེས་རབ་ཚོས་འཕེལ།)1930年出生于循化县，7岁入拉卜楞寺堆阔尔扎仓学习天文历算，后又转入喜金刚学院学习。20岁赴拉萨哲蚌寺深造，深谙中观论、梵文和天文历算学。曾参加拉卜楞寺堆阔尔扎仓的《藏族气象历书》撰写工作，得到嘉木样活佛的赞赏。其《历算文殊喜著》曾荣获北方15省区哲学、社会学优秀图书奖。

黄明信，藏语名索南嘉措（བསོད་ནམས་རྒྱ་མཚོ།）（1917年-），北京人，1938年毕业于清华大学。1941年到1948年期间入拉卜楞寺，拜拉木·慈成为师，经8年的时光，据说他获得格西称号。1948年黄明信离开拉卜楞时，其尊师祝福他一定要学习“汉历”的算法，学通其原理，补足他多年的缺憾（藏历有时轮历和“汉历”即时宪历两种算法，但当时拉卜楞寺研究历算的僧人懂时轮历的算法和原理的学者很多；然而，就“汉历”而言，他们“只知其法，不知其原理”。拉卜楞寺所藏《文殊菩萨康熙皇帝御制汉历大全藏文译本》据说当时没有人能完全看懂，所以此事一直是拉木·慈成心中最大的遗憾）。80年代，中国进行编写《藏汉大辞典》，当时缺少对天文历算词汇部分的翻译人才，最终选黄明信承担此任务。因此，1983年，黄明信重返拉卜楞，到拉卜楞寺向桑智嘉措老师学习了藏传“汉历”。[①]据现就读于拉卜楞寺堆阔尔扎仓的僧人介绍，索南嘉措和洛桑丹增二人是桑智嘉措当时最得意的两位学生。[②]黄明信长期致力于

---

① 黄明信：《黄明信藏学文集：藏历研究》，中国藏学出版社，2007年12月第一版，305页-307页。

② 采访拉卜楞寺喜金刚学院阿克索南所得笔录，稍作整理。

历算学的研究，是截止目前为止运用汉文来介绍藏族历法的最著名的学者。他和中国科学院自然科学史研究所的天文学学者陈久金研究员一起以《时轮历算精要》为依据出版了《藏历的原理与实践》，与中国民族文化宫的孙文景研究员一起汇编出《藏历典籍经眼录》，与桑智、陈久金一起合著有藏汉双解的《藏文历算学词典》的辞目八百条，其中藏文注解主要是桑智写的，黄明信补充并译为汉文，现代天文学的解释由陈久金完成。此外，还出版了《藏历漫谈》《西藏的天文历算》《汉藏大藏经目录异同研究》等著作。该师现在以93 岁的高龄仍在此领域著书立说，对藏历的汉文翻译和阐释做出了重要的贡献。

洛桑丹增（བློ་བཟང་བསྟན་འཛིན།）是现在拉卜楞寺最受尊敬的一位天文学学者，除了藏语，也会讲流利的汉语和英语，能利用计算机软件计算和编排藏历与汉历，可谓是名副其实的现代藏族历算学家。

洛桑金巴（བློ་བཟང་སྦྱིན་པ།）(1973 年 8 月 8 日—)，多思麦哇岩卡尔冈卅那沟人（པ་ཡན་ཁ་སྐང་ས་ནག་ལུང་བ། 青海化隆县沙连堡乡其后昂村）。自 14 岁出家到卡冈寺（ཁ་སྐང་དགོན་པ།），四年后求学至拉卜楞寺深造，学习了因明、般若、梵文等大小五明。在天文历算方面，先后拜阿克桑智嘉措（ཨ་ཁུ་བསམ་འགྲུབ་རྒྱ་མཚོ།）、阿克希日群培（ཨ་ཁུ་ཤེས་རབ་ཆོས་འཕེལ།）、华日阿勒（དཔལ་རིས་ཨ་ལགས།）、阿克班泽（ཨ་ཁུ་བཛྲ།）为师学习了白算、黑算、汉历算。2000 至 2012 年出版了汉历《汉历宝串》（རྒྱ་རྩིས་ཀྱི་ལི་ཐོ་མུ་ཏིག་ཕྲེང་མཛེས།）和藏历《历算宝光论》（སྐར་རྩིས་

ཀྱི་ལོ་ཐོ་ཉིན་བྱེད་སྣང་བ།）、《历算甘露》（སྐར་རྩིས་ཀྱི་ལོ་ཐོ་བདུད་རྩིའི་ཐིགས་མ།）。曾发与天文历算相关的论文《历算五要素之计算器算法》（སྐར་རྩིས་ཀྱི་ལྔ་བསྡུས་སོགས་གློག་རྩིས་སྟེང་དུ་སྒྲུབ་ཚུལ་བཤད་པ་བློ་གསལ་དགྱེས་པའི་རོལ་མོ།）、《宇宙概论甘露》(སྐར་རྩིས་ཀྱི་གོ་ལ་མདོར་བསྡུས་སུ་བཤད་པ་བདུད་རྩིའི་ཐིགས་མ།), 待出版的历算书籍有《藏历运算大全译注详解》（སྐར་རྩིས་ཀུན་འདུས་ནོར་བུའི་མཆན་འགྲེལ་ཉི་ཟླའི་དཀྱིལ་འཁོར།）。

第六章
拉卜楞寺堆阔尔扎仓的地位与功能

第一节　地　位

从前文所提供的堆阔尔扎仓的分布图可以看出堆阔尔扎仓比较集中地分布在多思麦地方，尤其是集中在甘青地区，康区只有强巴林寺设有堆阔尔扎仓，而卫藏除了医算合璧的曼孜康这个机构外，并没有哪个寺院还设有堆阔尔扎仓。这种现象是什么原因所导致的，一定会令人感到好奇或疑惑。在此，我试图通过两方面的思考来分析导致这种现象的原因。

第一，设有堆阔尔扎仓的寺院均为格鲁派寺院，所以分析此原因必离不开讨论格鲁派的创建及其发展。格鲁派的创立以 1409 年宗喀巴创建甘丹寺为主要标志。宗喀巴于 1402 年完成了显宗论著《菩提道次第广论》，次年又完成了《密宗道次第广论》，这两部论著奠定了格鲁派的理论基础。1409 年（第 6 饶迥阴土牛年），他首次在拉萨大昭寺举行了声势浩大的祈愿大法会（སྨོན་ལམ་ཆེན་མོ།），又称传召大法会，前来参加的僧人近万名。之后，又在拉萨河南岸的旺波日（དབང་བསྐུར་རི།）上建立了格鲁派第一所寺院甘丹寺。宗喀巴实施“宗教改革”，在教义理论上进行正本清源，在宗教纪律上整顿戒律和教风，建立学院式的寺院，重视经学的正规教育。“从见、修、行三方面，作了革新和整顿。在见地方面，他依龙树的缘起性空的中观，抉择了应成派的宗见，使中观学说更为系统更为完备。在修习方面，提出了上、中、下三种根器的‘三士道’次第修行。在修显教方面提出了离心、菩提心、空性见的道之三要，尤其是对宗教实践方面特别重视止观修法，指出安住修和观察修二者要正确结合，作为格鲁派显教方面的最大特点；在修宗教方面，明确指出密宗的道次、生圆二种瑜伽、密乘三昧耶戒，尤以抉择密宗微细空性之见成就的法身、依于幻身和光明成就佛报化二身、此圆满现证三身的修法均系宗喀巴所阐述，是为格鲁派密法方面的最大特点。在行持方面，特别重视戒律，提倡无论在显在密均要严格遵守佛制和一切律仪。”[①] 宗喀巴的“宗教改革”概括来说主要有两点,第一，提倡戒律严谨,规定僧人的生活准则；第二，综合以前藏传佛教各教派的教理，将其系统化，严格界定了学佛之次第有序，学制之缜密，使得寺院教育更加规范，形成寺院即学校，宗教即教育，僧侣即学生，佛经即教材，扎仓即学院的严格正规之教育系统。僧人入寺先显后密，即先进入显宗学院学习至毕业，考取格西学位后转入密宗学院，比如，在曼孜康建立以前，卫藏甘丹寺、色拉寺及哲蚌寺三

[①] 唐景福：《藏传佛教格鲁派史略》，兰州：甘肃人民出版社，2006年：第28页。

大寺的僧人学习完显密宗之后，转至山南敏珠林寺学习历算，到夹波日医学利众院（ལྕགས་པོ་རི་གསོ་རིག་འགྲོ་ཕན་གླིང་།）学习医学，这样才学习完大小五明。所以，卫藏地区虽然没有在寺院设立专门的曼巴扎仓和堆阔尔扎仓，但却有专门学习医学和历算的寺院或教育机构。这就好比近代以来中国的高等教育学府也不是像现在的综合性大学一样门类齐全，如京师大学堂早期也只有十三门专业，并没有音乐、舞蹈、建筑、天文等专业。相对美国的哈佛大学而言，麻省理工学院就是专门教授理工科的一所高等学府，这就像卫藏的敏珠林寺和夹波日医学利众院是专门教授天文和医学的机构一样。

第二，通过已知几所堆阔尔扎仓的创建时间进行分析。隆务寺 1713 年创建堆阔尔扎仓, 禅定寺 1752 年创建堆阔尔扎仓, 拉卜楞寺 1763 年创建堆阔尔扎仓, 夏琼寺 1802 年将曼巴扎仓改建为堆阔尔扎仓, 塔尔寺 1817 创建年堆阔尔扎仓。从这里可以看出这些集聚在多思麦（མདོ་སྨད།）地区的寺院均在 18 世纪初到 19 世纪初这一个多世纪的时间里设立的堆阔尔扎仓。也就是说，宗喀巴圆寂后，虽然他的几个重要门徒以拉萨为中心，向西（西至阿里）向东（东抵康区）向北（北及多思麦）发展，创建格鲁派寺院，但在 18 世纪以前，或者保守一点说是 17 世纪中叶以前，似乎还没有一所寺院设立有专门教授藏传天文历算的堆阔尔扎仓。在《藏传佛教格鲁派史略》中写到：“从 15 世纪末到 17 世纪中叶，斗争延续一个半世纪，最后以黄教寺院集团取得对西藏地方，以至整个藏地的主导地位而结束。”[①] 可以看出格鲁派势力日渐稳固，并在17世纪中叶后取得主导地位。此时也是清朝统治中国之时，清在入关前就尊崇藏传佛教，入关后更是尊崇优礼西藏喇嘛，提高喇嘛的地位，封大喇嘛为清廷国师，扩建寺庙。1706年，康熙正式册封佑宁寺（གཡུ་སྙིང་དགོན།原叫郭隆寺）寺主章嘉呼图克图二世阿旺洛桑拉丹（ངག་དབང་བློ་བཟང་ཆོས་ལྡན། 1642-1715，青海湟中人）为“灌顶普善广慈大国师”，1713年，康熙命章嘉二世掌管卫藏以东的格鲁派。1734年，雍正正式册封章嘉三世若贝多吉（ལྕང་སྐྱ་རོལ་པའི་རྡོ་རྗེ། 1716-1786，甘肃凉州人）为“灌顶普善广慈大国师”。1743年，乾隆赐章嘉三世御用金龙黄伞后，又赐给他“振兴黄教大慈大国师”。1744年，乾隆与章嘉若贝多吉商议决定在京城建立一座正规的藏传佛教寺院，于是将雍和宫改为寺院，建立讲习无明之学的各扎仓。其中有一个叫做“扎宁阿”（སྒྲ་སྙན་ངག）的扎仓是专门学习历法的学院，汉语也叫数学殿。“扎宁阿”藏语的意思是声明学。藏传佛教之十明，即大小五明是后期逐渐演变而来的，一开始只有五明，即我们现在所称的大五明，小五明是从大五明中逐渐分化出来的，其中星算学，即天文历算是从声明学中分化出来的一门学问，所以也可以理解为什么雍和宫的堆阔尔扎仓叫做“扎宁阿扎仓”。综上所述，一方面17世纪中叶以后格鲁派正处鼎盛时期，正是向多康地区弘法，扩建寺院的大好时期；另一

[①] 唐景福：《藏传佛教格鲁派史略》，兰州：甘肃人民出版社，2006年：第16页。

方面清朝大力扶持藏传佛教的发展，扩建寺院，而当时的国师又都是甘青地方的人，自然就会在甘青地区扩建寺院或在已有的大寺院中新设扎仓。既有的寺院中早有了学习显密二宗的声明学院和密部学院，如要扩建，就自然想到要新设一些学习医药、历算这样实践性较强的大小五明的扎仓。当然，这样的分析只是对时代背景的说明，具体每个寺院堆阔尔扎仓的设立还是跟某个具体的人物有关。例如：隆务寺，夏琼寺，拉卜楞寺，塔尔寺。

第二节　功　能

一、物质层次的实用功能

历本与“孜”

第四章第二节中我们已经谈到历算员们的主要职责是在霍二月三月初一之前编纂出年历，并绘制一年总说简历张贴在大经堂门侧。这个简历是供前来朝拜的农牧民获知一年总体的气候情况，譬如，日月食发生的大致范围与时间，一年中是否有地震、冰雹、洪涝、干旱等自然灾害，并说明大致的方向、地理范围、时间。除了文字性的总说，简历还附有一张春牛图，以形象直观的图画方式让百姓了解一年的气象变化情况，以便服务于生产与生活。

藏历历本与我们熟悉的公历历本和农历历本不同，它所涉及的范围广、内容丰富。黄明信先生曾总结到藏历历本有全年总说、分月概说和逐日细说。全年总说包括礼敬偈、佛历、轮流值年的七曜和二十七宿、五曜运行的方位与其他各曜会和的时间机器气象气候的关系、日月食预报、罗睺曜的方位及气候关系、龟轮、狮座轮的方位及其与农作物年成丰歉、春牛图、藏区各农事的季节等，其中一些项目是按“音韵占”推算出来的；分月概说包括太阳入宫的日期与时刻、二十四节气的日期与时刻、中气那一天的昼夜长度、当月的重日与缺日、值月曜与宿、当月五曜的方位、当月的节日；逐日概说占篇幅最多，包括定曜、月宿、会和、入宫、物候、农牧事活动的安排、当天的气象气候、各种传统节日与现代节日、公历日期、汉历日期等。[①] 总得来说，历本以藏传天文历算的推算数据为主要和重点内容，但同时也配合提供公历和农历的日期，方便农牧民群众查阅。此外，历本中写明了当年藏区各地的农事活动季节与农事活动安排，以及来源于汉地的春牛图、二十四节日、三伏、数九等。这些都明确地服务于生产，指导农牧民群众的生产实践。再次，历本中除了记录有天文学上的重要数值外，还有一些卜筮占算方面的内容。虽然从现代科学层面认为卜筮占算是迷信活动，但对藏人而言，此项学问至关重要，历本中的吉凶日期是他们生活的指南，他们几乎每天都会查阅日期，参考个人的生肖、星期等来确定进行某项活动的适宜或最佳日期，尤其在进行重大活动或人生中第一次实施某项活动之前，他们不仅要查阅历本，还要请“孜巴”（རྩིས་

① 黄明信《西藏的天文历算》，西宁：青海人民出版社，2002年：第8-9页。

པ། 历算师）进行具体的推算，按孜巴推算的结果和提供的建议来确定具体的日期、时间，以及相关仪式，为个人欲要进行的事件做好铺垫和准备。这就如同我们在做某一件事情之前，会仔细检查周围环境，确保不出意外是一样的。他们也要确保客观的干扰因素或障碍不会意外出现。虽然我们通常把上述行为归类在“迷信”范畴，但藏人将“孜”（རྩིས།）和“穆”（མོ།）区别对待，尤其是严格意义上的佛教信徒而言更是如此，认为“孜”虽不如哲学、梵文等大五明的学问，但它实践性强，有系统的理论与复杂的推算方法，属小五明的学问，而“穆”被认为是迷信行为。“孜”的应用可以说事无巨细，无论婚丧嫁娶、乔迁、考试、找工作这种人生中的重大事件，还是耕种、远行、会友等日常的生产和生活事项都首先查历本看吉凶，或者找“孜巴”推算，获得更加详细的相关预见，做好防范措施。“孜”在功能上与气象预报非常相似，但就应用范围而言，前者更加宽泛，它几乎包括生活与生产的方方面面。从知识体系来讲，“孜”又分为“白算”“ 黑算”和音韵占，三个知识体系均有占算的学问，不过“白算”涉及的并不多。对农牧民群众而言，这些知识与物候经验既是生产的坐标，也是生活的指南。因此，藏传天文历算和拉卜楞寺堆阔尔扎仓对生活在寺院周围的农牧民群众而言，意义非同寻常。扎仓一方面是他们信仰的实践之地，另一方面又服务于他们的物质生产和生活。历算所能提供的时间坐标的参考、凶或福的预知不仅在客观上服务于百姓，防范和排除了客观的不利因素，更是在心理层面上安定了人心，排除了对未知的恐惧与不安。因此，从民俗学的意义来讲，拉卜楞寺堆阔尔扎仓对藏人传统的生活方式提供了便利，其作用辐射到了藏人生活的方方面面，是活体的文化遗产。对我们了解藏人的习俗、心理、思维都起到了重要的作用。

藏医学

藏传天文历算与藏医学有密切相关。通常认为，医算相通，有算必有医，即藏传天文历算与藏医学如同一只鸟的双翼，一个人的双手，有着同等的重要性和缺一不可的作用。从宏观的理论层面来讲，内外时轮分别对应人体运转的小宇宙与天体运行的大宇宙，并强调二者的对应关系。藏医中与历算相关的内容有两大特点：第一，内容上与藏医相关的是季节，春夏秋冬、冷暖寒热，人体的状况跟随季节而变化。故作为一名藏医医生对季节的掌握尤为关键。第二，从方法论的角度看来，五行占（འབྱུང་བ་རྩིས།）与藏医关系紧密，这也是学习藏医的人为什么一定要学习藏传天文历算的理由。

具体而言，时间、五行与脉象关系紧密。作为一名藏医师必须认识季节特征和人体的特征，以及二者的对应关系。其中，来自汉地的五行学说和来自印度的五元素学说在藏医学中应用广泛。藏医认为胎儿的产生与五元素息息相关，当父母精血正常时，受神智意识及烦恼之故，与土、水、火、风、空五元素会合，然后母亲才会受孕。胎儿五官的形成亦与这五元素密切相关。

五行之间的互动关系，即相克关系（金克木、木克土、土克水、水克火、火克金）和相生关系（金生水、水生木、木生火、火生土、土生金），成为影响健康的标尺。《四部医典》之“脉诊”中讲到五行相生相克，母脉与本脉之脉象盛者，身体状况最佳，相生脉有福德，相克脉有怨敌，或疾病比较严重，难以治疗，甚至死亡。

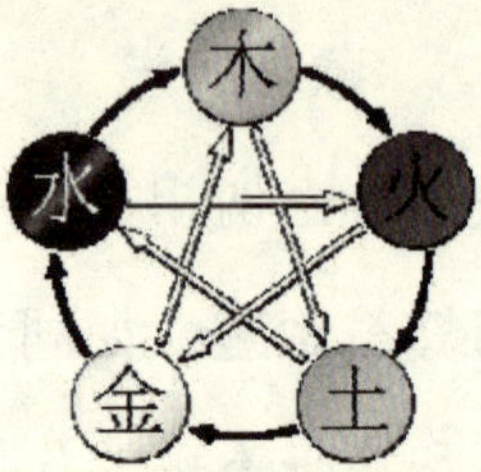

图-41　五行相生相克关系

藏医认为药物的药味也受到五元素的影响，或者说是由土、水、火、风、空五大元素决定的，一切药物均来自这五元素。药物依靠土生长形成，水作用于药物使它潮湿，而火使其生出温热，从而能生出药物的六种味道。具体而言，土与水的作用下，药物生出甘味；火与土的作用下，形成酸味；水与火能使药物生出咸味；水与风的比重较大时，生出苦味；火与风的比重较大时，则生出辛味；土与风的比重大时，则生出涩味。

疾病的产生亦与季节相关。《四部医典》之“疾病的外缘”中讲到：“སྐྱེ་མཆེད་དུས་དང་དབང་པོ་སྤྱོད་ལམ་རྣམས།། དམན་ལྷག་སོག་པས་ནད་རྣམས་སྐྱེད་པར་བྱེད།། དུས་ནི་ཚ་དུས་གྲང་དུས་ཆར་དུས་གསུམ།། དམན་པ་ཚ་གྲང་ཆར་པ་ཆུང་བ་སྟེ།། ལྷག་པ་ཆེ་དྲགས་ལོག་པ་མེད་པའོ།། དབང་པོ་ལྟ་དང་དེ་ཡི་ཡུལ་ལྟ་པོ།། ཆུང་ངམ་དེ་ལ་མི་

སྦྱོར་དམན་པ་སྟེ།། ཤས་ཆེར་གཏད་པ་ལྷག་པའི་སྦྱོར་བ་ཡིན།། ཤིན་ཏུ་ཉེ་དང་རིང་བ་ཆེ་འམ་ཆུང་།། འཛིག་དང་མི་སྡུག་ལོག་པའི་སྦྱོར་བར་བཤད།། སྤྱོད་ལམ་ལུས་ངག་ཡིད་དང་གསུམ་ཡིན་ཏེ།། ཆུང་ངམ་མི་སྦྱོར་འཇུག་པ་དམན་པས་དམན།། རྟུན་ངས་འཇུག་པ་ལྷག་པའི་སྦྱོར་བ་སྟེ།། ཤུགས་བཀག་བཙིར་གཙུས་མི་དགེ་ལོག་སྦྱོར་རོ།།"[1]

译文：在时间、器官、起居行为方面又较低、超过、相反三种情况，从而产生疾病。时间指热季（暑季）、寒季（冬季）、雨季（夏季）三个季节。凡热、寒、雨三者的成分都较小时，称之为较低；在这三个季节中极热、极寒、下雨极多者，称之为超过；在这三个季节里热、寒、雨等现象都没有时，称之为相反。在这三个季节里热、寒、雨三者均衡地发生、发展时，则不会产生疾病。[2]

"ངད་ཅན་གྲང་བ་རླུང་གི་ཡུལ་ཡིན་ཏེ།། སྐམ་ས་ཚ་གདུང་ཆེ་བ་མཁྲིས་པའི་ཡུལ།། སྣུན་ཅན་སྣུམ་པ་བད་ཀན་ཡུལ་དུ་བཤད།། རླུང་ནད་དབྱར་དུས་དགོངས་དང་ཐོ་རངས་ལྡང་།། མཁྲིས་པ་སྟོན་དུས་ཉིན་དགུང་མཚན་དགུང་ལྡང་།། བད་ཀན་དཔྱིད་དུས་སྲོད་དང་སྔ་དྲོ་ལྡང་།།"[3]

---

[1] གཡུ་ཐོག་ཡོན་ཏན་མགོན་པོས་མཛད་པའི་བདུད་རྩི་སྙིང་པོ་ཡན་ལག་བརྒྱད་པ་གསང་བ་མན་ངག་གི་རྒྱུད་ཅེས་བྱ་བ་བཞུགས་སོ།།（宇陀·云丹贡布：《四部医典》），拉萨：西藏人民出版社，2006 年：第 57-58 页。

[2] 宇妥·云丹贡布：《四部医典》（汉译本），上海：上海科学技术出版社，1987 年：第 20 页。

[3] གཡུ་ཐོག་ཡོན་ཏན་མགོན་པོས་མཛད་པའི་བདུད་རྩི་སྙིང་པོ་ཡན་ལག་བརྒྱད་པ་གསང་བ་མན་ངག་གི་རྒྱུད་ཅེས་བྱ་བ་བཞུགས་སོ།།（宇妥·云丹贡布：《四部医典》），拉萨：西藏人民出版社，2006 年：第 15-16 页。

译文： 严寒霜冻之地是风之域；干燥炎热之地是胆之域；潮湿沮洳之地是肠胃之域。风病多发生在夏季的日暮和黎明；胆病多发生在秋季的中午和午夜；肠胃病多发生在春季的子夜和上午。

此外，藏医中采药、配药、服药等均离不开具体的时间。学习藏医者每年都在特定的时间段上山采药。《四部医典》中讲到茎类药物须在秋季汁干时际采集，果实类药物须在秋季果实成熟之际采集，皮类药物须在刚刚发芽的春季采集，泻药须在叶子掉落、药性积聚在根部之时采集，催吐药应在发芽或开花时期采集，特别是在上玄月时采集最为理想。服药时不仅要讲究一日中的时间点，也要注意季节性。如“ཞུན་མར་དགུན་དུས་འབྲུ་མར་དབྱར་བཏང་བརྟགས།། རྐང་ཚིལ་དཔྱིད་དུས་ཉིན་མོར་བརྟགས་པ་ཡིན།། སྦྱོང་བྱེད་སྣུམ་འཚོས་ཐོ་རངས་ཞུན་མར་བཏང་།། ཕོང་སྣུམ་བར་བསྟེན་དེ་ནས་མི་ཕན་འདེད།།”[①]

译文： 融酥适宜在冬季服用；植物油适宜在夏季服用；骨髓适宜在春季白天服用；油疗下泻时，应该在早晨另服融酥，若在中午服用，效果不佳。[②]

总之，藏医中与天文历算相关的内容主要集中在对季节的掌握和五行相生相克的原理上，但明显地可以看出季节的划分借鉴了印度的六季，而五行占显然是从汉地引入的，藏医中至少有机地结合了

---

① གཡུ་ཐོག་ཡོན་ཏན་མགོན་པོས་མཛད་པའི་བདུད་རྩི་སྙིང་པོ་ཡན་ལག་བརྒྱད་པ་གསང་བ་མན་ངག་གི་རྒྱུད་ཅེས་བྱ་བ་བཞུགས་སོ།།（宇妥·云丹贡布：《四部医典》），拉萨：西藏人民出版社，2006 年：

② 宇妥·云丹贡布：《四部医典》（汉译本），上海：上海科学技术出版社，1987 年：第 284 页。

印度与汉地两大文明的精髓,将其纳入藏医系统。通常情况下，学藏医者都会首先学习黑算，但实际情况是许多藏医学习者（包括僧人、学者等）均会首先精通藏传天文历算（包括黑算、白色等），然后才去学习藏医学。因此，我们不难看到，自宇妥·云丹贡布至今的诸多藏医师或藏医学者均精通藏传天文历算，藏医与藏传天文历算并驾齐驱地被这些藏医师们承载和传播。

这里提到藏医学主要原因是藏医学在民间的需求要远胜于历算，但因为藏医与历算的密切关系，后者也间接地服务于医疗事业。虽然这与拉卜楞寺堆阔尔扎仓的关系并不明显。但从知识体系的角度分析，就进一步说明了藏传天文历算与堆阔尔扎仓的重要性，体现了扎仓在物质层面服务于百姓，应用于民间的实用功能。

二、精神层次的教育功能

宗教通常被定义为人类社会发展到一定历史阶段出现的一种文化现象，属于社会意识形态。主要特点为，相信现实世界之外存在着超自然的神秘力量或实体，该神秘统摄万物而拥有绝对权威、主宰自然进化、决定人世命运，从而使人对该一神秘产生敬畏及崇拜，并从而引申出信仰认知及仪式活动。哈维兰把宗教定义为“一系列组织起来的、对超自然力量的信仰，这些信仰引导人们理解世界，或者帮助他们处理那些他们认为重要、但运用现有组织技术和技巧无法解决的问题。”[①] 如此看来，佛教似乎不单是宗教，宗教的概念并不能完全涵盖佛教的内容，也不能全面地解释佛教。佛教不仅仅单纯是一个宗教信仰，还包括哲学、艺术（绘画、音乐、舞蹈）、科学（医学、历算）、文学。而宗教、哲学、艺术、科学、法律等都属同一层面上的人类精神文化的产物。从学科角度来讲，宗教、哲学、艺术、科学等也属平行概念之上的不同学科。从功能地位来讲，佛教不仅具有宗教信仰的功能，还是政治中心、经济中心和文化教育的中心。堆阔尔扎仓作为佛教寺院中的一个基础单位之一，除了具有宗教信仰的功能外，也具有教育传承的功能。无论是从组织机构，还是从教学工作，或是研究能力看来，堆阔尔扎仓也不亚于高等院校中的学院机构。

当然，我们不能否认寺院扎仓教育中，尤其是作为小五明教育机构的堆阔尔扎仓，经历时代的变革之后，也饱尝了岁月的浩劫，文化的变迁，逐渐走向衰败，或早已衰败。前文中我们也提到过，就教育传承而言，多思麦所有的堆阔尔扎仓中仅拉卜楞寺堆阔尔扎仓还保持有良好的传统教育，有完整的教育体制、教学模式以及良好的教学风气。

堆阔尔扎仓作为教育传承和研究藏传天文历算的重要机构之一，既扮演了传统教学的承载者，又扮演了吸纳外来天文历算学知

---

① [美]威廉·W·哈维兰《文化人类学》，上海：上海社会科学院出版社，2006 年 1 月第 1 版：第 389 页。

识的主要学习者和研究者的角色。藏传天文历算在其发展过程中，始终持有“师夷长技以制夷”的精神，学习其他的历法知识，借鉴其他历法中更加有效的计算方法。直到17世纪初，伽利略发明了40倍双镜望远镜之后，望远镜就逐渐投入到西方世界的科学应用中，尤其是在天文学上的应用，使天文学从混有星占学的传统天文历算（传统天文学）中脱颖而出，成为独立的学科，开创了天文学的新领域。然而藏传天文历算的发展没有引进像望远镜这样的先进仪器，所以藏传天文历算仍属传统意义上的天文学的范畴，还没有成为真正独立的观测学科——天文学。但本书所要探讨的只是传统意义上独特的天文历算这门学科，并不是现代意义上的天文学。今后，我们也可以试图让藏传天文历算借鉴和吸纳现代天文学的观测仪器和现代天文学的理论体系或计算方法。但这并不是本书所要解决的问题。无论如何，就藏传天文历算作为一门传统科技知识的方面来看，堆阔尔扎仓的教育在其教育和传承上发挥了极大的作用，可以说是一个鲜活而实在的博物馆。尤其是拉卜楞寺堆阔尔扎仓，还在秉持着最为传统的教育，仍然沿用着古老的沙盘计算工具，算盘和计算器是作为重复验证的工具而使用的。

总之，从组织形式、修习制度、考核机制等各方面来看，堆阔尔扎仓和其他扎仓一样，它是寺院中的一个制度完备的单元机构，教育是扎仓的主要表现形式。如果有机会了解扎仓僧人的日常生活，就好发现它与学校机构中的学院如出一辙，具有同样的功能。扎仓有其独特的教学模式和教学特点，记诵与辩经是学习的主要技能，而口传心授是文化传承的主要手段。此外，堆阔尔扎仓修习的课程内容丰富，主次有序。藏语言文化知识是学僧学习的基础课程，尽管学习形式相对自由，但只要是寺院学习过的人，其语言功底都远远高于接受学校教育的人。而各种经文与仪轨的学习是扎仓学僧主要的修习任务，这些关系到他们能否晋升到高年级，能否参与一些重大的法事活动。虽然天文历算这门学问并非集中组织授课，而是自由择师，然而，对于高年级的“历算员”和“坛城员”而言，学习制作历本的天文演算和绘制坛城却是他们必修的课程。因此，扎仓的教育对僧人们来讲，是文化传承的途径，是修行的基础。

三、生命层次的宗教功能

各个天文学产生的文化背景不同。吠陀因仪式的需要产生了天文学，中国因政治天命论而需要天文官，佛教因密修的需要产生了天文学。《时轮续》（Kalacalratantra）就是在印度密修的末期出现的。“此续虽由三千颂所成，但这是由一万二千颂所成的《最胜本初佛》根本怛特罗所抄出的，详称《自最胜本初佛抄要之吉祥时轮续王》（Paramadibuddhoddhrta-srikalacakra-nama-tantraraja，东北目录三六二、一三四六）。”[1]

[1] 平川彰著，状昆木译《印度佛教史》，台北：商周出版社，2004 年：第 508 页。此书中讲到《时轮续》也发现了梵文本，并已出版其校订本；《无垢光》也发现了梵文本，但还没有公开出版。

时轮乘（Kãlacakra yãna）是自金刚乘发展出的支派之一，早在十世纪时已经开始流行，直到伊斯兰的侵入，它成为密教的最后形态。“公元 712 年阿拉伯伊斯兰教徒曾一度占领印度河下游的信德地方。此后，阿富汗的突厥系伽色尼王朝（Ghaznî）在 986 年以后开始征服印度，首先占领白沙瓦。997 年即位的马默德（Mahmûd）从 1001 年到 1027 年前后十七次远征北印度，占领了北印度的整个西半部。”[①] “十二世纪末，东印度孟加拉地方完全沦于穆斯林的统治之下，1203 年超岩寺破坏，从此佛教在印度本土消亡了。”[②] 当伊斯兰教徒入侵印度时，印度教和佛教都收到了攻击，但是相对印度教而言，佛教所遭受的伤害更加惨烈。印度教与民众融为一体，没有独立的教团，但是佛教拥有从民众中分离出来的独立教团组织，建立有寺院机构，出家僧侣过集体生活，穿统一的黄衣，手持钵、杖而行动。这样醒目的团体组织恰好为伊斯兰教徒的攻击提供了更加方便的条件。《时轮续》中详细叙述了伊斯兰教徒的军队蹂躏印度的惨状。正因为此，打退伊斯兰教徒之事就成了“时轮乘”最大的悲愿。“时轮乘者也希望印度教诸派能够接受时轮灌顶，成为金刚部族，跨越阶级、宗教习惯的差异，共同饮食、结婚、大团结来对抗伊斯兰徒。而以预言的形式叙述说，到未来的古梨迦王之时，

---

① 佐佐木教悟，高崎直道，井野口泰淳，塚本启详著，杨曾文，姚长寿译：《印度佛教史概说》，复旦大学出版社，1966 年：第 92 页。

② 同上。

得到毗湿奴、湿婆及诸王的大联合军，大胜伊斯兰教徒之事。”①

时轮乘信仰“本初佛”（Ãdibuddha），认为通过这种信仰可以从由现在、过去和未来三时所限定的迷妄中解脱出来。所以时轮讲求外、内、别三种时轮的修习。外时轮的修习首先要掌握宇宙星辰的运行规律，学习我们所说的天文历算；内时轮要掌握人体三大脉的运行及人体内部小宇宙的运行规律；别时轮就是修习的最高境界，也就是打通脉络，找到明点，使内外宇宙相结合，达到极乐的状态。在仪式方面，供修本尊时轮金刚和时轮坛城的仪轨；在心里方面，僧侣们认为修习时轮密乘是可以转生到香巴拉国度的。总之，天文历算的学习或者说历法的演练并不是他们的主要目的，他们的主要目的就是通过供修时轮金刚本尊和时轮坛城，修习时轮金刚密乘，能再来世转入香巴拉理想国。威廉·A·哈维兰在其著作《文化人类》中谈到“宗教的一种心理功能是：提供一个有序的宇宙模型……宗教还解决未知的东西，使之变得可以理解，它以这种方式减少个人的焦虑和恐惧。”② “宗教信仰超自然力量的存在，相信可以用宗教手段控制用其他方法无法控制的东西，人类求助于祈祷、献祭及其他宗教仪式。这些预先假定了一个由关注人类事务，而且人类可祈求其帮助的超自然存在的世界。”③ 香巴拉国度就是时轮乘者所

---

① 平川彰著，状昆木译《印度佛教史》，台北：商周出版社，2004 年：第 511 页。

② [美]威廉·A·哈维兰著，瞿铁鹏译：《文化人类学》，上海：上海社会科学院出版社，2006 年：第 413 页。

③ [美]威廉·A·哈维兰著，瞿铁鹏译：《文化人类学》，上海：上海社会科学院出版社，2006 年：第 393 页。

祈求帮助的超自然存在的世界，他们通过时轮金刚密乘的仪式，供修时轮金刚坛城和时轮金刚本尊，在复杂的宗教仪式过程中通过祈求、献祭、观想、修行等仪式达到他所预先假设的世界，本尊神就是预先假设的神灵，通过这种内心的观想和身体的修习相结合的方式达到某种神秘的境界，获得极乐。密宗的特点就是系统组织化的手术仪式和神秘主义。他们相信通过咒术等神秘的手段可以感受被称为宇宙的中心、绝对的神的存在，并能对神、命运和自然现象对我们造成的幸与不幸的事情施加影响，改变不幸，实现美好的愿望。

自公元前 2 世纪左右起，印度教盛行起来，特别是在民众中拥有强大的势力。随着印度教持有强大的势力，佛教也不得不受其影响，因此，在大乘佛教中，采用了许多印度教的众神，开始建构出对这些诸神的祈祷、仪式。这与佛教在艺术上的性格结合起来，而发展为连印度教中都无法见到的曼荼罗美术、绚烂的密教仪礼。“佛教的密教化在贵霜时代、笈多时代是很显著的，例如弟子的入门仪式中，佛教采用了国王即位仪式的‘灌顶’（abhiseka）礼仪的，即是在贵霜时代。还有进行祈祷的情形，佛教采用了筑土坛而造炉燃火祈祷的‘护摩’（homa）仪式，或使用为了祈祷的神圣场所的‘曼荼罗’（mandala，坛场）等；这一般以为是在笈多时代。曼荼罗最初是在地上造的土坛，后来开始画上图案。”[①]“密教的曼荼罗是以何途径而成立的虽然不明，但本来是指结界于一定的土地，据其恶

[①]平川彰著，状昆木译《印度佛教史》，台北：商周出版社，2004 年：第 485 页。

土，入清净土，于其上作土坛，而在土坛上画诸尊。此‘坛’就是曼荼罗，坛也译作‘界’，其原语是相同的。将弟子带入此神圣之界内，进行灌顶、传法，或者请诸佛、诸尊，而修三密，欲达佛之境地。或者在曼荼罗前，供养香花、饮食等，进行禳灾招福的祈祷。”[①] 到公元4、5世纪为止，作坛法、结界法、画像法、入道场仪式等已经完善了，也可注意到多面多臂的尊像已经出现。时轮乘就是继承了这样的仪轨修习方式，所以在现今的时轮护摩法会、普明大日如来护摩法会和毗卢遮那现证佛菩提护摩法会上都会绘制曼荼罗，即坛城，请本尊和诸尊入神圣坛城，师傅将弟子带入神圣境内，然后进行灌顶、传法等仪式。

据我所知，日月食时刻对藏人，尤其对僧侣有着非同寻常的意义。通常认为，在日月食发生的时刻或日子里修行会倍增功德。这种思维可能源于古时人们对日月食的恐惧与灾难认同，以及克服这种心理的价值体现上。逐渐发展为佛教徒的观点，认为日月食发生时弱小的昆虫、动物以及植被等会遭受损伤，甚至死亡枯萎，所以选择在此时修行体现了大乘佛教的慈悲与关怀终生的理念，也就自然认为此时修行功能无量。因此，藏传天文历算尤其重视日月食推算的准确与方便。藏传天文历算有三种日的特点，即太阳日、太阴日和宫日。“在推算日食、月食的时刻时，只要推算出可能出现的该月的望日和朔日的太阴日结束时刻，再推出该时刻的太阳、月亮和罗

[①]同上：第468页。

睺（黄白交点）的真黄经，看其差数是否在食限之内，就可断定。正是由于它就是朔或望的真时刻，所以不必另外再推算食甚的时刻。”[①]可见太阴日的概念在推算日月食时是非常方便和重要的。堆阔尔扎仓作为藏传天文历算传承之地，教育教学只是僧侣们修习的途径，而非目的。他们的终极目标是修习时轮金刚密乘，使身体能否达到天人合一的最佳状态，灵魂能够通过香巴拉世界，达到解除痛苦的涅槃境界，实现生命的终极意义。这既是每一位虔心修习者的理想目标，亦是扎仓或寺院的目的所在。服务于百姓也好，教育传承也好，这些都是为了实现生命终极意义的路途中盛开的花朵、洒落的花瓣。

---

① 黄明信《西藏的天文历算》，西宁：青海人民出版社，2002年：第25页。

参考文献

藏文参考文献

历算类:

- བཀའ་འགྱུར། སྡེ་དགེ་པར་མ། 《甘珠尔》德格版，第 77 卷：第 291–299 页。（location vol.77,ff.146r-150r(pp.291–299)）。
- སྡེ་སྲིད་སངས་རྒྱས་རྒྱ་མཚོས་མཛད་པའི་ཕུག་ལུགས་རྩིས་ཀྱི་ལེགས་བཤད་བཻ་ཌཱུར་དཀར་པོ་བཞུགས་སོ།། 第司・桑杰嘉措：《白琉璃论》（上下册），北京：中国藏学出版社，1998年。
- སྡེ་སྲིད་སངས་རྒྱས་རྒྱ་མཚོས་མཛད་པའི་བཻཌཱུར་དཀར་པོ་ལས་དྲིས་ལན་འཁྲུལ་སྣང་གཡའ་སེལ་ཞེས་བྱ་བ་བཞུགས་སོ།། 第司・桑杰嘉措：《白琉璃论除疑》（上下册），北京：中国藏学出版社，2002 年。
- རྣམ་གླིས་མཛད་པའི་རྩིས་ཀྱི་མན་ངག་ཉིན་མོར་བྱེད་པའི་སྣང་བ་ཞེས་བྱ་བ་བཞུགས་སོ།། 达摩师利：《日光论》，拉萨：西藏人民出版社，1990 年。
- ཕུག་པ་ལྷུན་གྲུབ་རྒྱ་མཚོ་སོགས་ཀྱིས་མཛད་པའི་རྩིས་གཞུང་པད་དཀར་ཞལ་ལུང་ཞེས་བྱ་བ་བཞུགས་སོ།། 浦巴・伦珠嘉措：《历算白莲口传心要》，北京：民族出版社，2002 年。
- བསམ་འགྲུབ་རྒྱ་མཚོས་མཛད་པའི་སྐར་རྩིས་ཀུན་འདུས་ནོར་བུ།། 桑智嘉措：《藏历运算大全》，北京：中国藏学出版社，1996 年。

- ཕྱག་མཛོད་གསུང་རབ་ཀྱིས་རབ་བྱུང་བཅུ་བཞི་པའི་མེ་ཡོས་ལོར་མཛད་པའི་རིགས་ལྡན་སྙིང་ཐིག། 商卓特·桑热：《时轮历算精要》，1827年。
- གྲགས་པ་རྒྱལ་མཚན་སོགས་ཀྱིས་མཛད་པའི་དཔལ་ལྡན་ས་སྐྱ་པའི་གསུང་རབ་ལས་པོད་བདུན་པ་རྩིས་གཞུང་།། 扎巴坚赞等：《萨迦派系列文丛》之《天文历算》，北京：民族出版社，2004年。
- ཤེས་རབ་ཆོས་འཕེལ་གྱིས་མཛད་པའི་མ་ཧཱ་ཙི་ནའི་རྩིས་གཞུང་འཇམ་དཔལ་དགྱེས་པའི་མཆོད་སྤྲིན་ཞེས་བྱ་བ་བཞུགས་སོ།། 西日群培：《汉历文殊奉喜宝云》，兰州：甘肃人民出版社，1989年。
- བྱམས་པ་འཕྲིན་ལས་སོགས་ཀྱིས་མཛད་པའི་བོད་ཀྱི་རྩིས་རིག་ཀུན་འདུས་ཆེན་མོ།། 藏历全集编写组：《藏历全集》（共五册），成都：四川人民出版社，1998年。
- བྱམས་པ་འཕྲིན་ལས་ཀྱིས་མཛད་པའི་བྱམས་པ་འཕྲིན་ལས་ཀྱི་གསུང་རྩོམ་ཕྱོགས་བསྒྲིགས།། 强巴赤列：《强巴赤列文集》，北京：中国藏学出版社，1997年。
- དཔལ་བཟང་རྒྱ་མཚོས་མཛད་པའི་སྐར་རྩིས་ཀྱི་རི་མོ་བློ་གསལ་བདེ་ལམ།། 华尔江：《藏族历算学入门》，成都：四川民族出版社，2010年。
- རྫ་ཤུལ་བློ་བཟང་རྒྱ་མཚོས་མཛད་པའི་བོད་ཀྱི་སྐར་རྩིས་རིག་པའི་འབྱུང་ཁུངས་དང་འཕེལ་རིམ་སྐོར་ལ་མདོ་ཙམ་དཔྱད་པ་སྔོན་མེད་གཏམ་གྱི་ཚངས་ཐིག་ཅེས་བྱ་བ།། 再秀·罗桑嘉措：《藏族历算史》，兰州：甘肃民族出版社，2004年。
- ལྷ་མོ་ཚུལ་ཁྲིམས་ཀྱིས་མཛད་པའི་ནག་རྩིས་ཇེལ་འགྲེམ་འབྲས་བཤད་བཞུགས་སོ།། 拉毛次成：《藏族历算》，兰州：甘肃民族出版社，1995年。
- ཚེ་དབང་ལྷ་མོས་མཛད་པའི་ལོ་ཐོའི་ཤེས་བྱ་རབ་གསལ།། 才旺拉姆：《怎样看藏历》，成都：四川民族出版社，1997年。

- ཀང་བཙུགས་ཀྱིས་རྩོམ་སྒྲིག་བྱས་པའི་བོད་ཀྱི་ལོ་ཐོ་བལྟ་སྟངས།། 刚组：《怎样看藏历》，拉萨：西藏人民出版社，2007 年。
- བོད་ལྗོངས་གནམ་རིག་སྐར་རྩིས་རིག་གཞུང་ཚོགས་པས་བསྒྲིགས་པའི་བསྟན་བཅོས་བཻཌཱུར་དཀར་པོ་དང་ཉིན་བྱེད་སྣང་བའི་དགོངས་དོན་གསལ་བར་སྟོན་པ་རྩིས་གཞིའི་མན་ངག་རིགས་ལྡན་འཛུམ་པའི་འོད་ཟེར་ཞེས་བྱ་བ་བཞུགས་སོ།། 西藏天文星算学会：《时轮历算精要补编》，拉萨：西藏人民出版社，1985 年。
- གཡུ་ཐོག་ཡོན་ཏན་མགོན་པོས་མཛད་པའི་བདུད་རྩི་སྙིང་པོ་ཡན་ལག་བརྒྱད་པ་གསང་བ་མན་ངག་གི་རྒྱུད་ཅེས་བྱ་བ་བཞུགས་སོ།། 宇妥·云丹贡布：《四部医典》，拉萨：西藏人民出版社，2006 年。
- གུ་རུ་སྐྱིད་ཀྱིས་མཛད་པའི་མདོ་སྨད་དགོན་སྡེའི་དུས་འཁོར་གྲྭ་ཚང་གི་སློབ་གསོའི་ལམ་ལུགས་སྐོར་གླེང་བ། 格日吉：《多思麦寺院堆阔尔扎仓的教育制度》，中国藏学，2011(4)。
- 贾仁·华洛：《简述天文历法史》（藏文版），西北民族大学学报，1993 年第 1 期。

史籍类：

- འགོས་ལོ་གཞོན་ནུ་དཔལ་གྱིས་མཛད་པའི་དེབ་ཐེར་སྔོན་པོ།། 郭· 循努白：《青史》，成都：四川民族出版社，1985 年。
- དཔའ་བོ་གཙུག་ལག་ཕྲེང་བས་མཛད་པའི་དམ་པའི་ཆོས་ཀྱི་འཁོར་ལོ་བསྒྱུར་བ་རྣམས་ཀྱི་བྱུང་བ་གསལ་བར་བྱེད་པ་མཁས་པའི་དགའ་སྟོན།། 巴俄·祖拉陈瓦：《贤者喜宴》，北京：民族出版社，2006 年。

- སུམ་པ་ཡེ་ཤེས་དཔལ་འབྱོར་གྱིས་མཛད་པའི་ཆོས་འབྱུང་དཔག་བསམ་ལྗོན་བཟང་། 松巴·益西班觉：《如意宝树史》，兰州：甘肃民族出版社，1992年。
- བྲག་དགོན་པ་དཀོན་མཆོག་བསྟན་པ་རབ་རྒྱས་ཀྱིས་མཛད་པའི་མདོ་སྨད་ཆོས་འབྱུང་། 智观巴·贡却乎丹巴饶吉：《多思麦教法史》，兰州：甘肃民族出版社，1982年。
- ཟུར་མཁར་བློ་གྲོས་རྒྱལ་པོས་མཛད་པའི་ཟུར་མཁར་བའི་ཤེས་བྱ་ཁོག་འབུབས། 宿喀洛哲杰布：《宿喀藏医史》，北京：民族出版社，2006年。
- སེར་གཙུག་ནང་བསྟན་དཔེ་རྙིང་འཚོལ་བསྡུ་ཕྱོགས་སྒྲིག་ཁང་གིས་བསྒྲིགས་པའི་རྒྱལ་དབང་ལྔ་པ་ངག་དབང་བློ་བཟང་རྒྱ་མཚོའི་གསུང་འབུམ་བཞུགས་སོ། 色昭佛教古籍经典收集整理室（编）：《五世达赖喇嘛阿旺洛桑嘉措文集》，北京：中国藏学出版社，2009年。
- ཆབ་སྤེལ་ཚེ་བརྟན་ཕུན་ཚོགས་ཀྱིས་བསྒྲིགས་པའི་ཀློང་རྡོལ་ངག་དབང་བློ་བཟང་གི་གསུང་འབུམ། 恰白·次旦平措（主编）：《龙朵·阿旺洛桑全集》，拉萨：西藏藏文古籍出版社，1991年。
- མཁས་དབང་དུང་དཀར་བློ་བཟང་འཕྲིན་ལས་ཀྱི་གསུང་འབུམ། 东噶·洛桑赤列：《东噶·洛桑赤列文集》，北京：民族出版社，2004年。
- དགེ་འདུན་ཆོས་འཕེལ་གྱིས་མཛད་པའི་བོད་ཆེན་པོའི་སྲིད་ལུགས་དང་འབྲེལ་བའི་རྒྱལ་རབས་དེབ་ཐེར་དཀར་པོ་ཞེས་བྱ་བ་བཞུགས་སོ། 根敦群培：《白史》，北京：民族出版社，2002年。
- རྒྱལ་དབང་ལྔ་པ་ཆེན་མོས་མཛད་པའི་བོད་ཀྱི་དེབ་ཐེར་དཔྱིད་ཀྱི་རྒྱལ་མོའི་གླུ་དབྱངས། 五世达赖喇嘛：《西藏王臣记》，北京：民族出版社，1998年。
- ས་སྐྱ་བསོད་ནམས་རྒྱལ་མཚན་གྱིས་མཛད་པའི་རྒྱལ་རབས་གསལ་བའི་མེ་ལོང་། 萨迦·索南坚赞：《西藏王统记》，北京：民族出版社，1981年。
- མཁས་པ་ལྡེའུ་གིས་མཛད་པའི་ལྡེའུ་ཆོས་འབྱུང་། 弟吾贤者：《弟吾宗教源流》，拉萨：西藏藏文古籍山版社，2010年。

· ཐུའུ་བཀྭན་བློ་བཟང་ཆོས་ཀྱི་ཉི་མས་བརྩམས་པའི་ཐུའུ་བཀྭན་གྲུབ་མཐའ། 土观洛桑确吉尼玛《土观宗派源流》，甘肃民族出版社，1984 年。

· 多罗那达：《印度佛教史》（藏文版），1608 年成书。

· སྡེ་སྲིད་སངས་རྒྱས་རྒྱ་མཚོས་མཛད་པའི་དགའ་ལྡན་ཆོས་འབྱུང་བཻཌཱུརྻ་སེར་པོ།། 第司·桑杰嘉措：《格鲁派教法史——黄琉璃宝鉴》），北京：中国藏学出版社，1989 年。

寺志类：

· དཔལ་མང་པཎྜི་ཏས་མཛད་པའི་བླ་བྲང་བཀྲ་ཤིས་འཁྱིལ་གྱི་གདན་རབས་ལྷའི་ཛ་ཆེན།།阿芒班智达：《拉卜楞寺志》，兰州：甘肃民族出版社，1987 年。

· གསེར་ཏོག་བློ་བཟང་ཚུལ་ཁྲིམས་རྒྱ་མཚོས་མཛད་པའི་སྐུ་འབུམ་བྱམས་པ་གླིང་གི་གདན་རབས་དོན་ལྡན་ཚངས་པའི་དབྱངས་སྙན།། 色多洛桑楚臣嘉措：《塔尔寺志》，西宁：青海民族出版社，1982 年。

· འཇིགས་མེད་ཐེག་མཆོག་གིས་མཛད་པའི་རོང་པོ་དགོན་ཆེན་གྱི་གདན་རབས།། 吉迈特却：《隆务寺志》，西宁：青海民族出版社，1988。

· ཚེ་ཏན་ཞབས་དྲུང་གིས་མཛད་པའི་བྱ་ཁྱུང་གདན་རབས་ཡིད་འཕྲོག་གཏམ་གྱི་ཉིང་ཁུ།།才旦夏茸：《夏琼寺志》，西宁：青海民族出版社，1984 年。

· བཀྲ་དགོན་ལོ་རྒྱུས་རྩོམ་འབྲི་ཚོགས་ཆུང་གིས་མཛད་པའི་བཀྲ་ཤིས་ལྷུན་པོ་དཔལ་གྱི་སྡེ་ཆེན་ཕྱོགས་ཐམས་ཅད་ལས་རྣམ་པར་རྒྱལ་བའི་གླིང་གི་སྔོན་བྱུང་གསལ་བའི་ཉི་མ་ཞེས་བྱ་བ་བཞུགས་སོ།། 扎寺历史编写小组：《扎什伦布寺简介》，拉萨：西藏人民出版社，1992 年。

· བསྟན་པའི་སྒྲོན་མེས་མཛད་པའི་ཨོ་རྒྱན་སྨིན་གྲོལ་གླིང་གི་དཀར་ཆག། 丹贝卓美：《敏珠林寺志》，北京：中国藏学出版社，1992 年。

- སུམ་པ་མཁན་ཆེན་ཡེ་ཤེས་དཔལ་འབྱོར་དང་བཙན་པོ་བསྟན་འཛིན་འཕྲིན་ལས་ཀྱིས་མཛད་པའི་འཛམ་གླིང་སྤྱི་བཤད་དང་རྒྱས་བཤད་ཅེས་པ་བཞུགས་སོ།། 松巴·益西班党，赞普·丹增赤列：《世界总论·世界广论》，拉萨：西藏藏文古籍出版社，2011 年。

辞书类：

- ལོ་པཙ་མང་པོས་མཛད་པའི་བྱེ་བྲག་ཏུ་རྟོགས་པར་བྱེད་པ་ཆེན་པོ།། [日]神亮三郎：《梵藏汉和四译对照翻译名义大集》，台北：华宇出版社，1986 年。
- མཁས་དབང་དུང་དཀར་བློ་བཟང་འཕྲིན་ལས་མཆོག་གིས་མཛད་པའི་བོད་རིག་པའི་ཚིག་མཛོད་ཆེན་མོ་ཤེས་བྱ་རབ་གསལ་ཞེས་བྱ་བ་བཞུགས་སོ།། 东噶·洛桑赤列：《东噶藏学大辞典》，北京：中国藏学出版社，2002 年。
- བསམ་གྲུབ་རྒྱ་མཚོ་དང་ཧོང་མིན་ཞིན་དང་ཁྲིན་ཅུའུ་ཅིན་གྱིས་མཛད་པའི་བོད་རྒྱ་སྐར་རྩིས་རིག་པའི་ཚིག་མཛོད།། 桑智嘉措、黄明信、陈久金：《藏汉历算学词典》，成都：四川民族出版社，1985 年。
- དཔའ་རིས་སངས་རྒྱས་དང་ནོར་བུ་ཀུན་གྲུབ་ཀྱིས་བསྒྲིགས་པའི་མངོན་བརྗོད་ཁུངས་བཙུན་རྒྱ་མཚོ།། 马进武，马更远：《藏语辞藻辞源》，北京：中国藏学出版社，2010 年。

文化类：

- ཏ་མགྲིན་རྒྱལ་གྱིས་མཛད་པའི་བོད་སོག་ལབ་ཙེ་ལས་མ་བུ་བཅུ་གསུམ་གྱི་སྐོར་ལ་དཔྱད་པ།། 旦正加：《蒙藏十三敖包溯源》，《青海师范大学学报》藏文版 2010（1）。

译著类：

- 第司·桑杰嘉措（著），许得存（译）：《格鲁派教法史：黄琉璃宝鉴》，拉萨：西藏人民出版社，2009年。
- 巴俄·祖拉陈瓦（著），黄颢、周润年（译注）：《贤者喜宴—吐蕃史译注》，北京：中央民族大学出版社，2010年。
- 智观巴·贡却乎丹巴绕吉（著），吴均等（译注）：《多思麦政教史》，兰州：甘肃民族出版社，1989年。
- 松巴堪钦·益西班觉（著），蒲文成、才让（译）：《如意宝树史》，兰州：甘肃民族出版社，1992年。
- 郭·循努贝（著），王启龙、还克加（译）：《青史（足本）》，北京：中国社会科学出版社，2012年。
- 班钦索南扎巴（著），黄颢（译）：《新红史》，拉萨：西藏人民出版社，2002年。
- 洛桑确吉尼玛（著），陈庆英（译）：《章嘉国师若必多吉传》，北京：中国藏学出版社，2007年。
- 扎雅·罗丹西饶活佛（著），丁涛，拉巴次旦（译）：《藏族文化中的佛教象征符号》，北京：中国藏学出版社，2008年。
- 巴俄·祖拉陈瓦（著），黄颢（译）：《贤者喜宴》，北京：中央民族大学出版社，2010年：第60页。
- [意]南喀诺布，阿旺嘉措（译）：《象雄苯教史》，民族学辑刊，2014年。

汉文参考文献

天文历算类：

- 黄明信：《黄明信藏学文集：藏传时轮历时宪历译解》，北京：中国藏学出版社，2007年。
- 黄明信：《藏历漫谈》，北京：中国藏学出版社出版，1994年。
- 黄明信：《西藏的天文历算》，西宁：青海人民出版社，2002年。
- 牛治富：《西藏科学技术史》，拉萨：西藏人民出版社，2003年。
- 银巴：《钦热诺布与藏历天文历算》，拉萨：西藏人民出版，2008年。
- 琼那·诺布旺典：《唐卡中的天文历算》，西安：陕西师范大学出版社，2007年。
- 张闻玉：《古代天文历法讲座》，桂林：广西师范大学出版社，2008年。
- 陈久金：《中国少数民族科学技术史丛书·天文历法卷》，广西科学技术出版社，1996年。
- 江晓原:《天学真原》，南京：译林出版社，2011年。
- 法蒂玛·楠琳：《伊斯兰历要解》，天马出版有限公司，2009年。
- 牛治富：《西藏科学技术史》，拉萨：西藏人民出版社，2003年6月第1版。
- 张天锁：《西藏古代科技简史》，郑州：大象出版社，1999年。

历史类：

- 王尧、陈践：《吐蕃简牍综录》，北京：文物出版社，1986年。
- 王尧、陈践（译注）：《敦煌本吐蕃历史文书（增订本）》，北京：民族出版社，1992年。
- 林冠群：《唐代吐蕃史论集》，北京：中国藏学出版社，2006年。

- 杨铭：《吐蕃统治敦煌与吐蕃文书研究》，北京：中国藏学出版社，2008年。
- 王尧、陈践译注：《敦煌吐蕃文献选》，成都：四川民族出版社，1983年。
- 王尧、陈践译注：《敦煌古藏文探索集》，上海：上海古籍出版社，2008年。
- 黄布凡、马德译注：《敦煌藏文吐蕃史文献译注》，兰州：甘肃教育出版社，2000年。
- 姜伯勤：《敦煌吐鲁番文书与丝绸之路》，北京：文物出版社，1994年。
- 王尧：《吐蕃金石录》，北京：文物出版社，1982年。
- 苏晋仁等校正：《<册府元龟>吐蕃史料校正》，成都：四川民族出版社，1981年。
- （宋）欧阳修、宋祁：《新唐书》，北京：中华书局。
- （宋）王钦若等（编修），苏晋仁、萧鍊子（校注）：《册府元龟·吐蕃史料校正》，成都：四川民族出版社，1981年。
- 万玛项欠，杨毛吉：《藏族民间文学概论》，北京：民族出版社，2005年
- 王森：《西藏佛教发展史略》，北京：中国藏学出版社，2010年。
- 纳忠：《阿拉伯通史》，北京：商务印书馆，1997年。
- 林承节：《印度古代史纲》，北京：光明日报出版社，2000年。

辞书类：

- 张怡荪编著：《藏汉大辞典》，北京：民族出版社，1993年。
- 民族出版社等编纂组：《汉藏对照词典》，北京：民族出版社，2002年。

· 耿显宗等编著：《多思麦藏语口语词典》，兰州：甘肃民族出版社，2007年。

· 王尧、陈庆英主编：《西藏历史文化辞典》，拉萨、杭州：西藏人民出版社、浙江人民出版社，1998年。

· 林崇安编著：《基本汉藏梵英佛学术语》，台北：慧炬出版社，民国80年。

· 林崇安编著：《佛学法类[汉藏梵英]术语》，台北：财团法人内观教育基金会，2008年。

· 黄顥铭编译：《藏汉对照西藏大藏经总目录》，西宁：青海民族出版社，1993年。

其他：

· 蔡景峰、洪武娌：《<四部医典>考源》，郑州：大象出版社，1999年。

· 李安宅：《藏族宗教史之实地研究》，上海：上海人民出版社，2005。

· 北京大学考古文博学院、青海省文物考古研究所编著：《都兰吐蕃墓》，北京：科学出版社，2005年。

· [唐]玄奘，辩机著，季羡林等校：《大唐西域记》，北京：中华书局出版社，2009年。

· 魏开肇：《雍和宫漫录》，郑州：河南人民出版社，1985年。

· 巫白慧译解：《<梨俱吠陀>神曲选》，北京：商务印书馆，2010年。

· 黄宝生：《奥义书》，北京：商务印书馆，2010年。

· 王尧，王启龙：《国外藏学译文集（第十七辑）》，拉萨：西藏人民出版社，2004年。

· 张宗奇：《伊斯兰文化与中国本土文化的整合》，北京：东方出版社，2006年。

汉文论文类：

· 黄明信，银巴：《传统天文历算学研究的历史与现实》，中国西藏，2007年第4期。

· 黄明信：《对于几种辞书里“藏历”条释文的评论》，中国藏学，2006年第2期。

· 黄明信，申晓亭：《蒙古历、藏历、汉历》，文献季刊，2002年第1期。

· 黄明信：《藏历新年与农历春节日期异同》，中国藏学，1988（4）。

· 陈久金：《藏族古代曾以麦熟为新年》，西藏研究，1983（1）。

· 陈久金：《论〈夏小历〉是十月太阳历》，自然科学史研究，1982年第4期。

· 康缠·卓美泽仁正刚：《“本”“巫”同源考》，青海民族学院学报，1987年第3期。

· 傅千吉：《藏族天文历算学教育发展初探》，中国藏学，2008年第3期。

· 傅千吉：《刍议藏族传统天文历算的现代化》，西藏大学学报，2012年第4期。

· 傅千吉：《藏族天文历算中二十八宿的渊源及其作用》，西北民族大学学报，2014年第96期。

· 傅千吉、肖鹏：《敦煌吐鲁番文献中藏汉天文历算文化关系研究》，西藏大学学报，2010年第4期。

· 傅千吉：《论藏族天文历算中纪日与纪时的算式方法》，西北民族大学学报，2013 年第 92 期。

· 傅千吉：藏族天文历算中二十八宿的渊源及其作用[J].西北民族大学学报，2014 年第 4 期。

· 丹曲：《拉卜楞寺时轮学院概述》，西藏研究，1999 年第 2 期。

· 华锐·东智：《拉卜愣寺六大学院修习体制源考》，2001 年第 3 期。

· 夏吾才让：《论藏族历算与周边数学文化的交融》，西北民族大学学报，2005 年第 56 期。

· 夏吾才让：《印度天文历算与藏族天文历算亲缘关系初探》，西北民族大学学报，2006 年第 64 期。

· 钮卫星：《罗睺、计都天文含义考源》，天文学报，1994 年第 3 期。

· 张士勤，唐泉：《多思麦藏传佛教寺院中的时轮学院与天文历算教育》，西北大学学报，2005 年第 6 期。

· 马宏武：《关于藏历饶迥年与公元年换算问题》，青海民族学院学报，2001 年第 3 期。

· 英加布：《拉卜楞的书面语口头文学》，载《中国民族学》（第五辑）. 兰州：甘肃民族出版社，2010。

· 陈庆英：《汉文“西藏”一词的来历简说》，燕京学报，第六期。

· 苏冠文：《西夏天文历法论述》，宁夏社会科学，2005 年第 1 期。

· 才让：《藏传佛教格鲁派金刚法舞研究—以拉卜楞寺正月法舞为例》，北方民族大学学报，2010 年第 1 期。

· 才让：《藏传佛教金刚法舞的起源研究》，民族艺术，2010 年第 1 期。

· 才让：《藏传佛教金刚法舞面具的制作、分类及其宗教内涵之研究》，西北民族研究，2011 年第 2 期。

· 万代吉：《羌姆表演中的艺术特征》，西藏大学学报，2010 年第 2 期。

· 郎建兰：《拉卜楞寺馆藏典籍及档案概论》，西藏民族学院学报，2009 年第 6 期。

· 许新亚：《拉卜楞寺藏族传统宗教建筑》，世界建筑，2006 年第 8 期。

· 王天鹏，陈梅，侯秋风：《拉卜楞寺建筑物理环境技术》，兰州交通大学学报，2008 年第 6 期。

· 孙林：《唐卡绘画中的曼陀罗图式玉西藏宗教造像学象征的渊源》，西藏大学学报，2007 年第 1 期。

· 黎科：《拉卜楞寺藏传佛教唐卡艺术》，艺术理论，2009 年第 11 期。

· 大罗桑朗杰，华宣积：《藏族喜用纵横图》，西藏大学学报，2001 年第 4 期。

· 洛桑扎西：《独具特色的藏历时令节气》，西藏科技，2003 年第 6 期。

· 索穷：《藏历历书的故事》，中国西藏，2005 年第 2 期。

· 吕变庭，刘潇：《论元代回回天文历算的历史地位》，青海民族研究，2008 年第 1 期。

· 陈柏萍，卓玛：《试论藏族杰出人物第巴·桑结嘉措》，青海民族学院学报，1999 年第 3 期。

· 孙林：《唐九宫算、藏族九宫历以及纳西族八格图的比较研究》，中国藏学，2007 年第 2 期。

· 林继富：《西藏节日与藏族历法》，西藏艺术研究，2000 年第 1 期。

· 旺堆，德庆白珍：《踏上追梦的道路——访西藏自治区天文历算研究所所长银巴》，中国西藏，2005 年第 6 期。

· 唐泉，万映秋：《藏族科学家第巴·桑结嘉措的科学活动》，中国科技史杂志，2005 年第 4 期。

· 班班多杰：《藏传佛教大小五明文化》，中国宗教，2003 年第 11 期。

· 马仲海：《藏文历算五要素系统概述》，西北民族学院学报，1998 年第 19 期。

· 愣本嘉：《藏族医学与藏族天文历算之关系述略》，中国民族医药杂志，1995 年第 2 期。

· 宋民政：《藏族历算史简介》，西北民族学院，1987 年第 1 期。

· 大桥由纪夫：《没日灭日起源考》，自然科学史研究，2000 年第 3 期。

· 陈美东：《古印度地轮——水轮——风轮——空轮说在中国》，自然科学史研究，1998 年第 4 期。

· 诺日才让：《论苯教的宇宙观》，青海民族大学学报，2010 年第 1 期。

· 洛加才让：《论苯教和佛教的宇宙审美观》，青海师范大学民族师范学院学报，2005 年第 1 期。

· 觉乃·洛桑丹珠、冰角·婆帕次仁：《多思麦古刹禅定寺》，兰州：甘肃民族出版社，1987 年。

· 宋仁克：《〈三家星经〉可以复原成一份完整的星表》，自然科学史研究，2007 年第 4 期。

· 王安安：《〈夏小正〉历法考释》，历史研究，2006 年第 5 期。

· 孔庆典，江晓原：《11-14 世纪回鹘人的二十八宿纪日》，西域研究，2009 年第 3 期。

· 李卿：《论彝族天文历法的独特性与彝汉文化的共同性》，毕节学院学报，2006 年第 6 期。

· 李国文：《纳西族象形文字〈二十八宿值日星占图〉研究》，云南民族大学学报，2006 年第 5 期。

· 钟守华：《楚、秦简〈日书〉中的二十八宿问题探讨》，中国科技史杂志，2009 年第 4 期。

· 多识：《松赞干布到朗达玛诸赞普年代考证》，西北民族学院学报，1990 年第 3 期。

· 邓文宽：《传统历书以二十八宿注历的连续性》，历史研究，2000 年第 6 期。

· 赵永恒，李勇：《二十八宿的形成与演变》，中国科技史杂志，2009 年第 1 期。

· 杜成辉：《辽代天文历算成就浅论》，哈尔滨工业大学学报，2007 年第 1 期。

· 刘小蓉：《论“四象”的产生发展及其原因》，洛阳师范学院学报，2008 年第 3 期。

- 李维宝，陈久金：《论中国十二星次名称的含义和来历》，天文研究与技术，2009年第1期。
- 周凤玲：《释“四象二十八宿”》，内蒙古师范大学学报，2007年第3期。
- 潘朝霖：《水苗汉二十八宿比较研究》，贵州民族研究，2001年第3期。
- 伊世同：《天文与人文：四象—龙、虎、凤、龟》，广西民族学学院学报，2006年第2期。
- 马登明：《微言天算，零记号以及瞿昙历对中国古代数学的推进》，青海民族研究，2003年第3期。
- 辛全民，赵彦君：《犹太历法及其汉译》，世纪桥，2007年第8期。
- 张碧波：《中华天文星象学在北方民族中的传播与发展》，北方文物，2006年第1期。
- 黄世杰：《壮族古代的天文历法》，广西民族学院学报，1997年第2期。
- 贡保才让：《论青海宗日文化中的陶器》，《西北民族大学学报》藏文版，2008年。
- 愣本嘉：《藏族医学与藏族天文历算之关系述略》，中国民族医药杂志，1995（2）。
- 徐庆华等：《云南禄丰发现的腊玛古猿和西瓦古猿的下颌骨》，载《古脊椎动物与古人类》，1979年第1期。
- 童恩正：《西藏考古综述》，载《文物》1985年第9期。
- 钱耀鹏：《柳湾各期墓葬的埋葬过程及相关问题-从磨沟墓地说起》，载《考古学研究》，2012年第10期。

外文参考文献

原著类：

- Joseph Needham with Wang Ling PH.D, *Science and Civilisation in China:Mathematics and the Sciences of the Heavens and the Earth*, Cambridge University Press,1959.
- Philippe Cornu, translated by Hamish Gregor. *Tibetan Astrology*. London, 2002.
- Tsering Dolma Drungtso. Tibetan Elemental Astrology: Ancient Tibetan Wisdom to Lighten Our Path of Progress and Guide Our Future. New Delhi, 2002.
- J. Bacot, F. W. Thomas and Ch. Toussaint. *Documents de Touen-houang relatifs a l'histoire du Tibet*. Paris, 1940.
- E.Gene Smith. *Among Tibetan Tests: History and Literature of the Himalayan Platean*. Boston, 2001.
- John Powers. Introduction to Tibetan Buddhism. New York USA, 1995.
- David Snellgrove. *Indo-Tibetan Buddhism: Indian Buddhists and Their Tibetan Successors*. Boston, 1987.
- Giuseppe Tucci, translated by J.E.Stapleton Driver. *Tibet: Land of Snows*. London, 1973.
- Helmut Hoffman. *Tibet:A Handbook*, Indiana University, Bloomington.1975.

- Réne De Nebesky-Wojkowitz. *Oracles and Demons of Tibet: The Cult and Iconography of the Tibetan Protective*. India, 1993.
- Christopher I. Beckwith. The Tibetan Empire in Central Asia: *A History of the Struggle for Great Power among Tibetans, Turks, Arabs, and Chinese during the Early Middle Ages*. New Jersey, 1987.
- Melvyn C. Goldstein. *A History of Modern Tibet: The Calm before the Storm:1951-1955*. London, 2007.
- Ho-chin Yang. *Tibet: A Handbook.* Published for the Asian Studies Research Institute by the Research Center for the Language Sciences, Indiana University, Bloomington, 1975.
- A. Leo Oppenbeim. *Ancient Mesopotamia: Portrait of A Dead Divilization.* London, 1977.
- James B. Pritchard. *The Ancient Near East: An Anthology of Texts and Pictures.* London, 1958.
- Amy Heller. *The Silver Jug of the Lhasa Jokhang: Some Observations on silver objects and costumes from the Tibetan Empire (7th-9th centuries)*. Paris, 2002.
- Chandra Das. Tibetan-English dictionary. Indian, 1998.
- John.R.Newman. *A Brief History of the Kalachakra: The Wheel of Time-The Kalachakra in Context*. Madison USA, 1985.
- Rev.D.W.Lacheur: "Thibet: The Planting of Christian and Missionary Alliance Mission in Thibet ", *Alliance Weekly*, Vol.21, No.4, July 27, 1898.

- Chandra Das. Tibetan-English Pictionary. Pubished in Indian by: Book Faith India 416, Express Tower Azadpur Commercial Complex Delhi-110033. 1998.
- Dr. Lokesh Chandra. *Tibetan-Sanskrit Dictionary*. New Delhi (India), 1959.
- Lama Dawasamdup Kazi. *An English-Tibetan Dictionary*. Calcutta, 1919.
- Adam Pearcey. *A compendium of Quotations*. Lotsawa School, 2004.
- Robert B. Ekvall. A Note on 'Live Blood' as Food Among the Tibetans. Royal Anthropological Institute of Great Britain and Ireland, 1963.

译著历算类:

- [英]李约瑟:《中国科学技术史—天文气象卷》，北京:上海出版社，1990年。
- [法]G.伏古勒尔（著），李珩（译）：《天文学简史》，桂林：广西师范大学出版社，2003年。
- [英]米歇尔·霍斯金（编），江晓原，关增建（译）：《剑桥插图天文学史》，济南：山东画报出版社，2003年。
- [美]雪莉·吴（著），何正云（译）：《帝王占星术》，南京：江苏人民出版社，2011年。
- [英]苏·汤普金斯（著），胡因梦（译）：《当代占星研究》，昆明：云南人民出版社，2010年。
- [古希腊]亚里士多德（著），吴寿彭（译）：《天象论·宇宙论》，北京：商务出版社，1999年。

· [凶]乌瑞（著），熊文彬（译）：《藏人使用汉族六十甲子纪年法的早期例证》，载于《国外藏学研究译文集·第五辑》，拉萨：西藏人民出版社，1989。

历史类：

· [日]佐佐木教悟，高崎直道，井野口泰淳，塚本启详（著），杨曾文，姚长寿（译）：《印度佛教史概说》，复旦大学出版社，1966 年。
· [意]G·杜齐（著），向红笳（译）：《西藏考古》，拉萨：西藏人民出版社，2004 年。
· [英]凯伦·阿姆斯特朗（著），胡亚豳（译）：《神话简史》，重庆：重庆出版社，2005 年。
· [法]A·麦克唐纳（著），耿昇（译），王尧校订：《敦煌吐蕃历史文书考释》，西宁：青海人民出版社，1991 年。
· [英]渥德尔（著），王世安（译）：《印度佛教史》，北京：商务印书馆，1987 年。
· [日本]佐佐木教悟、高崎直道、井野口泰淳、塚本启祥（著），杨曾文、姚长寿（译）：《印度佛教史概说》，上海：复旦大学出版社，1989 年。
· [法]石泰安（著），耿昇（译）：《川、甘、青、藏走廊古部落》，成都：四川民族出版社，1992 年。
· [伊朗]阿宝斯·艾克巴尔·奥希梯扬尼（著），叶奕良（译）：《伊朗通史》，北京：经济日报出版社，1997 年。

文化类：

- [法]石泰安（著），耿昇（译）：《西藏的文明》，北京：中国藏学出版社，1999 年。
- [新加坡]李炯才（著），张卫、傅光明（译）：《日本：神话与现实》，海口：海南出版社，1999 年。
- [英]普理查德（著），褚建芳等（译）：《努尔人：对尼罗河畔一个人群的生活方式和政治制度的描述》，北京：华夏出版社，2001 年。
- [美]露丝·本尼迪克特（著），王炸等（译）：《文化模式》，北京：三联书店出版社，1988 年。
- [英]维克多·特纳（著），赵玉燕，欧阳敏，徐洪峰（译）：《象征之林——恩登布人仪式散论》，北京：商务印书馆，2006 年。
- [英]纳特（著），黄剑波、柳博赟（译）：《仪式过程：结构与反结构》，北京：中国人民大学出版社，2006 年。
- [美]哈维兰（著），瞿铁鹏、张钰（译）：《文化人类学》，上海：上海科学出版社，2005 年。
- 林惠祥：《文化人类学》，北京：商务印书馆，1934 年。
- [美]格尔茨（Geertz,C.）（著），韩莉（译）：《文化的解释》，南京：译林出版社，1999 年。
- [意]G·杜齐（著），耿昇（译）：《西藏和蒙古的宗教》，天津：天津古籍出版社，1989 年。
- [美]费迪南德 D·莱辛（著），向红笳（译）：《雍和宫：北京藏传佛教寺院文化研究》，北京：中国藏学出版社，2007 年。

· [奥地利]勒内·德·内贝斯基·沃杰科维茨（著），谢继胜（译）：《西藏的神灵和鬼怪》，拉萨：西藏人民出版社，1993年。

· [英]罗伯特·比尔（著），向红笳（译）：《藏传佛教象征符号与器物图解》，北京:中国藏学出版社，2007年。

· [法]石泰安（著），耿昇（译）：《西藏史诗和说唱艺人》，北京：中国藏学出版社，2005年。

· 尤素普·哈斯·哈吉普（著），郝关中、张宏超、刘宾（译）：《福乐智慧》，北京：民族出版社，1986年。

附 录：

《青史》中描述的藏历传承情况

大乘密宗在香巴拉的传承

传播地域 ཡུལ་གྱི་ཆ་ནས།	传播者 སྤེལ་མཁན།	传播的经文 སྤེལ་བྱའི་ཆོས།
印度东部 ཤར་ཕྱོགས།	热赛达瓦王 རྒྱལ་པོ་རབ་གསལ་ཟླ་བ་ལ་སོགས་པ།	《摄空性瑜伽续》 དེ་ཁོ་ན་ཉིད་བསྡུས་པ་སོགས་པའི་རྣལ་འབྱོར་གྱི་རྒྱུད་རྣམས།
印度南部 ལྷོ་ཕྱོགས།	龙树师徒 སློབ་དཔོན་ཀླུ་སྒྲུབ་སློབ་མ་དང་བཅས་པ།	《密集诸瑜伽续》 དཔལ་གསང་བ་འདུས་པ་སོགས་པའི་རྣལ་འབྱོར་གྱི་རྒྱུད་རྣམས།
印度西部 ནུབ་ཕྱོགས།	拉瓦巴等 དཔལ་ལྭ་བ་པ་ལ་སོགས་པ།	《瑜伽母续》 རྣལ་འབྱོར་མའི་རྒྱུད།
印度中部 ཡུལ་དབུས།	释迦牟尼 བྱང་ཆུབ་སེམས་དཔའ།	《时轮经续诸释》 དུས་ཀྱི་འཁོར་ལོ་ལ་སོགས་པ།

时轮经在印度的传承

主传承及支系传承 A：

“直吾贡布”（ཧྲུ་བོ་མགོན་པོ）的学生“兰旺曲吉旺秀”（གླན་བང་སོ་བ་ཆོས་ཀྱི་དབང་ཕྱུག）著的书（རྒྱུད་ལ་འཇུག་པའི་མན་ངག་རིན་པོ་ཆེའི་ཟ་མ་ཏོག་པ་འབྱེད་པ།）中讲到在香巴拉最后的授记（教授）中提到“观世音菩萨的化身白莲法胤传授给大堆夏巴”，他通五明，又被称作文殊的化身，据说他亲授度母所加持亲见其容颜，他前往净土香巴拉，在观世音前请传诸法，然后到中印度，传法给五位班智达（བིནྟ་ཨཱ་ཙ་ཡ། འདུལ་བ་འབྱུང་གནས་སྙིང་གྲོས། ཐར་པ་འབྱུང་གནས་སྦས་པ། སེང་གེ་རྒྱལ་མཚན། མཐའ་ཡས་རྣམ་པར་རྒྱལ་བ།）。五位班智达得法后前往“壁巴哈山”ཕུལླ་ཧ་རི（花香扑鼻的山）授法给“那若巴”（ནཱ་རོ་པ）等人，其中鬓竹阿杂雅

（བིནྟ་ཨཱཀ་ཙ་ཡ།）最负盛名，他也被称作“阿格旺秀扎巴”（ངག་གི་དབང་ཕྱུག་གྲགས་པ།）。他又教授过“香奇布”比丘（དགེ་བསྙེན་བྱང་ཆུབ།），这人的学生是一位大班智达，他有幸和那若巴一起在“大堆夏巴”（དུས་ཞབས་ཆེན་པོ）跟前听法，因其学识渊博，又深谙时轮，故被誉为“小堆夏巴”（དུས་ཞབས་ཆུང་ངུ།）。就在大小堆夏巴时期，克什米尔的婆罗门大学者“夏桑布”（བྲམ་ཟེ་ཞབས་བཟང་པོ།）又名སུཚ་གེ་ཏུ།到印度向པཎྜི་ཏ་སོ་ནམ་ཏི། ལཀྵྨཱི་ཀ་ར། ཧ་ན་ཤྲཱི ཙནྡྲ་ར་ཧུ་ལ།、月怙（སོ་མ་ནཱ་ཐ།）等人传法。这时，“杜巴江尼鲁哲”（འདུལ་བ་འབྱུང་གནས་བློ་གྲོས།）寄来了དབང་མདོར་བསྟན།和དབང་རབ་བྱེད།两本书，读后其中的月怙喇嘛[①]前往印度中部拜大堆夏巴为师学习时轮经。之后，他远赴藏地弘法，分别教授了“襄塘”的“噶日东”（བྱང་ཐང་གི་འགར་སྟོན།）、格西扎巴（དགེ་བཤེས་གྲྭ་པ།）和“盖琼”的“东巴多杰”（སྐར་ཆུང་གི་སྟོན་པ་རྡོ་རྗེ།），后返回印度又与僧格坚赞和杜巴江尼鲁哲请教疑难问题，彻底弄明白后又返藏讲经，在前后两次讲经时“吉”师徒（父子？སྐྱེ་ཡབ་སྲས།）都在场听闻学习，所以他也算是月怙的弟子，吉师徒又传法给“堆”地的“古钦布尼玛喇嘛”（རྡོལ་གྱི་བླ་མ་འགྲོ་ཆེན་པོ་ཉི་མ།），他又教时轮法给大学者མཁས་པ་ཆེན་པོ་སླུབས་སྡྲ་ཀྱིརྟེ།，他又传给他的儿子，又传给“兰钦布”（གླན་ཆེན་པ།）。剩下的三种传承比较简单，所以我在此仅以表格形式体现即可。

---

① ཟླ་མ་ཁ་ཆེ་ཟླ་མགོན། 与སོ་མ་ནཱ་ཐ། 是指同一人月怙，后者是梵文名字，前者是对应的藏文译名，སོ་མ།即ཟླ་བ།，“月亮”之意，ནཱ་ཐ།即མགོན་པོ།，“怙主”之意。月怙出生婆罗门氏家，他先跟随父亲学婆罗门教，后听从母亲的话向小堆夏巴（དུས་ཞབས་ཆུང་བ།）和克什米尔的“尼玛坚赞”（ཁ་ཆེ་ཉི་མ་རྒྱལ་མཚན།）学习二人所学全部佛教教法。

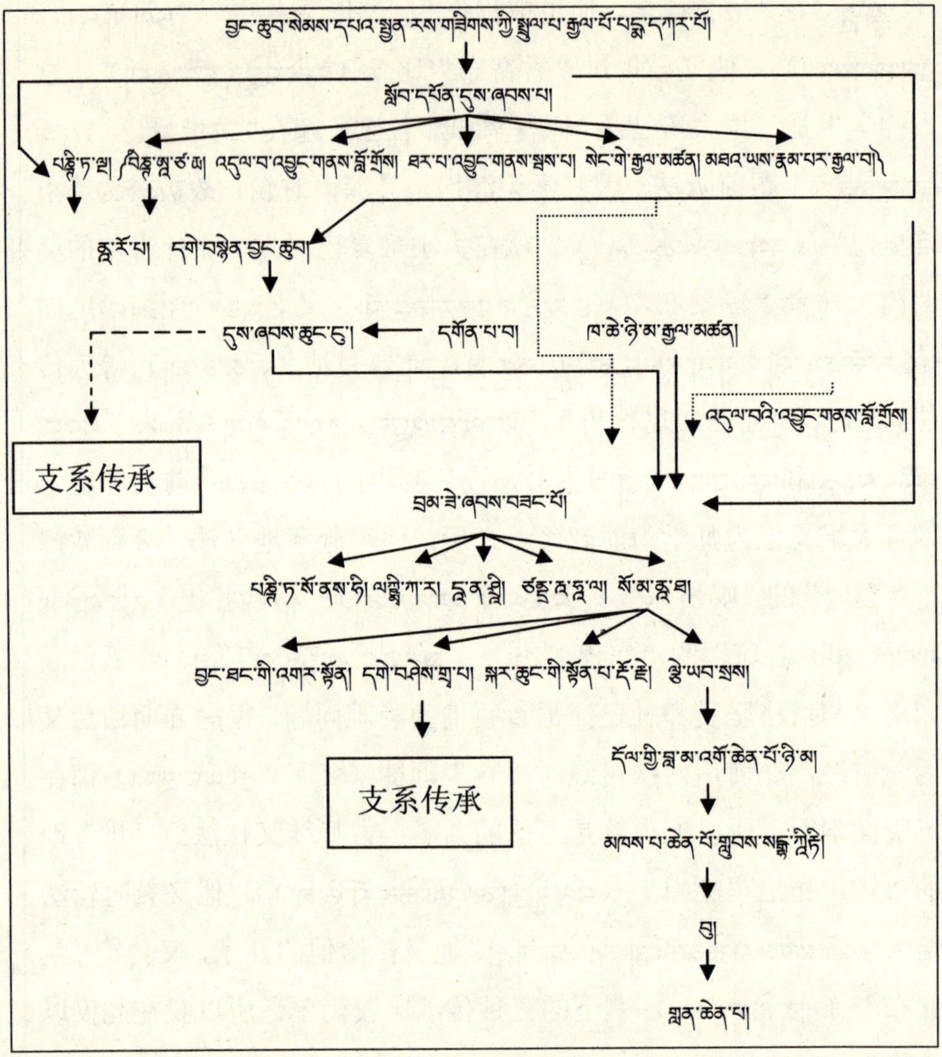

支系传承 B：

月怙之前传承与第一种传承相同，他第二次到藏地时，འཕན་ཡུལ།的 དགེ་བཤེས་དཀོན་མཆོག་བསྲུང་། 师徒二人很好地服侍了月怙，于是他把在藏地没有传给他人的时轮教法都传给了二人，他二人又将时轮法传给了“耶姆钦布尊者” ཇོ་བཙུན་ཡུ་མོ་ཆེན་པོ། 他又传法给མཁས་པའི་སྐྱེ་བོ་དེ་

བོ་མགོན་པོ་ཆེན་པོ།和སེ་ཆོས་ཀྱི་མངའ་བདག 他们有分别传法给了སླན་ཆེན་པ།和ཀླུབས་ཛོ་སྲས། ཀླུབས་ཛོ་སྲས། 又传给了སླན་ཆོས་ཀྱི་དབང་ཕྱུག。

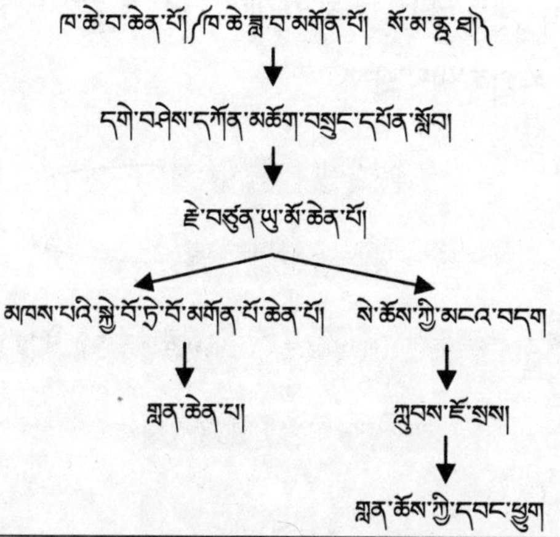

支系传承 C:

小堆夏巴和那若巴传给མཉྫུ་ཀཱིརྟི།和ཨ་བྷ་ཡཱ་ཀ་ར། 他二人又传给གཞན་ལོ་ཙཱ་བ།和རྒྱ་ལོ་ཙཱ་བ། 这二人又传法给རྗེ་བཙུན་འགོས། 他又传法给མངའ་བདག。

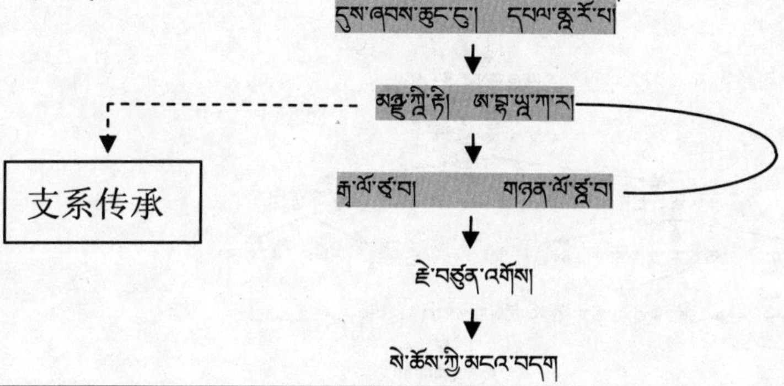

支系传承 D：

ཨ་བྷ་ཡཱ་ཀ་ར། 兄弟俩传法给པཎྜི་ཏ་ས་མནྟ་ཤྲཱི་ཞོ་པཏ།，他又分别传给ཀླུབས་རྗེ་སྲས། ཨ་ནུ་པ་མ་རཀྵི་ཏ། ནཱ་ཌ་པཱ་ད། རཏྣ་ཨཱ་ཀ་ར་ཤཱནྟི། བི་བྷཱུ་ཙནྡྲ་ཏེ་བ།，又ཁ་ཆེའི་པཎྜི་ཏ་ཆེན་པོ་ཤཱཀྱ་ཤྲཱི་བྷ་དྲ།，又སྤྱན་ཡབ་སྲས།。

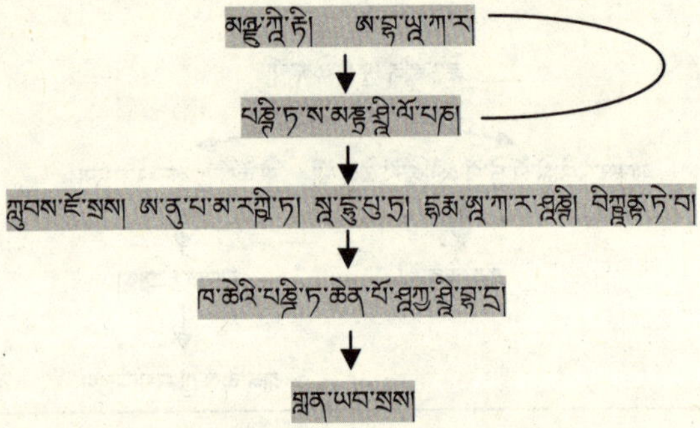

第二种说法

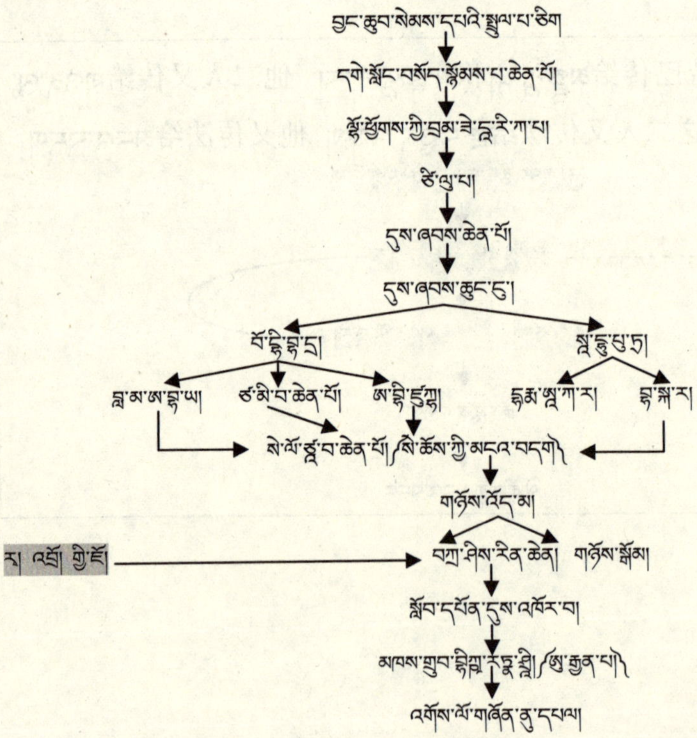

第三种说法

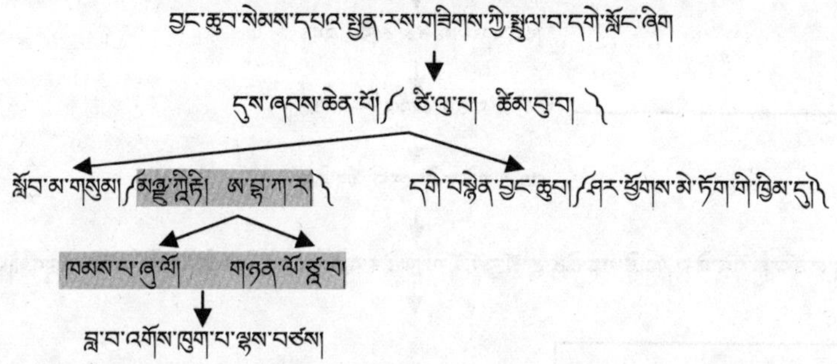

就时轮经（密咒、续部、疏释）的传承而言，整体分为三大部分，即在香巴拉历代国王间的传承、在印度的传承和在藏地的传承三大部分，正如上文所讲，在香巴拉最早是由释迦牟尼在哲蚌佛塔（印度）给月贤传授时轮经；从香巴拉首先传时轮法到印度的是大堆夏巴（虽然有不同说法出现，有的说法认为大堆夏巴和孜鲁巴是不同的人，但普遍观点还是承认大堆夏巴与孜鲁巴是同一人，是他前去香巴拉，观世音菩萨的化身白莲王传法给他，然后才开始了在印度中部对时轮经的学习、研究和传承。）；首先从印度传时轮经进藏的当属吉觉。另外，无论就传承说法有多少种，一致同意的观点是，小堆夏巴是大堆夏巴的亲传弟子，而“年译师”一支和“色译师”一支是ཨ་བྷ་ཡཱ་ཀ་ར། 的直系弟子，“热译师”一支出自མཉྫུ་ཀཱིརྟི། 的传授，“卓译师”一支出自ཟླ་བ་མགོན་པོ། 的传授。

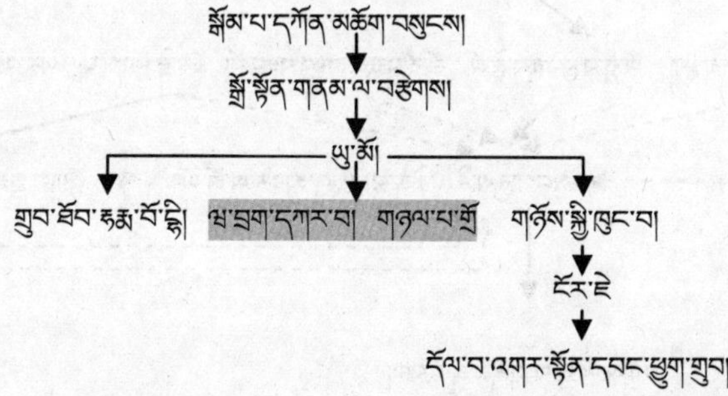

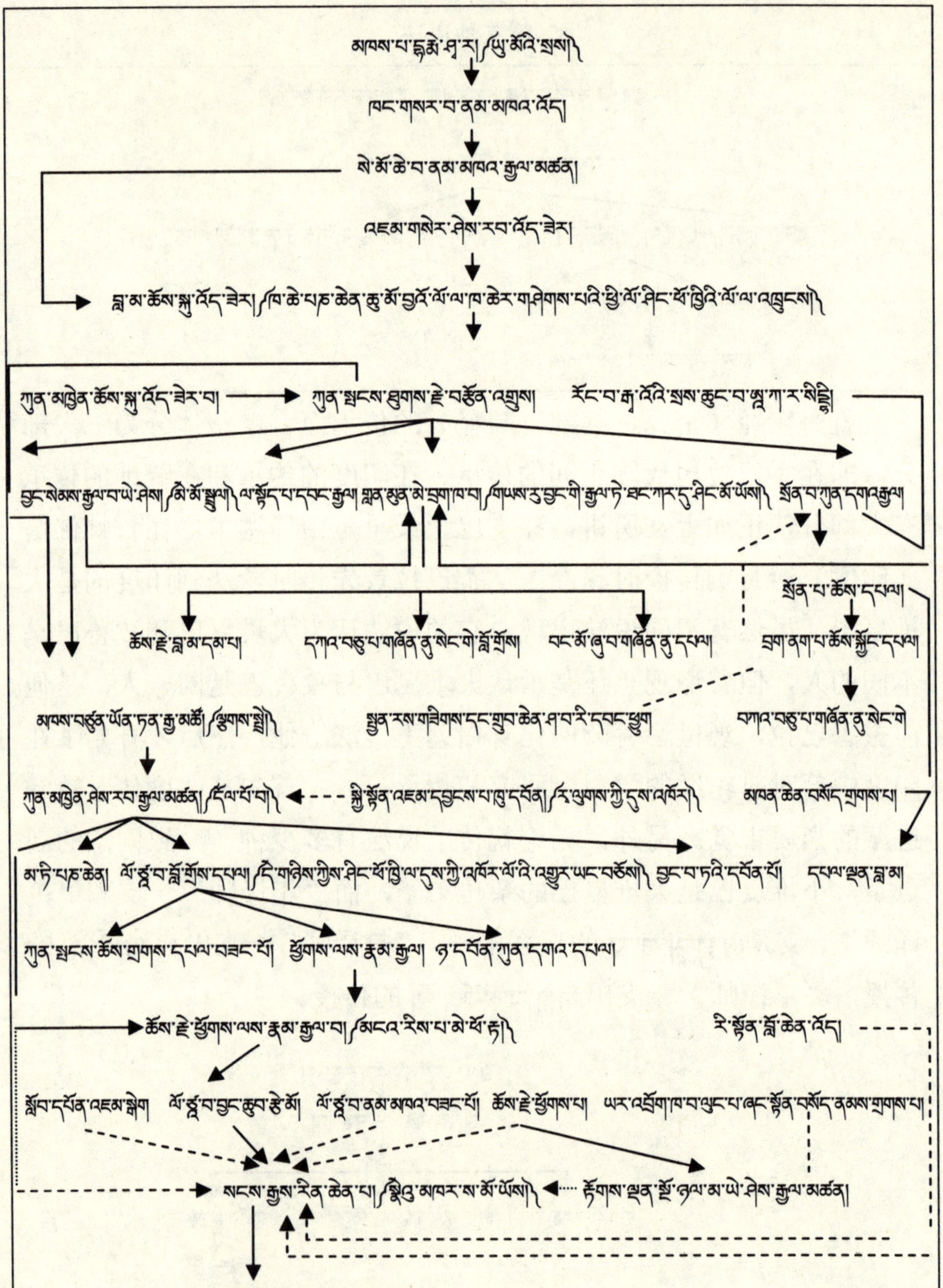

མཁས་པ་ཧྲྀ་ཤྲཱི་ཤྲཱ་ར།（ཡུ་མོའི་སྲས།）
ཁང་གསར་བ་ནམ་མཁའ་འོད།
སེ་མོ་ཆེ་བ་ནམ་མཁའ་རྒྱལ་མཚན།
འཇམ་གསེར་ཤེས་རབ་འོད་ཟེར།
བླ་མ་ཆོས་སྐུ་འོད་ཟེར།（ཁ་ཆེ་པཎ་ཆེན་ཤཱཀྱ་ཤྲཱི་བོད་དུ་ཕེབས་པའི་ཕྱི་ལོ་ཉིང་ཕོ་ཕྱིའི་ལོ་ལ་འཁྲུངས།）
ཀུན་མཁྱེན་ཆོས་སྐུ་འོད་ཟེར་བ།
ཀུན་སྤངས་ཐུགས་རྗེ་བརྩོན་འགྲུས།
རོང་བ་རྒྱ་འོའི་སྲས་ཆུང་བ་ཨཱ་ཀ་ར་སིདྡྷི།
བྱང་སེམས་རྒྱལ་བ་ཡེ་ཤེས།（མི་མོ་སྨྲ་སྨུག）ལ་སྟོད་པ་དབང་རྒྱལ། སྟོན་མུན་མེ་བྲག་ཁ་བ།（ཁྱམས་ཏུ་བྱང་གི་རྒྱལ་པོ་ཐང་ཀར་དུ་ཞིང་མོ་ཡོས།）སྟོན་པ་ཀུན་དགའ་རྒྱལ།
སྟོན་པ་ཆོས་དཔལ།
ཆོས་རྗེ་བླ་མ་དམ་པ།
དཀའ་བཅུ་པ་གཞོན་ནུ་སེང་གེ་བློ་གྲོས།
བང་མོ་ཞུ་བ་གཞོན་ནུ་དཔལ།
བྲག་ནག་པ་ཆོས་སྐྱོང་དཔལ།
མཁས་བཙུན་ཡོན་ཏན་རྒྱ་མཚོ།（སྟགས་སྤྱི།）
སྤྱན་རས་གཟིགས་དང་གྲུབ་ཆེན་ཤ་བ་རི་དབང་ཕྱུག
བཀའ་བཅུ་པ་གཞོན་ནུ་སེང་གེ
ཀུན་མཁྱེན་ཤེས་རབ་རྒྱལ་མཚན།（དོལ་པོ་བ།）
སྐྱི་སྟོན་འཇམ་དབྱངས་པ་ཁྱུ་དབོན།（རི་ལུགས་ཀྱི་དུས་འཁོར།）
མཁན་ཆེན་བསོད་གྲགས་པ།
མ་ཏི་པཎ་ཆེན།
ལོ་ཙཱ་བ་བློ་གྲོས་དཔལ།（དེ་གཉིས་ཀྱིས་ཞིང་པོ་ཕྱི་ལ་དུས་ཀྱི་འཁོར་ལོའི་འགྱུར་ཡང་བཅོས།）
བྱང་པ་ཏའི་དབོན་པོ།
དཔལ་ལྡན་བླ་མ།
ཀུན་སྤངས་ཆོས་གྲགས་དཔལ་བཟང་པོ།
ཕྱོགས་ལས་རྣམ་རྒྱལ།
ཉ་དབོན་ཀུན་དགའ་དཔལ།
ཆོས་རྗེ་ཕྱོགས་ལས་རྣམ་རྒྱལ་བ།（མངའ་རིས་པ་མེ་ཕོ་རྟ།）
རི་སྟོན་བློ་ཆེན་འོད།
སློབ་དཔོན་འཇམ་སྐྱབ།
ལོ་ཙཱ་བ་བྱང་ཆུབ་རྩེ་མོ།
ལོ་ཙཱ་བ་ནམ་མཁའ་བཟང་པོ།
ཆོས་རྗེ་ཕྱོགས་པ།
ཡར་འབྲོག་ཁ་བ་ལུང་པ་ཞང་སྟོན་བསོད་ནམས་གྲགས་པ།
སངས་རྒྱས་རིན་ཆེན་པ།（སྐྱིའུ་མཁར་ས་མོ་ཡོས།）
རྟོགས་ལྡན་སྦྱོ་ཞལ་མ་ཡེ་ཤེས་རྒྱལ་མཚན།
འགོས་ལོ་ཙཱ་བ་གཞོན་ནུ་དཔལ།

八卦与九宫的藏汉对照名称表

八卦（སྤར་ཁ།）

八卦	离	坤	兑	乾	坎	艮	震	巽
藏语	ལི།	ཁོན།	དྭ།	ཁེན།	ཁམ།	གིན།	ཟིན།	ཟོན།
象征	火	土	金	天	水	泽	雷	风
藏语	མེ།	ས།	ལྕགས།	གནམ།	ཆུ།	རི།	ཤིང་།	རླུང་།
五行	火	土	金	金	水	土	木	木
藏语	མེ།	ས།	ལྕགས།	ལྕགས།	ཆུ།	ས།	ཤིང་།	ཤིང་།

九宫（སྨེ་བ།）

九宫	1坎	2坤	3震	4巽	5中	6乾	7兑	8艮	9离
颜色	白	黑	碧	绿	黄	白	赤	白	紫
藏语	དཀར།	ནག	མཐིང་།	ལྗང་།	སེར།	དཀར།	དམར།	དཀར།	དམར།
五行	金	水	水	木	土	金	火	金	火
藏语	ལྕགས།	ཆུ།	ཆུ།	ཤིང་།	ས།	ལྕགས།	མེ།	ལྕགས།	མེ།

藏历饶迥年 60 周年的梵藏汉对应名称表

	藏文	梵文	汉文		藏文	梵文	汉文
1	རབ་བྱུང་།	Prabhava	丁卯	31	གསེར་འཕྱང་།	Hemalamba	丁酉
2	རྣམ་བྱུང་།	Vibhava	戊辰	32	རྣམ་འཕྱང་།	Vilamba	戊戌
3	དཀར་པོ།	Çukla	己巳	33	འགྱུར་བྱེད།	Vikãrin	己亥
4	རབ་མྱོས།	Pramoda	庚午	34	ཀུན་ལྡན།	Çãrvarin	庚子
5	སྐྱེས་བདག	Prajãpati	辛未	35	འཕར་བ།	Plava	辛丑
6	ཨང་གི་ར།	Avgirsa	壬申	36	དགེ་བྱེད།	Çubhakrt	壬寅
7	དཔལ་གདོང་།	Çrimukha	癸酉	37	མཛེས་བྱེད།	Çobhana	癸卯
8	དངོས་པོ།	Bhãva	甲戌	38	ཁྲོ་མོ།	Krodhin	甲辰
9	ན་ཚོད་ལྡན།	Yuvan	乙亥	39	སྣ་ཚོགས་དབྱིག	Viçãvasv	己巳
10	འཛིན་བྱེད།	Dhãtr	丙子	40	ཟིལ་གནོན།	Parãbhava	丙午
11	དབང་ཕྱུག	IÇvara	丁丑	41	སྤྲེའུ།	Plavavga	丁未
12	འབྲུ་མང་།	Bahudhãnya	戊寅	42	ཕུར་བུ།	Kilaka	戊申
13	མྱོས་ལྡན།	Pramãthin	己卯	43	ཞི་བ།	Saumya	己酉
14	རྣམ་གནོན།	Vikrama	庚辰	44	ཐུན་མོང་།	Sãdhãrana	庚戌
15	ཁྱུ་མཆོག	Vrsa	辛巳	45	འགལ་བྱེད།	Virodhakrt	辛亥
16	སྣ་ཚོགས།	Citrabhãnu	壬午	46	ཡོངས་འཛིན།	Paridhãvin	壬子
17	ཉི་མ།	Subhãnu	癸未	47	བག་མེད།	Pramãdin	癸丑
18	ཉི་སྒྲོལ་བྱེད།	Tãrana	甲申	48	ཀུན་དགའ།	Anala	甲寅
19	ས་སྐྱོང་།	Pãrthiva	乙酉	49	སྲིན་པོ།	Rãksasa	乙卯
20	མི་ཟད།	Vyaya	丙戌	50	མེ།	Anala	丙辰
21	ཐམས་ཅད་འདུལ།	Sarvajit	丁亥	51	དམར་སེར་ཅན།	Pivgala	丁巳
22	ཀུན་འཛིན།	Sarvadhãrin	戊子	52	དུས་ཀྱི་ཕོ་ཉ།	Kãlayukta	戊午
23	འགལ་བ།	Virodhin	己丑	53	དོན་གྲུབ།	Siddhãrthin	己未
24	རྣམ་འགྱུར།	Vikrta	庚寅	54	དྲག་པོ།	Raudra	庚申
25	བོང་བུ།	Khara	辛卯	55	བློ་ངན།	Durmati	辛酉

	藏文	梵文	汉文		藏文	梵文	汉文
26	དགའ་བ།	Nandana	壬辰	56	ང་ཆེན།	Dundubhi	壬戌
27	རྣམ་རྒྱལ།	Vijaya	癸巳	57	ཁྲག་སྐྱུག	Rudhirodgãrin	癸亥
28	རྒྱལ་བ།	Jaya	甲午	58	མིག་དམར།	Raktãksa	甲子
29	སྨྱོས་བྱེད།	Manmatha	乙未	59	ཁྲོ་བོ།	Krodhana	乙丑
30	གདོང་ངན།	Durmukha	丙申	60	ཟད་པ།	Ksaya	丙寅

以望宿月命名的十二月份名称表

ནག་ཟླ་བ།	角宿月	藏历二月十六至三月十五	霍尔月三月
ས་ག་ཟླ་བ།	氐宿月	藏历三月十六至四月十五	四月
སྣྲོན་ཟླ་བ།	心宿月	藏历四月十六至五月十五	五月
ཆུ་སྟོད་ཟླ་བ།	箕宿月	藏历五月十六至六月十五	六月
གྲོ་བཞིན་ཟླ་བ།	牛宿月	藏历六月十六至七月十五	七月
ཁྲུམས་སྟོད་ཟླ་བ།	室宿月	藏历七月十六至八月十五	八月
ཐ་སྐར་ཟླ་བ།	娄宿月	藏历八月十六至九月十五	九月
སྨིན་དྲུག་ཟླ་བ།	昴宿月	藏历九月十六至十月十五	十月
མགོ་ཟླ་བ།	觜宿月	藏历十月十六至十一月十五	十一月
རྒྱལ་ཟླ་བ།	鬼宿月	藏历十一月十六至十二月十五	十二月
མཆུ་ཟླ་བ།	星宿月	藏历十二月十六至一月十五	一月
དབོ་ཟླ་བ།	翼宿月	藏历一月十六至二月十五	二月

常用专有名词藏汉文对照表

དཀར་རྩིས།	白算	བགོ།	除
ནག་རྩིས།	黑算	སྒྲུགས་བགོད།	多位除法
དབྱངས་འཆར།	音韵占	གསིལ།	分解，化
སྐར་རྩིས།	星算	དྲིལ་བ།	按率进位
རྒྱ་རྩིས།	汉历	བསྒྲིལ།	收位
འབྱུང་རྩིས།	五行占	ལོངས་སྤྱོད།	行度
གྲུབ་རྩིས།	体系派	སྤྱོད་པ།	运行
བྱེད་རྩིས།	作用派	ཤེད་སྙོམས།	通分
རླུང་འགྲོས།	风行	བར་ཁྱད།	差数
སྣང་འགྲོས།	显见行	ཐོར་ནོར།	商
རང་འགྲོས།	本身行	གནས།	位
ཏག་འགྲོས།	均匀行	རྒྱུ་སྐར་ཆུ་ཚོད།	宿度
འགྲོས་མཉམ།	等速行	སྐར་ཁྱོན།	周天
དཀྱིལ་འཁོར།	周期	འཁོར་ལོ།	周期
ཁྱིམ་བཅུ་གཉིས།	十二宫	རྐང་བ།	步度
རྒྱུ་སྐར།	二十八宿	རྒྱུ་སྐར་གྱི་རྐང་བ།	宿步
དུས་འཁོར་ལུགས།	时轮经	བསྒྱུར།	乘
ཚངས་ཐིག	坐标线	བསྒྲེས།	乘
ཟུར་ཐིག	斜线	སྒྲེལ་བ།	乘
གཞུས་ཐིག	弧线	བསྣུན།	乘
ལྟེ་བ།	圆心	དབེན་པ།	减
འཕྲད་ས།	交点	བུ་ལོན་འགྱུར།	减

དཔག་ཚད།	由旬	དམན་པ།	减
དུས་ཚོད།	时辰	འབྲིད་པ།	减
ཆུ་ཚོད།	漏刻	འཕྲི་བ།	减
ཆུ་སྲང་།	漏分	དོར་བ།	减、除、弃去不用
དུས་ཆུང་།	小时	འཕྲུལ་བ།	减
དབྱུག	漏刻	ཉུ་བ།	减
དབྱུ་གུ	漏刻	སྤྲུང་བ།	减
ཡུལ་གྱི་ཆུ་ཚོད།	弧刻	འཕྲོག་པ།	减
དབུགས།	息	ལྷན་པ།	加
ཆ་ཤས།	息以下单位	བསྣན་པ།	加
གཟའ།	曜	ཁན་པ།	加
ཞག	日（一昼夜）	འབུལ་བ།	加
ཉིན་ཞག	太阳日	སྦྱིན་པ།	加
ཚེས་ཞག	太阴日	ཕུལ་བ།	加
ཁྱིམ་ཞག	宫日	སྣེར་བ།	加
ཟླ་བའི་ཐུན་མིན་ལོངས་སྤྱོད།	月亮超行度	བསྡེ་བ།	加
ཉི་མའི་ཡུལ་ལོངས།	太阳所行弧度	ཟླ་བའི་ཡུལ་ལོངས།	太阴所行弧度
ཚེས་ཟླ།	太阴月	ཁྱིམ་ཟླ།	宫月
ཉིན་ཟླ།	太阳月	ཧོར་ཟླ།	霍尔月
ཁྱིམ་ལོ།	宫年	ཉིན་ལོ།	太阳年
ཚེས་ལོ།	太阴年	ལོ་མགོ	岁首
ལྔ་བསྡུས།	五要素/五支	ཡན་ལག་ལྔ།	五要素/五支
འདས་ལོ།	积年	འདས་ཟླ།	已过月数
ཟླ་དག	积月	ཟླ་ཤོལ།	闰月

ཤོལ་ཟླ།	闰月	ཟླ་འཕེབ།	闰月
ཟླ་འགྲོ།	闰余	མདའ་རོའི་ལྷག	闰余
གཟའི་ཧྲག་ལོངས།	日平均长度	ཉི་མའི་ཧྲག་ལོངས།	太阳平行弧度
ཉི་མའི་་སྐྱེས་ཁྱིམ།	太阳诞生宫	རྩིས་འགྲོ།	算余
རྩིས་མགོ་བསྡུང་བ།	清算历首	གཟའ་རྡུ།	曜基数
ཉི་རྡུ།	太阳基数	གཟའ་བར།	中曜
ཉི་བར།	中日	རིལ་ཆ།	整数零数
ཡང་རྒྱུའི་ཆུ་ཚོད།	净行刻	ཡང་རྒྱུའི་དབྱུག	净行刻
གཟའ་ཕྱེད་དག	半定曜	ཉི་དག	定日
གཟའ་དག་པ།	定曜	ཟླ་སྐར།	月宿
ཉི་སྐར།	日宿	ཚེས་འཁྱུད་ཟླ་སྐར།	太阴日月宿
སྦྱོར་བ།	会合	རྐང་ལོངས།	步数
ཉི་རྐང་།	日步	ཟླ་རྐང་།	月步
རྐང་ཐོམ།	盈缩积	རྐང་བ་འཛིན་བྱེད།	检步序数
རྐང་ཐོན།	损益率	རྐང་གདོང་།	损益率
རྐང་ཐུན།	损益率	མཉམ།	均衡
མི་མཉམ།	不均衡	སྔ་རྐང་།	前步
ཕྱི་རྐང་།	后步	འགྲོས་བཞི།	四种行
མྱུར་འགྲོས་ཤར།	快步东行	དལ་འགྲོས་ལྷོ།	慢步南行
འཁྱོག་འགྲོས་ནུབ།	曲步西行	འཕྱུང་འགྲོས་བྱང་།	跃步北行
གཟའ་འཛིན།	交食	སྒྲ་གཅན།	罗睺
སྒྲ་གཅན་རྩ་བ།	罗睺本数	སྒྲ་གཅན་གདོང་།	罗睺头
སྒྲ་གཅན་གྱི་མཇུག	罗睺尾	དུས་མེ།	劫火
སྒྲིབ་ཡུན།	食延	འཛིན་ཆ།	蚀分

འཛིན་ཕྱོགས།	入蚀方向	མཇུག་འཛིན།	尾蚀
གདོང་འཛིན།	头蚀	དྲག་གཟའ།	武曜
ཞི་གཟའ།	文曜	གཟའ་མིག་དམར།	火星
གཟའ་ལྷག་པ།	水星	གཟའ་ཕུར་བུ།	木星
གཟའ་པ་སངས།	金星	གཟའ་སྤེན་པ།	土星
དལ་རྐང་།	迟步	མྱུར་རྐང་།	疾步
དལ་བར།	中迟	དལ་དག	迟行定数
མྱུར་དག	疾行定数	ཡར་ངོ་ཟློན་འགྲོ	上弦月
མར་ངོ་ཟློན་འགྲོ	下弦月	དུས་སྦྱོར།	合时
དབུགས་སྐང་།	节气	སྐང་ཐལ་ཟླ་སྟོལ།	无中气置闰月
ཚེས་ཆད།	缺日	ཚེས་ལྷག	重日
ལྷོ་བགྲོད།	南行	བྱང་བགྲོད།	北行
ཉིན་མོ།	昼	མཚན་མོ།	夜
མཚན་ཚད།	夜长	ཉིན་ཚད།	昼长
གྲིབ་གཟུགས།	圭表	ཐུར་གྲིབ།	圭表测影仪
གྲིབ་ཚོད།	影长	དུས་གཟེར།	季节的标志
དུས་ཚིགས།	季节	དབྱར།	夏季
སྟོན།	秋季	དགུན།	冬季
དཔྱིད།	春季	དུས་ཚིགས་ཉེར་བཞི།	二十四节气
ཟློག་གཉིས།	二至	མཉམ་གཉིས།	二分
དགུན་ཉི་ཟློག	冬至	དབྱར་ཉི་ཟློག	夏至
དཔྱིད་མཉམ།	春分	སྟོན་མཉམ།	秋分
ལུག་ཁྱིམ།	白羊宫	གླང་ཁྱིམ།	金牛宫
འཁྲིག་ཁྱིམ།	双子宫	ཀརྐ་ཊའི་ཁྱིམ།	巨蟹宫

སེངྒེ་ཁྱིམ།	狮子宫	བུ་མོའི་ཁྱིམ།	室女宫
སྲང་ཁྱིམ།	天秤宫	སྡིག་ཁྱིམ།	天蝎宫
གཞུ་ཁྱིམ།	人马宫	ཆུ་སྲིན་ཁྱིམ།	摩羯宫
བུམ་ཁྱིམ།	宝瓶宫	ཉ་ཁྱིམ།	双鱼宫
དཔྱིད་ཟླུག	立春	དབྱར་ཟླུག	立夏
སྟོན་ཟླུག	立秋	དགུན་ཟླུག	立冬
ཚ་ཆུང་།	小暑	ཚ་ཆེན།	大暑
ཁ་བ་ཆར་ལྡོག	雨水	སྲིན་བུ་འགྲུལ།	惊蛰
གནས་མཁའི་མདངས་གསལ།	清明	འབྲུ་ཆར།	谷雨
བྲི་བ་གང་།	小满	སྨིན་འདེབས།	芒种
བསིལ་འགྲུག	处暑	ཟིལ་དཀར།	白露
བད་ནག	寒露	སད་ལྷུང་།	霜降
ཁ་བ་ཆུང་།	小雪	ཁ་བ་ཆེ།	大雪
གྲང་ངར་ཆུང་།	小寒	གྲང་ངར་ཆེ།	大寒
ཚ་བ་ཚུགས།	入伏	ལོ་སྐོར་བཅུ་གཉིས།	十二生肖
ལོ་ཀན་དྲུག་ཅུ།	六十甲子	དུ་བ་མཇུག་རིང་།	彗星

据《藏汉大词典》编写组的《藏汉历算学词典》